월가에서 터지기 시작한 금융 위기 앞에서 많은 사람들은 경제가 이전처럼 회복되기만을 바라고 있다. 그러나 짐 월리스는 우리가 잃어버린 가치들을 회복하고 시민 사회가 깨어나 균형 잡힌 사회를 만들어 가는 것이 근본적인 해결책임을 예리하게 지적하고 있다. 저자가 진단하는 물질에 대한 탐욕과 시장에 대한 맹신은 오늘날 한국 사회의 모습을 비추는 거울과도 같다. 많은 사람이 이 책을 읽고 그 가치를 일상에서부터 실천한다면 우리 사회는 분명 더 나은 곳이 되리라 믿는다.

김정욱 서울대 환경대학원 명예교수, 「나는 반대한다」 저자

짐 월리스는 대불황의 근본 원인이 제어되지 않은 탐욕과 도덕의 붕괴라는 것을 쉬운 언어로 설명하고 있다. 그는 시장의 가치와 역할을 긍정하지만, 도덕과 영성에 기반하지 않은 시장만능주의는 반기독교적인 동시에 사회 구성원 대다수에게 재앙이 될 것임을 설파한다. 금융 위기의 극복을 경제적인 측면이 아니라 윤리적·영적 차원에서 고민하는 저자의 관점은 물질이 모든 가치에 우선하는 한국 사회에 지적 충격을 안겨줄 것이다.

이태경 토지정의시민연대 사무처장

세계 경제 위기의 역사를 돌이켜 보면 항상 탐욕의 팽창과 물질만능주의, 공동체 정신의 붕괴, 공동선에 대한 망각, 근면과 성실에 대한 조롱 등 도덕적 위기가 동반되었음을 알 수 있다. 외환 위기 이후 민생이 피폐해지는 가운데서도 특혜와 반칙, 부패와 부정, 투기와 탐욕이 횡행하는 한국의 상황도 마찬가지다. 비정상이 정상을 조롱하는 현실을 새로운 정상으로 되돌리기 위해 많은 이들이 이 책을 읽기를 바란다.

선대인 김광수경제연구소 부소장, 「프리 라이더」, 「세금 혁명」 저자

짐 월리스는 금융 위기가 도덕 위기임을 설득력 있게 논증한다. 탁월한 이야기꾼인 그의 예언자적 목소리는 시장에 대한 우상숭배가 어떻게 우리를 몰락으로 이끌었는지, 경제를 바로잡기 위해서는 왜 도덕적 각성과 공동선에 대한 새로운 헌신이 필요한지를 역설한다. 새로운 경제, 그리고 영적으로 충만한 공적 삶의 가능성을 보여 주는 지혜롭고 희망에 찬 책이다.

마이클 샌델(Michael J. Sandel) 「정의란 무엇인가」 저자

군이 모든 면에서 저자와 같은 의견이지는 않더라도 「가치란 무엇인가」가 통찰력이 넘치며 시의적절한 책이라는 데는 동의할 것이다. 짐 월리스는 현재의 경제적 어려움 속에서 그저 경기를 회복하는 것이 아니라 중요하지만 지금까지 무시되어 온 이상을 새롭게 할 기회를 찾는다. 어려운 시기에 우리에게 꼭 필요한 목소리를 담고 있는 책이다.

마이크 거슨(Mike Gerson) 조지 W. 부시 대통령의 연설문 담당관이었으며 "워싱턴 포스트"의 칼럼니스트

쉽게 읽히면서도 우리에게 큰 도전이 되는 이 책은, 우리가 어떻게 해야 가정과 국가, 세계에 유익한 도덕적 회복을 이룰 수 있는지를 가르쳐 준다.

섀런 왓킨스(Sharon Watkins) 그리스도 교회(the Christian Church) 총회장

나는 신앙이 사회 정의를 위한 협력의 통로와 영감이 될 수 있다고 생각하는 젊은 세대의 한 사람이다. 짐 월리스 목사는 삶으로 그러한 가치를 보여 주는 역할 모델이다. 짐 월리스 세대인 우리도 성인이 되어 간다. 이제 우리도 세상을 바꿀 준비가 되어 있다.

에부 파텔(Eboo Patel) 인터페이스 유스 코어(Interfaith Youth Core) 상임이사, 「행동하는 신앙」(Acts of Faith) 저자

미국에서 가장 신중하며 도발적이고 강력한 예언자적 목소리 중 하나인 짐 월리스의 새 책이 나왔다. 월리스는 도덕적 통찰함을 쉬운 글로 표현하면서 경제 이론, 기업의 현실, 문화 분석, 종교적 가치를 한데 엮어 지금의 경제 위기와 그와 관련된 도덕적 문제를 이해하도록 도와준다. 모든 기업과 경영대학원에서는 주식회사 미국의 책임에 대한 그의 분석에 대해 연구해야 한다. 경제 위기 속에서 공동체의 책임에 관해 고민하는 모든 종교 지도자들은 이 책보다 더 설득력 있고 신랄하며 도덕적으로 강력한 지침서를 찾지 못할 것이다.

데이비드 세이퍼스타인(David Saperstein) 개혁 유대교 종교 행동 센터(Religious Action Center of Reform Judaism)의 이사 및 고문

월리스는 우리 시대 가장 영향력이 크며 통찰력 넘치는 종교 지도자다. 그의 폭넓은 호소력과 영향은 라인홀드 니버와 마틴 루터 킹을 상기시킨다. 그는 정치적, 문화적, 영적 부흥을 위한 선명한 지적 방향을 제시했을 뿐 아니라, 교회와 민주주의를 갱신하는 운동을 시작했다.

로버트 프랭클린(Robert M. Franklin) 모어하우스 칼리지(Morehouse College) 총장, 『마을의 위기: 흑인 공동체의 희망 회복』(Crisis in the Village: Restoring Hope in African American Communities) 저자

역사적으로 중대한 이 시점에 짐 월리스는 개인적, 공동체적 선택에 대해 지혜롭게 성찰하면서 이 깨어진 세상에 소망을 제시하는 참된 성경적 가치로 돌아갈 수 있는 유익한 지침을 제공한다.

린 하이벨스(Lynne Hybels) 윌로우크릭커뮤니티처치(Willow Creek Community Church) 세계 전략 담당 대변인

세계의 경로를 바꾸는 것이 가능할까? 우리는 이 경제 위기 이후에 새로운 도덕적 나침반을 마련할 수 있을까? 짐 월리스는 신앙인들이 다른 선택을 하고 함께 행동한다면 세상을 바꿀 수 있다고 역설한다. 이 책을 읽고 이 운동에 참여하라. 예수께서 그러셨듯이, 짐은 '하나님 나라의 선택'을 함으로써 현 상태에 도전하라고 촉구한다.

리치 스턴스(Rich Stearns) 미국 월드비전 회장, 「구멍난 복음」(The Hole in Our Gospel) 저자

동의하든 동의하지 않든, 짐 월리스는 당신의 마음에 감동을 주고, 당신의 지성을 확장시키고, 당신의 가치에 도전한다. 그는 구약 성경의 예언자처럼 외친다. 그러나 그 목소리는 부드럽고 정중하다. 사람들을 향한 따뜻한 마음과 더 나은 내일을 향한 꿈을 가지고 짐 월리스는 이 어려운 시기를 정면으로 응시하며 희망을 말한다.

리스 앤더슨(Leith Anderson) 미국복음주의협회(National Association of Evangelicals) 회장

짐 월리스는 자신의 신학적 신념에 근거하여 우리에게 중요한 사회 문제에 초점을 맞추라고 도전한다. 그는 우리가 그리스도의 가르침을 진지하게 받아들이고자 한다면 가난과 정의의 문제를 다루어야만 한다고 일관되게 주장해 온 사람이다.

조너선 렉포드(Jonathan T. M. Reckford) 국제 사랑의집짓기운동(Habitat for Humanity) 회장

가치란 무엇인가

IVP(InterVarsity Press)는
캠퍼스와 세상 속의 하나님 나라 운동을 지향하는
IVF(InterVarsity Christian Fellowship)의 출판부로서,
생각하는 그리스도인을 위한 문서 운동을 실천합니다.

Rediscovering Values: On Wall Street, Main Street, and Your Street
Rediscovering Values ⓒ 2010 Jim Wallis
All rights reserved.
Published by arrangement with the original publisher,
Howard Books, a division of Simon & Schuster, Inc., New York

Korean Edition ⓒ 2011 by Korea InterVarsity Press
352-18 Seokyo-Dong, Mapo-Gu, Seoul 121-838 Korea

가치란 무엇인가
새로운 경제를 위한 핵심 가치

짐 월리스 지음 | 박세혁 옮김

이 책을 나의 아들 루크와 잭에게 헌정한다.
아이들 덕분에 나는 웃고, 자랑스러워하고, 좋은 아이디어를 얻는다.
아이들의 사회적 양심은 내 양심을 도전하며,
그릇된 것에 대한 그들의 분노 덕분에 나는 현 상태에 도전할 의지를 다진다.
매일 밤 그들의 기도를 통해 나는 신앙을 빚어 간다.
이 책에서 제기한 문제에 대해 우리가 어떤 선택을 하는가가 바로 그들의 미래를 결정할 것이다.

차례

감사의 말 • 13
서론 올바른 질문을 하라 • 17

1부 우리는 도대체 무슨 생각을 하고 있었던 것일까?
1. 존 스튜어트 선생님의 주일학교 • 33
2. 시장, 하나님이 되다 • 45

2부 어쩌다 우리는 이 지경에 이르렀는가?
3. 탐욕은 선이다 • 63
4. 가장 중요한 것은 나 • 75
5. 나는 그것을 지금 원한다 • 91

3부 우리를 옭아매는 현실
6. 지나친 빈부 격차 • 105
7. 카나리아의 소리를 들으라 • 119

4부 출구
8. 그만하면 충분하다 • 137
9. 우리는 한 배를 탔다 • 153
10. 다음 세대를 위한 배려 • 165

5부 새로운 마음의 습관

11. 청정 에너지로의 경제적 회심 ● 181
12. 가정을 중시하는 문화 ● 191
13. 일의 의미와 봉사의 윤리 ● 205

6부 공동선의 회복

14. 균형 회복 ● 219
15. 친환경 산업의 희망 ● 237

7부 각본을 바꾸자

16. 나쁜 도덕극 ● 255
17. 선택이 변화를 만들어 낸다: 스무 가지 도덕 운동 ● 265

에필로그 다음 세대가 보낸 편지 - 팀 킹 ● 279
주 ● 285

감사의 말

모든 책이 그렇듯 이 책 또한 필자 외에 많은 사람들이 있었기에 세상에 나올 수 있었다.

가장 고마운 사람은, 나의 특별 보좌관이었으며 지금은 홍보 책임자이기도 한 팀 킹(Tim King)이다. 그는 나와 함께 다니면서 경제 위기에 관한 나의 느낌과 생각, 이 위기가 드러내며 동시에 요청하는 가치에 대한 내 이야기를 들으며 그것을 책으로 써야 한다고 열정적으로 믿었다. 다음 세대의 가장 훌륭한 지도자 중 한 사람으로서 그 역시 경제 회복과 더불어 도덕 회복이 이뤄져야 하고 자신의 세대가 대불황으로부터 교훈을 얻기를 열망하고 있다. 팀은 셀 수 없을 정도로 많은 시간을 투자해 이 책을 위한 자료 조사를 했으며, 이 책은 우리가 함께 쓴 것이다.

나의 오랜 동료이자 친구인 드웨인 섕크(Duane Shank)는 내가 쓰는 책들의 책임 편집자다. 그 역시 자료 조사와 편집을 도와주었고, 자신의 오랜 경험을 나누어 주었다. 행정 책임자 조앤 비셋(Joan Bisset)은 내가 바쁜 스케줄 속에서도 책 쓸 시간을 낼 수 있도록, 계속해서 마감 시한을 일깨워 주고 언제나 최종 목적을 기억할 수 있도록 도와주었다. 소저너스의 최고운영책임자인 척 거튼슨(Chuck Gutenson)은 내가 책을 쓰는 동안 이 단체가 잘 운영될 수 있도록 해주었다. 날마다 헌신적이며 유능한 소저너스의 직원들은 이 책의 핵심을 이루는 가치들을 몸소 보여 주고 있으며, 나는 그들에게서 큰 영감을 얻는다. 언제나 내가 가야 하는 곳으로 나를 데려다주는 워싱턴 D.C. 최고의 택시 기사이자 소중한 팀원인 나의 친구 체스터 스펜서(Chester Spencer)에게 특별한 감사의 말을 전한다. 어느 날 아침 체스터가 낸 아이디어 덕분에 이 책의 제목과 부제를 확정할 수 있었다.

사이먼 앤 슈스터(Simon & Schuster) 출판사 편집팀의 열정적인 신념 덕분에 나는 엄청나게 빠른 출간 스케줄에 맞춰 책을 쓸 수 있었다. 조너선 머크(Jonathan Merkh)와 베키 뉴스빗(Becky Nesbitt)은 이상적인 출판인과 편집인의 역할 모델이었으며, 필리스 보울팅하우스(Philis Boultinghouse)는 이 책을 멋지게 편집하였고 완성된 원고를 시간에 맞추어 인쇄소에 넘겼다. 제니퍼 윌링엄(Jennifer Willingham)은 창의적이고도 단호하게 이 책의 메시지를 전달하는 일에 힘썼다.

늘 그렇듯, 나의 아내이며 평생의 동반자인 조이 캐럴(Joy Carroll)은 자신의 의견과 격려를 통해 든든히 나를 도와주었다. 언제나 나는 조이의 생각이 궁금하다. 그리고 수많은 아이디어를 준 두 아들 루크와 잭은 책을 쓰는 동안 놀라운 인내심을 보여 주었다. 내가 리틀 야구팀 코치 일을 가장 중요한 일로 생각하는 한!

그리고 나의 대리인인 잰 밀러(Jan Miller)와 그의 동료 섀넌 마빈

(Shannon Marven)이 열정적인 신념을 품고 출판을 위해 노력하지 않았다면 이 책은 나오지 못했을 것이다.

조이와 아이들이 일어나기 전 아침마다 조용한 시간에 글을 쓰면서 나는 이 경제 위기와 관련된 심층적인 도덕적 이슈에 관해 깊이 생각할 수 있었으며, 우리가 위기를 탈출하고 앞으로 나아가기 위해서는 더 깊이 파고들어가야 한다는 것을 깨닫게 되었다.

일러두기
이 책에 인용된 성경 본문은 새번역을 사용하였다. —편집자 주

서론

올바른 질문을 하라

2008-2009년의 경제 위기는 우리에게 엄청난 기회를 선사했다. 즉, 가족과 신앙 공동체, 국가로서 우리의 가치를 재발견할 기회 말이다. 지금은 결코 지나쳐버릴 수 없는 결단의 시간이다. 잊고 있었던 매우 중요한 것들을 다시 한 번 기억할 때다. 물론 우리는 경제를 회복해야 하지만, 또한 월 스트리트(Wall Street)와 메인 스트리트(Main Street), 그리고 동네길(Your Street)에서 도덕을 회복해야 한다(월 스트리트는 거대 금융기업이 주도하는 금융 경제를, 메인 스트리트는 제조 유통업 중심의 실물 경제를 상징한다. 동네길은 이웃과 더불어 하루하루 살아가는 삶의 공간을 가리킨다—역주). 그리고 우리는 이제 막 새롭게 떠오르고 있는 새로운 경제를 위한 나침반이 필요하다. 이것이 바로 이 책의 주제다.

　전 세계에 영향을 미친 대불황이 현 시대를 규정하고 관심을 온통 사로잡고 있지만, 불황보다 더 심각한 것은 가치의 위기다. 경제 논쟁의 이면을 들여다보면 국가적 차원의 진지한 성찰이 절실히 필요함을 알 수 있

지금은 드물게 찾아오는 변화의 때다. 우리는 이 기회를 놓쳐서는 안 된다.

다. 이미 사람들의 머리와 가슴, 또 대화를 통해 이러한 성찰은 시작되었다. 이 위기는 개인과 가정, 국가로서 우리의 우선순위에 대해, 마음의 습관에 대해, 성공의 수단에 대해, 우리 가정과 자녀의 가치에 대해, 우리 영혼의 안녕에 대해, 경제적 삶을 포함하는 궁극적인 삶의 목표와 목적에 대해 문제를 제기한다.

공적 논의의 밑에서는, 개인과 국가, 공동체로서 우리가 누구인지, 어떤 존재가 되기를 원하는지에 관한 또다른 대화가 시작되고 있다. 대개 언론은 심층적인 논의는 놓친 채 표면적인 위기에만 계속 초점을 맞춘다. 그리고 대부분의 정치인들도 이 위기가 얼마나 빨리 끝날 것인가에 관해서만 이야기하려 한다. 그러나 더 심층적인 문제가 존재한다. 우리는 근본적인 선택을 내려야만 한다. 지금이 드물게 찾아오는 **변화의 순간**이 될 수 있는 것도 바로 이 때문이다. 우리는 이 기회를 놓쳐서는 안 된다.

잘못된 질문

그동안 우리는 잘못된 질문을 해 왔다. 텔레비전, 잡지, 대중문화는 끊임없는 광고들 속에서 우리에게 묻는다. 가장 빨리 돈을 버는 방법은 무엇인가? 다음 승진에서 동료를 어떻게 이길 수 있을까? 당신의 집은 이웃의 집보다 더 큰가? 당신은 남들에게 뒤처지지 않고 있는가? 진정한 행복을 위해 당신은 무엇을 더 사야 하는가? 당신의 문제는 무엇이고, 어떻게 그 문제를 해결할 수 있는가? 어떤 위험으로부터 당신 스스로를 보호해야 하는가?

광고는 인간의 가장 근원적인 두 감정, 즉 탐욕과 불안을 자극한다. 우리가 원하는 것과 우리가 두려워하는 것을 자극한다. 때때로 광고는 우리가 생각조차 안 해 본 물음, 이를테면 치아 미백과 옷 스타일에 관한 물음에 대답한다. 일단 광고가 제시하는 대답을 보면, 우리도 똑같은 물음을 묻기 시작한다.

이 책은 약 1년 전에 내가 참여했던 대화의 결과물이다. 2009년 1월 나는 스위스 다보스(Davos)에서 열린 세계경제포럼(World Economic Forum)에 초대받았다. 해마다 세계의 경제·정치 분야 엘리트들이 모여 회의를 하는 이 행사 기간 중, CNN에서는 아침마다 스위스 다보스의 눈 덮인 '마의 산'을 배경으로 대기업 회장들을 인터뷰했다. 언제나 같은 기자가 같은 질문을 했다. "**이 위기가 언제 끝나겠습니까?**" CNN에서는 아예 화이트보드를 준비해 기업 회장들에게 경제 위기가 끝날 것이라고 예상되는 시점을 적게 했다. 2009년…2010년…2011년…그 이후. 세계경제포럼에 참석한 이들은 모두 아침마다 호텔 방에서 CNN의 이 인터뷰를 보는 것으로 하루를 시작했다.

> 나는 CNN이 '잘못된 물음'을 던지고 있다고 주장했다.

그러나 "시장자본주의 이면의 가치"라는 특이한 제목이 붙은 다보스 포럼 전체 회의에서, 나는 CNN이 **잘못된 물음**을 던지고 있다고 주장했다. 물론, 우리는 모두 이 위기가 언제 끝날지 알고 싶어 한다. 그러나 나는 그곳에 모인 기업 회장과 국가 지도자들을 향해, "이 위기가 우리를 어떻게 변화시킬 것인가?"라는 물음이 훨씬 더 중요하다고 주장했다. 이 위기는 우리의 생각과 행동, 결정하는 방식을 어떻게 바꾸어 놓을까? 어떻게 성공의 우선순위를 정하고 그 가치를 매길 것인가? 어떻게 기업 행위를 할 것인가? 인생을 어떻게 살 것인가? 물론, 이 위기는 분명 새로운 사회적 규제를 촉구하는 구조적 위기다. 그러나 새로운 자기 규제를 촉구하는 영적 위기이기도 하다. 그동안 우리는 무언가를 잃어버렸고, 근본적인 것, 즉 우리의 가장 오래되고 가장 중요한 가치를 잊어버린 듯하다.

잘못된 신뢰

우리는 시장이라는 '보이지 않는 손'이 모든 것을 제대로 돌아가게 한다고 믿어 왔으며, 의사결정에서 도덕을 논할 필요가 없다고 믿어 왔다. 그러나 세상은 제대로 돌아가지 않았고, 보이지 않는 손은 '공동선'과 같은 매우 중요한 이상을 내팽개치고 말았다. 이제 경제적인 결정을 내릴 때 공동선을 말하는 경우는 흔치 않다. 그러는 동안 상황은 우리가 통제할 수 없는 지경으로 치달았다.

나는 세계의 기업 지도자들에게 간디가 말한 일곱 가지 사회적 대죄(Seven Deadly Social Sins)를 이야기했다. 이 위기의 원인에 대한 정확한 진단이라고 생각했기 때문이다. 간디가 자신의 수행 공동체인 아쉬람(Ashram)에서 젊은 제자들을 가르치면서 말한 이 '사회적 대죄'는 다음과 같다.

1. 원칙 없는 정치
2. 노동 없는 부
3. 도덕 없는 상업

4. 양심 없는 쾌락

5. 인격 없는 교육

6. 인간애 없는 과학

7. 희생 없는 예배

다보스에서 '가치 토론회'가 끝난 후 며칠 동안 참가자들은 펜과 종이를 들고 나를 찾아와 이 대죄에 관해 물었다.

> 잘못된 물음에서 시작하면 아무리 좋은 답을 얻어도 별로 의미가 없다.

다보스의 다른 분과에서도 이런 주제를 다뤘다. 그중 하나는 "금융 위기가 끝난 후 세계의 사람들을 어떻게 도울 것인가?"라는 제목으로 열렸다. 여기서는 식견 있는 사회적 기업가와 혁신적인 자선활동가들이 자본주의를 통해 그저 돈을 버는 것에 그치지 않고 더 큰 생각과 더 큰 해결책으로 나아갈 수 있을 것인가에 관해 논의했다. 이 토론은 이른 아침, 대회의장도 아닌 작은 방에서 열렸다. 그나마도 자리가 다 차지 않았다. 이전에도 사회적 기업이라는 새로운 생각이 다보스 포럼에서 논의되기는 했지만, 사회적 양심은 세계 경제에서나 기업에서나 부차적일 뿐이었다. 실제 기업에게 사회적 목적이란 과외의 것일 뿐이었다. 그러나 올해는 부차적으로 취급되던 것이 주요 의제로 떠올랐고, 기업 활동 방식에 관한 논의에서 핵심을 차지했다.

잘못된 물음에서 시작하면 아무리 좋은 답을 얻어도 별로 의미가 없다. 비록 텔레비전 보도에서는 볼 수 없었지만 참가자들이 "이 위기가 우리를 어떻게 바꿀 것인가?"라며 전혀 다른 질문을 하기 시작했을 때, 이 포럼은 중요한 전환을 이루었다.

만약 우리의 목표가 통상적인 기업 행위로 되돌아가는 것이라면, 우리는 얼마 지나지 않아 우리를 이토록 큰 어려움에 빠지게 했던 그 문제로 되돌아가고 말 것이다. **통상적**이라고 하는 것이 바로 우리를 이 지경에 이르게 했기 때문이다. 통상적인 기업 행위로 되돌아간다는 것은, 이 위기가 우리에게 제공한 기회, 즉 그동안의 방식을 바꾸고 우리의 가장 오래되고, 가장 좋은 가치로 되돌아갈 기회를 놓친다는 뜻이다.

'가치 토론회'에 함께 참여했던 전(前) 영국 수상 토니 블레어는, 후에 나를 만나 현재와 같은 심각한 위기가 없었다면 다보스에서 그런 토론회를 열지 않았을 것이고, "당신 같은 사람"(종교 지도자)을 부르지도 않았을 것이라고 말했다. 그러나 이 가치 토론회는 다보스 포럼에서 큰 화제가 되었다. 그리고 그 후 며칠 동안 이루어진 (때로는 사뭇 목회적이었고 고백적이기까지 했던) '영적' 대화가 나에게는 정말로 희망의 징조로 보였다.

썰물처럼 빠져나가는 경제적 조류(潮流)는, 워런 버핏(Warren Buffett)의 말처럼 "누가 벌거벗은 채 헤엄치고 있는지"를 보여 줄 뿐만 아니라, 우리의 경제를 반드시 성공으로 이끌어줄 커튼 뒤의 '보이지 않는 손' 같은 것은 존재하지 않음을 드러낸다. 우리는 착각에서 깨어나 우리의 경솔함, 탐욕, 조바심이 전 지구적인 차원에서 까발려지는 것을 목격한다. 세계에서 가장 똑똑한 지성인, 가장 용기 있는 지도자, 가장 혁신적인 기업가들이 스위스의 휴양 도시에 모이는 이 포럼은, 더 나은 질문을 던지기에 적합한 장소처럼 보였다.

올바른 질문

이 책의 목적은 우리가 바로 이렇게 할 수 있도록, 즉 올바른 질문을 물을 수 있도록 도우려는 것이다. 다시 한 번 말하지만 잘못된 질문에서 시작하면, 아무리 좋은

우리가 지금 할 수 있는 최악의 선택은 정상으로 되돌아가는 것이다.

대답도 의미가 없다. 언제나 잘못된 곳에 이를 뿐이다. 어떻게 해야 이 위기가 시작되기 전에 우리가 있던 곳으로 되돌아갈 수 있는지만 묻는다면, 악순환을 빠져나와 앞으로 나아갈 수 있는 기회를 놓치고 말 것이다.

앞서 말했듯이, 우리가 지금 할 수 있는 최악의 선택은 정상으로 되돌아가는 것이다. 우리를 이 위기로 이끈 것은 다름 아닌 우리가 '정상'이라고 여겼던 그것이었다. 그리고 그것으로 되돌아갈 때 위기는 반복될 것이다. 우리에게는 '새로운 정상'이 필요하며, 지금의 경제 위기는 그것을 발견하라는 초대장이다.

그러므로 이 책이 던지는 물음은 단순하지만 어렵다. "이 위기는 우리를 어떻게 바꾸어 놓을까?" 최신 경제 분석 기사를 읽거나, 더 나은 경제 지표를 기대하거나, 어떤 정치 이념을 추종하거나, 심지어는 경제를 새롭게 한다고 해서 이 물음에 대한 대답을 얻을 수 있는 게 아니다. 개인과 가정, 친구들, 소모임, 교회, 모스크, 회당을 비롯해 모든 공동체가 가치의 문제를 놓고 **함께** 씨름할 때, 그 답을 얻을 수 있다.

우리는 어디서부터 잘못된 방향으로 나아갔고 어떻게 진로를 이탈했는지를 알아내야 한다. 그런 다음, 무엇이 이 위기를 초래했는가에 관한 진실을 직시해야 한다. 설령 그 진실이 불편하더라도, 특히 거울에 비친

우리 자신의 모습 속에서 그 대답을 찾게 된다 하더라도, 진실을 외면해서는 안 된다.

부자, 빈자, 그 사이에 있는 모든 사람이 자신의 노동의 열매를 누릴 수 있었을 때 미국은 위대한 번영을 이루었다. 우리의 옛 습성, 태도, 제도가 모두 나쁜 것도 아니고, 새로운 것이라고 해서 다 좋은 것도 아니다. 우리는 과거에 우리에게 큰 도움이 되었지만 지금은 잊고 있는 교훈을 재발견해야 한다. 실수라는 '목욕물'을 버리느라 더 나은 선택이라는 '아기'마저 버리지 않도록 주의해야 한다.

파괴적인 악순환에서 벗어나고 나쁜 습성을 깨뜨리기 위해서는 변화와 방향 전환, 새로운 습관이 필요하다. 오래된 것을 치우고 자리를 마련해야만 새로운 것을 맞을 수 있다. 잡초를 제거해야 새로운 꽃이 자라게 할 수 있다.

우리는 과거에 우리에게 큰 도움이 되었지만 지금은 잊고 있는 교훈을 재발견해야 한다. 실수라는 '목욕물'을 버리느라 더 나은 선택이라는 '아기'마저 버리지 않도록 주의해야 한다.

깊고도 넓게 퍼져 있는 위기를 벗어나기 위해서는 가정과 공동체, 사회 전체가 변해야 한다. 이런 변화는 결코 빠르고 간편한 해결책이 아니다. 오히려 우리가 날마다 선택하고 또 선택해야 하는 장기적인 변화다.

가치에 관한 대화

우리는 정말로 위기에 처해 있으며, 이것은 전 지구적 위기다. 이 위기는 가장 근본적인 가치에 관해 근원적인 질문을 던질 수 있는 매우 드문 기회다. 사실, 현재의 심각한 경제 불황을 다루는 머리기사와 논의의 이면에는 '가치에 관한 물음'이 자리잡고 있다. 월 스트리트로부터 메인 스트리트, 그리고 뒷골목, 당신의 동네에 이르기까지 모든 사람이 가치에 관해 이야기한다. 이 책은 바로 그 가치에 관해 이야기한다.

일자리가 사라지고, 집이 차압되고, 예금이 무효화되고, 장래의 소망이 꺼져 갈 때 위기는 심화된다. 대공황 이래 세계 경제가 이렇게 엄청난 규모로 뒷걸음친 적이 없었다. 우리는 근본적인 변화 속에 있다. 옛 기초가 실은 임시변통에 불과했음을 목격한다. 시장이라는 경제적 수단의 이면에는 **도덕적 적자**(moral deficit)가 자리잡고 있으며, 이것이 더 분명해질수록 이전의 가치를 회복하고자 하는 열망도 더 커진다. 이 위기를 초래한 과거의 실수를 반복하지 않기 위해서라도, 우리는 **도덕 회복**을 통해 경제 불황에 대응해야 한다.

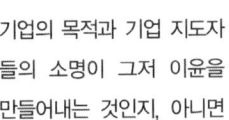

기업의 목적과 기업 지도자들의 소명이 그저 이윤을 만들어내는 것인지, 아니면 그 이상의 무언가가 되어야 하는지를 결정해야 한다.

20세기에는 전례 없는 효율성과 규모로 상품과 용역, 아이디어를 만들어내고 보급했다. 그러나 이러한 위대한 발전으로 인해, 우리가 내린 결정의 도덕적 무게는 그 어느 때보다 무거워졌다. 기업의 목적과 기업 지도자들의 소명이 그저 이윤을 만들어내는 것인지, 아니면 그 이상의 무언가가 되어야 하는지를 결정해야 한다. 우리 앞에는 큰 도전이 있으며, 그것을 극복하기 위해 훨씬 더 큰 생각들이 필요하다. 우리 앞에는 큰 걸림돌이 놓여 있으며, 그것을 뛰어넘는 훨씬 더 큰 비전이 필요하다. 기업들이 스스로 변화하여 이러한 도전에 맞설 것인가? 아니면 그저 예전으로 돌아가 정상적으로 사업하기만을 기다리고 있는가? 핵심은, 올바른 질문을 하는가, 그리고 공동선이 그 대답의 일부가 될 것인가에 있다.

그리고 신앙 공동체에 관해 말하자면, 우리는 경제 위기에 대한 목회 전략이 절대적으로 필요하다.

근원적인 두려움

CNN의 금융 자문위원들이 자기 고객 중 일부는 이미 차에서 살고 있다고 말할 때, 많은 미국인을 사로잡고 있는 두려움을 당신도 느끼게 된다.

여론 조사와 전문가들이 지적하듯이, 많은 미국인은 현재의 금융 위기에 대해, 자신들보다 월 스트리트에 더 많은 자금을 지원하는 것처럼 보이는 구제안에 대해 분노하고 있다. 분명한 해결책을 제시하지 못하는 정치인들에게 크게 실망하고 있다. 그러나 분노의 이면에는 더 깊은 차원의 **두려움**이 자리잡고 있다. 나는 미국 전역에서 그러한 두려움의 목소리를 듣는다. 나와 내 가족은 어떤 영향을 받을까? 내 노후 자금과 아이들의 대학 학자금, 집값은 어떻게 될까? 집이나 직장을 잃는 것은 아닐까? CNN의 금융 자문위원들이 자기 고객 중 일부는 이미 차에서 살고 있다고 말할 때, 많은 미국인을 사로잡고 있는 두려움을 당신도 느끼게 된다. 재무 설계사인 내 친구는 날마다 고객들과 심각한 이야기를 나눈다. "나를 위해 기도해 주게." 어느 날 그가 남긴 짧은 음성 메시지였다.

대다수의 미국인들이 동시에 같은 것을 느끼고, 같은 이야기를 하고, 같은 걱정을 하는 때는 흔치 않다. 마지막으로 그랬던 것은 9·11 직후였을 것이다. 그러나 이제 대부분의 미국인들이 같은 것에 집중하고 있다는 사실은 점점 더 분명해진다. 월 스트리트의 붕괴와 (대공황 이후 최대의 경제위기라는 뜻으로) 대불황(Great Recession)이라 부를 만한 것에 온 나라가 촉각을 곤두세우고 있다.

신앙인의 물음

그러나 신앙인에게는 두 번째 물음이 있다. 그리고 어쩌면 이것이 첫 번째 물음이 되어야 한다. 지금처럼 심각한 경제 위기에 대해 그리스도인, 유대교인, 이슬람교인으로서 어떻게 대응해야 하는가? 신앙인은 어떻게 생각하고 말하고 행해야 하는가? 교구민과 공동체, 국가와 세계에 대한 교회와 회당, 모스크의 책임은 무엇인가? 그리고 이 모든 것 속에 하나님은 어디 계신가?

지금 제기한 모든 문제에 대해 성경은 뭐라고 말하는가? 우리의 신학은 돈과 소유, 부와 권력, 빚과 책임 있는 재정적 선택, 경제적 가치와 가정의 가치, 삶의 방식

신앙인에게는 두 번째 물음이 있다. "교회와 회당, 모스크의 책임은 무엇인가?"

과 청지기직, 관용과 정의, 개인적 책임과 사회적 책임에 대해 뭐라고 말하는가? 경제 철학, 시장의 역할, 정부의 역할, 사회적 규제의 중요성, 경제적 불평등의 영적 영향, 경제의 도덕적 건전성, 공동선의 기준에 관해 신앙 있는 경제학자는 어떻게 말할 수 있을까?

목회자, 평신도 지도자, 활동가들은, 상호 부조의 가능성, 교회와 지역 단위의 신용조합, 의료 보험, 주택 공급, 일자리와 같은 문제를 해결하기 위한 새로운 협력 전략에 관해, 이를 통해 얻을 수 있는 창의적인 기

회와 새로운 해결책에 관해 뭐라고 말할 것인가? 어떻게 경제 위기는 신앙 공동체로 하여금 지역 사회와 다시 관계를 맺게 해주는가? 어떻게 이 위기는 신앙 공동체의 사명을 명확하게 하는 기회가 될 수 있을까?

오하이오 주 콜럼버스의 빈야드 교회(Vineyard Church)의 사례는 좋은 모범이 된다. 종려주일에 리치 네이선(Rich Nathan) 목사는 교인들에게 "특별 헌금을 통해 일자리를 잃은 가정과 개인들을 돕고자 합니다"라고 말했다. 이 교회는 특별 헌금으로 총 62만 5천 달러를 모았다. 모두가 깜짝 놀랄 정도로 많은 액수였다. 교회는 교인과 지역 주민들이 일자리를 찾도록 지원하는 데 이 헌금을 사용하고 있다.[1]

목회자들은 설교를 통해 지금과 같은 시간을 이겨 낼 영적 자원을 제공해야 하며, 교회는 돈이나 경제 위기와 관련된 문제에 관련된 성인 주일학교 프로그램을 개발해야 한다. 경제 위기의 때에 목회적 돌봄은 어떠해야 하는가? 어떻게 우리는 사람들의 목소리를 듣고, 그들과 함께하며, 그들을 위로하고, 그들로 하여금 자신의 신념과 가치, 행동을 다시 점검하도록 도울 수 있는가? 이미 많은 이들이 큰 불안을 느끼고 있다. 그러나 어떻게 이 시간이 기도로 자신을 돌아보며, 방향을 다시 설정하고, 교회와 지역 사회 안에서 다른 이들과 새로운 관계를 맺는 시간이 될 수 있을까?

이 책에서는 이 모든 질문을 다룬다. 이 책의 목적은, 이 경제 위기를 통해 제기된 도덕적인 문제에 관해 폭넓게 논의하고 공동체적인 결단을 촉발하는 것이다.

나는 경제 철학, 경제 정책과 관련하여 기본적인 도덕적 쟁점을 다루는 경제학자들의 목소리에 귀를 기울였다. 이에 관련된 종교적·성경적 문제를 다루는 많은 신학자들에게도 가르침을 구했다. 목회자들에게는 교인들이 직면한 현실에 관해 물었고, 이런 시점에서 영성이란 무엇을 의미하는지 문의했다. 그런 다음 경제 위기에 맞서는 목회 전략을 제시하고자 했다.

지금과 같은 위기의 때에는, 예언자적인 행동이 요청되고 목회적인 관심이 필요하다.

이 책은 그저 혼자 읽으라고 쓴 책이 아니다. 친구와 가족, 직장 동료, 목회자, 교인들, 이웃들과 대화를 나누라. 이 책을 이용해 이 어려운 주제에 관해 대화를 나누고, 당신의 삶과 당신을 둘러싼 관계를 변화시켜 보라. 한 사람이 바뀔 때, 한 공동체가 바뀔 때, 우리에게 필요한 변화가 일어날 것이다. 이 책을 혼자 읽을 수는 있지만, 혼자서는 이 책에서 말하는 삶을 살 수 없다.

지금 필요한, 사실은 이미 시작된 대화를 더욱 발전시키기 위해 나는 이 책을 썼다. 이 책의 목적은, 좀더 많은 공동체가 이 도전과 기회의 시간에 대화를 나누고 기도하고 행동하게 하는 것이다. 이 책은 이야기로 가득하다. 그리고 훨씬 더 많은 이야기들이 이 책을 통해 생겨나기를 바란다. 지금과 같은 위기의 때에는, 예언자적인 행동이 요청되며 목회적인 관심이 필요하다. 이 책이 이 두 가지에 관해 광범위한 논의를 불러일으키기를 간절히 바란다.

이 책을 펴내며 우리는 쌍방향 소통을 위해 웹사이트도 만들었다(www.rediscoveringvalues.com). 이 웹사이트는 신앙과 양심이 있는 사람들이 이 역사적 위기에 어떻게 대응할 것인지를 의논하는 공개 토론장이 될 것이다. 많은 이들의 목소리와 지혜가 모이면, 우리는 이 위기를 헤쳐나가는 데 도움이 될 담론과 분별, 결단과 행동이 있는 공동체를 만들어 갈 수 있다. 우리가 서로를 어떻게 도울 수 있는지에 관해 실질적인 생각을 나누고, 창의적인 해결책과 이 나라에 필요한 예언자적 리더십에 관해 의견을 교환할 수 있다.

당신도 도덕에 관한 대화에 참여하고, 우리와 함께 새로운 경제를 위한 도덕적 나침반을 제시해 보지 않겠는가? 이와 같은 때에 책임 있고 신실한 신자가 된다는 것은 무엇을 의미하는지 함께 배워 보자.

REDISCOVERING VALUES

1부

우리는 도대체 무슨 생각을 하고 있었던 것일까?

REDISCOVERING
VALUES

1

존 스튜어트 선생님의 주일학교

위기는 경제, 가치, 종교를 비롯한 많은 것들의 의미를 분명히 이해할 수 있는 좋은 기회다. 위기가 닥칠 때 우리는 가장 근본적인 전제에 대해 의문을 제기하기 시작한다. 세상이 혼란스럽고 사태가 매우 복잡하게 느껴질 때, 우리는 한 단계 깊은 차원으로 내려가 과거의 실수를 돌아보고 새롭게 시작하지 않을 수 없다. 앞서 말했듯이 잘못된 질문에는 아무리 좋은 대답도 소용없다. 원하는 방향으로 나아갈 수가 없다.

기쁜 소식은, 근본적인 질문을 할 때 우리는 사태를 더 분명히 인식하기 시작한다는 것이다. 그런데 이런 질문은 뜻하지 않은 곳에 있다. 이 위기를 벗어날 수 있는 방법을 가리키는 사건이나 전환점이 있었다. 어쩌면 당신은 이를 알아차리지 못했을지도 모른다. 어떤 이는 이것을 바스티유 습격이나 보스턴 차 사건과 같은 대중 봉기에 비유했다. 어떤 이는 다른 모두가 침묵할 때 진실을 말했던 리어 왕의 광대를 말하기도 한다. 또 어떤 이는 광야의 예언자에 비유하기도 한다. 마침내 "왕은 옷을 입지 않았어"라는 말을 분명히 들을 수 있게 되어 안도의 한숨을 내쉬는 사람도 있다.

나는 이것을 존 스튜어트(Jon Stewart) 선생님의 주일학교라 부른다. 2009년 3월, 수백만 명의 미국인이 주일학교에 갔다. 더 정확히 말하면, 케이블 채널인 코미디 센트럴(Comedy Central)을 통해 주일학교가 그들을 찾아왔다. 일주일간의 '케이블 네트워크 전쟁'(당시 존 스튜어트는 일주일 내내 CNBC가 나쁜 투자 정보를 제공했다고 신랄하게 비판했다—역주) 끝에 존 스튜어트는 CNBC의 "매드 머니"의 진행자 짐 크레이머(Jim Cramer)를 자신의 "데일리 쇼"에 초대했다. 그날 방송에서 오간 이야기는 고백과 전형적인 도덕담을 뒤섞어 놓은 것처럼 들렸다.

스튜어트는 크레이머에게 우리 모두가 참여하는 두 시장에 대해 말했다.

…한 시장에서는 장기 계약으로 우리에게 상품을 판매합니다. "401(k)(은퇴연금 저축—역주)에 돈을 넣으세요. 돈을 잘 간수하고 있으니 걱정하지 마세요. 다 잘 되고 있습니다." 그리고 다른 시장이 있습니다. 이것은 비밀리에 거래가 이루어지는 진짜 시장입니다. 엄청난 액수의 돈이 회전하고 거래는 매우 빠른 속도로 이루어집니다. 그러나 이 시장은 위험하고 윤리적으로도 의심스럽습니다. 그리고 앞의 시장에 피해를 줍니다. 우리는—전문가가 아닌 입장에서—이런 생각이 듭니다. 우리의 연금과 어렵게 번 돈이 당신네들 도박 판돈이 되는 것 같단 말입니다. 알다시피 이것이 지금 벌어지고 있는 게임입니다. 그러나 당신들은 금융 관련 프로그램에 출연해서 그런 일은 없는 것처럼 말합니다.

그러고 나서 이 코미디언은 우스갯소리를 하기는커녕 화를 냈다.

당신은 금융을 오락거리로 만들고 싶어 한다는 걸 알겠습니다. 하지만 제기랄! 이건 게임이 아닙니다. 그걸 보면서 얼마나 화가 났는지 아십니까? 당신들은 모두 알고 있었다는 말이기 때문이죠. 지금 무슨 일이 벌어지고 있는지 당신들은 모두 알고 있습니다. 이런 헛소리가 베어(Bear: 미국의 투자은행 베어 스턴스 서브프라임 모기지 사태로 J.P. 모건체이스앤드컴퍼니에 합병됨―역주)와 AIG에서 벌어졌던 일, 즉 월 스트리트의 기묘한 도박인 이 파생금융시장의 현실과 전혀 일치하지 않는다는 것을 알고 있습니다.

그런 다음 도덕적 가치에 관한 대화가 이어졌다.

스튜어트: 그들이 정직했든 그렇지 않았든, 도대체 세상에 레버리지(leverage: 차입금을 끌어들여 자본을 늘림으로써 투자수익률을 끌어올리는 금융 기법―역주) 비율이 35대 1이라는 것이 말이 되나요?
크레이머: 1999년부터 2007년까지 해마다 30퍼센트의 수익을 올릴 수 있었습니다. 그리고…
스튜어트: 하지만 그게 바로 문제 아닌가요? 당신은 아무 일도 할 필요가 없다는 이 생각을 파는 거죠. 편안히 앉아서 가진 돈의 10-20퍼센트에 해당하는 수익을 올릴 수 있다는 생각을 사람들에게 팔 때, 당신은 그게 거짓말이 될 거란 걸 알고 있었잖아요? 일을 해야 부가 만들어지는 것이라는 사실을 이 나라 사람들은 언제 깨닫게 될까요? 우리가 일하는 사람들

이라는 것을 언제 알게 될까요? "이봐, 부자가 되는 법을 가르쳐 줄게"라는 생각을 파는 것은 정보 전달을 가장한 상품 광고와 뭐가 다른가요?[1]

> 코미디언 존 스튜어트와 대통령 프랭클린 딜레이노 루스벨트는, 위기에 처한 이 나라가 환영을 직시해야 하며 더 굳건한 기초를 마련해주는 가치로 되돌아가야 함을 깨달았다.

그게 바로 문제 아닌가? 미국의 꿈은 환영으로 변하고 말았다. 거의 알아볼 수 없을 만큼 뒤틀린 환영이 되고 말았다. 어느새 환영은 사라졌고, 카드로 만든 집은 무너졌다. 좋은 시절은 끝났다. 무슨 일이 일어났는지, 무엇이 잘못되었는지 알아보아야 할 때다. 미국은 전에도 심각한 불황을 겪었다. 대공황이 그 대표적인 예다. 엄청난 두려움과 고통의 시간이었지만, 변화와 구원의 시간이기도 했다.

프랭클린 루스벨트는 자기 시대의 문제가 무엇인지 알았으며, 그 문제를 해결하기 위해 노력했다. 그의 대통령 취임 연설은 마치 성경 강해처럼 들린다.

> 비양심적인 환전상들의 행태를 여론은 불의하다고 심판했고 사람들은 마음과 생각으로 거부했습니다. 그들은 이기주의라는 원리밖에 모릅니다. 그들에게는 비전이 없으며, 비전이 없기에 죽어 갑니다. 그렇습니다. 환전상들은 우리 문명의 성전 높은 자리에서 도망쳤습니다. 이제 우리는 오랜 진리에 따라 이 성전을 복구할 수 있습니다. 복구의 성패는 우리가 단순한 금전적 이익보다 더 고귀한 사회적 가치를 얼마나 되살려내느냐에 달려 있습니다.[2]

코미디언 존 스튜어트와 대통령 프랭클린 딜레이노 루스벨트는, 위기에 처한 이 나라가 환영을 직시해야 하며 더 굳건한 기초를 마련해 줄 가치로 되돌아가야 함을 깨달았다. 두 사람의 말은, 예수의 공생애 초기에 관한 주석이라고 해도 과언이 아니다.

환전상들

유대 사람의 유월절이 가까워져서, 예수께서 예루살렘으로 올라가셨다. 그는 성전 뜰에서, 소와 양과 비둘기를 파는 사람들과 돈 바꾸어 주는 사람들이 앉아 있는 것을 보시고, 노끈으로 채찍을 만들어 양과 소와 함께 그들을 모두 성전에서 내쫓으시고, 돈 바꾸어 주는 사람들의 돈을 쏟아 버리시고, 상을 둘러 엎으셨다. 비둘기 파는 사람들에게는 "이것을 걷어치워라. 내 아버지의 집을 장사하는 집으로 만들지 말아라" 하고 말씀하셨다. 제자들은 '주님의 집을 생각하는 열정이 나를 삼킬 것이다' 하고 기록한 성경 말씀을 기억하였다. 유대 사람들이 예수께 물었다. "당신이 이런 일을 하다니, 무슨 표징을 우리에게 보여 주겠소?" 예수께서 그들에게 말씀하셨다. "이 성전을 허물어라. 그러면 내가 사흘 만에 다시 세우겠다." 그러자 유대 사람들이 말하였다. "이 성전을 짓는 데에 마흔여섯 해나 걸렸는데, 이것을 사흘 만에 세우겠다고요?" 그러나 예수께서 성전이라고 하신 것은 자기 몸을 두고 하신 말씀이었다. 제자들은, 예수께서 죽은 사람들 가운데서 살아나신 뒤에야, 그가 말씀하신 것을 기억하고서, 성경 말씀과 예수께서 하신 말씀을 믿게 되었다.[3]

이 본문을 잘못 이해하는 경우가 많다. 예수께서 불같이 화를 내신

그렇다면 그리스도인은 불공정한 시장의 상을 뒤엎어야 할 책임이 있는 것 아닐까?

것은 성전에서 물건을 사고팔았기 때문이 아니다. 다시 말해, 이 본문은 교회에서 빵을 구워 파는 것을 정죄하는 말씀이 아니다. 나는 성당 안에 선물가게가 있는 것도 괜찮다고 생각한다! 이 본문은 상업이 아니라 탐욕에 관한 말씀이다.

이야기의 배경은, 예루살렘 성전에서 예배하기 위해 먼 곳에서 순례자들이 찾아오는 부활절 기간이다. 그들은 성전에서 제물을 바쳐야 했다. 그러나 순례자들이 긴 여행길에 가축을 데리고 오는 것은 불가능했다. 이들을 위해 상인과 환전상들은 성전 바깥뜰에 가게를 차리고 성경의 규정대로 제물로 바칠 동물을 팔았다. 그러나 이 시장에서는 예배자들을 속이는 경우가 많았다. 탐욕스러운 환전상들은 고리대금업자처럼 환율(성전에서는 특정한 종류의 동전만을 사용할 수 있었다)을 부풀렸고, 상인들은 제물 시장을 독점했다.

흥미롭게도, 예수는 특히 비둘기 파는 상인들을 겨냥해 상을 뒤엎으셨다. 비둘기는 성전에서 허용된 가장 값싼 제물이었으며, 그러므로 순례자들 중 가장 가난한 이들이 비둘기를 사는 경우가 많았다.

그것은 다른 선택의 여지가 거의 없는 가난한 사람들을 이용해 돈을 버는 시장이었다. 가장 가난한 이들을 이용해 소수의 사람들이 거대한 부를 축적하는 '서브프라임' 시장이었다. 환전상들은 하나님의 가치를 위해 마련된 자리를 차지하고, 그것을 이용해 자신의 욕심을 채웠다. 분명 이들은 시장의 수요에 부응하는 것일 뿐이라고 주장했을 테지만, 예수는 그렇게 생각하지 않으셨다. 시장에서 일어나고 있는 일은, 단순히 경제적인 문제가 아니라 영적이며 도덕적인 문제였다.

그렇다면 그리스도인은 불공정한 시장의 상을 뒤엎어야 할 책임이 있는 것 아닐까? 더 나아가서, 새로운 성전인 그리스도의 몸 된 우리는, 시장에서 긍휼, 공평, 정의와 같은 하나님의 가치를 반영하는 경제적인 증언을 제시해야 하지 않을까?

코미디 센트럴에서 방송된 짐 크레이머와의 인터뷰에서 존 스튜어트는, 적어도 텔레비전에서는 아무도 하지 않았던 질문을 함으로써 상을 뒤엎었다. 어쩌다가 우리는 진정한 노동을 통해 얻는 부가 아니라 월 스트리트의 카지노 도박사들의 '게임'을 통해 얻는 부를 추구하게 된 것일까? 어쩌다가 우리는 미친 듯이 시장의 경쟁에 매달려 거기에 실제 사람들의 목숨이 걸려 있다는 사실마저 잊어버린 걸까? 아마도 이 시장에서 가장 광적인 사람의 얼굴은 그때 성전에 있던 환전상의 얼굴과 닮았을 것이라는 생각이 든다.

우리의 과제는, 그저 환전상의 상을 뒤엎는 것뿐만 아니라 우리가 잃어버린 가치를 재건하는 것이다. 우리가 그저 상을 몇 개 뒤엎는 데 그치고 가치를 회복하지 못한다면, 그들은 금세 상을 펴고 다시 전처럼 장사를 시작할 것이다.

상을 뒤엎으라

예수는 매력적인 인물이다. 그분을 지혜로운 교사, 어린이의 지도자, 조롱과 불의를 말없이 견딘 고통받는 종으로 이해하기는 어렵지 않다. 분명 그분은 그런 분이셨다. 그러나 예수가 성전에서 상을 엎으신 이야기에서 우리는 무언가 다른 것을 본다. 불의에 격노하셨고 가난한 이들

어떤 것에 대해서는 우리 모두가 화를 내야만 한다.

을 착취하는 이들을 꾸짖으셨던 분을 만난다. 또한 어떤 것에 대해서는 우리 모두가 화를 내야만 하고, 어떤 상황에 대해서는 그에 맞서 대결할 수밖에 없다는 것을 배우게 된다.

스튜어트의 크레이머 인터뷰에 나와 많은 미국인은 통감했다. 그가 우리의 어떤 분노를 건드렸기 때문이다. 억압받는 이들이 지도자가 자신들과 마찬가지로 그 모든 불의에 대해 분노하고 있음을 알았을 때, 루스벨트의 리더십은 강화되었다. 우리를 지금과 같은 상황으로 이끈 다양하고 복잡한 요인이 존재하겠지만, 나는 마땅히 우리가 의분을 품어야 할 세 가지 이유가 있다고 믿는다.

첫째, 그들은 우리에게 거짓말을 팔았다. 그들은 우리에게 하나만 더 사면 미국의 꿈에 가까워진다고 약속하는 환영을 팔았다. 결국 '보이지 않는 손'이 모든 문제를 해결할 것이므로, 결과를 생각하지 않고 우리의 이기적인 욕심을 추구할 수 있다는 것이다. 그들은 우리에게 부를 얻기 위해서 일할 필요는 없으며, 돈을 주식 중개인이나 뮤추얼펀드, 주식에 묻어 두기만 하면 부를 얻을 수 있을 것이라고 말했다. 광고는 우리 자신의 만족이 가장 중요하며, 수입이 늘고 소비를 지속할 수 있을 때 그것이 바로 성공이라고 끊임없이 말한다.

둘째, 게임의 규칙은 실패했다. 그것은 단순한 규칙이었다. 열심히 일하라. 출세하라. 집을 사라. 미래를 위해 401(k)에 돈을 넣어 두라. 이 규칙을 따르면 모든 것이 다 잘 될 것이다. 그러나 좋은 직장은 사라졌고, 급여는 압류당했으며, 예금액은 사라지고 말았다. 규칙을 정한 이들에게는 게임의 규칙이 잘 작동했지만 그에 따라 게임을 한 이들에게는 그렇지 않았던 것 같다.

셋째, 그들은 부가 파급 효과(trickle down)**를 지닌다고 말했다.** 그들은 우리에게 부자들이 더 부유해질수록 나머지 사람들도 덩달아 잘 살게 될 거라고 약속했다. 시장을 가장 잘 아는 이들에게 금융과 궁극적으로는 우리 삶을 맡기면, 우리 모두가 혜택을 누릴 것이다. 시장의 덕목을 우리 삶의 덕목으로 삼는다면, 우리도 무한한 번영을 누리게 될 것이다. 우리를 위해 일하도록 시장을 충분히 신뢰하기만 하면 성공이 찾아올 것이다.

이 책은 평범한 이들과 힘있는 사람들의 이야기로 가득하다. 그들은 쉽게 부를 얻을 수 있다는 거짓 약속을 믿었고, 게임의 규칙을 신뢰했으며, '파급 효과의 윤리'를 믿었다. 그러나 그들의 생각과 삶은 바뀌고 있으며, 이는 곧 우리 모두에게 희망이다.

세 가지 도덕적 교훈

이러한 실패 앞에서 우리는 분노해야 한다. 그 실패가 곧 뒤엎어야 할 상이다. 맞서야 할 문제다. 그러나 예수의 사역은, 분노만으로는 결코 충분하지 않음을 분명히 보여 준다. 우리는 이 실패를 무엇으로 대체할 것인가 하는 물음에 답할 수 있어야 한다. 아래는 그 실마리다.

첫째, 관계가 중요하다. 고용주와 직원의 호혜 관계는 회피해도 좋은 관계로 전락하고 말았다. 사람들이 자기 동네 은행원을 알고 은행원들도 사람들의 공동체를 알았던 것은 그리 오래전 일이 아니다. 이런 관계는

이러한 실패 앞에서 우리는 분노해야 한다. 그러나 분노만으로는 결코 충분하지 않다.

주택저당증권의 출현으로 누가 누구와 어떻게 엮여 있는지 알아내기가 사실상 불가능해지자 완전히 무너지고 말았다. 뱅크 오브 아메리카(Bank of America)는 다른 은행들은 너무 위험성이 크다고 여겼던 저소득 이탈리아계 이민자들에게 돈을 빌려주던 뱅크 오브 이탈리아(Bank of Italy)로 시작했다. 이 은행은 돈을 빌려주는 공동체와 긴밀한 유대 관계를 유지하고 '지점' 영업에서도 인간 관계를 중시하는 방식으로 세계 최대의 은행 중 하나가 될 수 있었다. 그러나 지금 그들은 어떠한가? 지금 우리는 어떠한가?

둘째, '사회적 죄' 역시 문제가 된다. 대공황 이전 1920년대에 과잉과 풍요가 존재했던 것처럼, 현재의 대불황이 닥치기 직전에도 과잉과 풍요가 존재했다. 이것은 우연의 일치가 아니다. 우리의 경제에 가치를 부가하지 못하는 이들에게 부가 집중되면, 그 사회적 죄는 쉽게 죄인을 추격하여 사로잡을 것이다. 우리가 가지고 있지 않은 돈으로 필요 없는 것을 사들이는 문화를 만들어 갈 때, 재앙은 성큼 닥친다. 역사적으로, 부자와 빈자 사이의 간격이 점점 벌어지는 현상은 임박한 붕괴의 일차적인 징조다.

셋째, 개인의 선은 공동선과 밀접하게 연결되어 있다. 기업 행위의 유일한 목표가 이익을 내는 것이라면, 그것은 이익을 향해 달리는 경주로 전락한다. 공동선이 우리 자신의 선이며 시민 사회, 기업, 정부가 경쟁하기보다 협력해야 한다는 것을 깨달을 때, 우리는 공정할 뿐 아니라 지속가능한 기업을 만들 수 있다. 어떤 이는 예수께서 우리에게 "이들 중

지극히 작은 자"를 돌보라고 말씀하심으로써 계급 전쟁을 촉발했다는 식으로 그분을 비난한다. 지금과 같은 상황 속에서 나는 가난한 이를 돌보는 것이 도덕적인 의무일 뿐만 아니라 우리 자신의 이익을 위한 것임을 깨닫기를 바란다. 세계 인구의 거의 절반인 30억 명은 하루에 2달러가 안 되는 돈으로 살아간다. 사실상 이들은 세계 경제의 바깥에 있다. 어쩌면 이 위기 덕분에 우리는 이제 그들을 안으로 데리고 들어올 때가 되었다고 결단할 수 있을지 모른다.

가난한 이를 돌보는 것은 도덕적인 의무일 뿐만 아니라 공동선의 일부이기도 하다.

교황의 생각

물론 시장이 본질적으로 나쁜 것은 아니며, 효과적인 경제 성장의 도구로 사람들을 가난에서 벗어나게 하는 데 도움이 될 수 있다. 그러나 시장은 가치에 의해 제어되고 공정함이라는 기준에 따라 심판 받아야 한다. 교황 베네딕트 16세는 최근 발표한 회칙에서 경제와 불황에 관해 이야기했다. 이윤에 관해 그는 우상숭배의 위험성을 지적했다. 이윤은 유용하지만, 그것이 "유일한 목적이 되어, 공동선을 궁극적인 목적으로 삼지 않고 부적절한 수단까지 동원해 이윤을 창출하고자 한다면, 부를 파괴하고 빈곤을 초래할 위험이 있다"라고 말했다. 그는 현재의 경제 위기 속에서 "여정을 다시 짜고, 새로운 규칙을 세우고, 새로운 형태의 헌신을 찾아내야만 한다.…따라서 이 위기는 미래에 대한 새로운 비전을 형성할 분별을 가질 수 있는 기회다"라고 말했다.

그는 시장에서 행해지는 "죄의 파괴적인 효과"에 관해 말했다. 시장에는 "단기 이익만을 추구하는 유혹에 굴복하는 **금융 자원의 투기적 이용**"이 존재한다. 그는 이것이 "안정된 발전의 근본 요소인 건실한 생산 체제와 사회 제도의 정착을 도와줌으로써, 지역 사회에 실질적으로 기여하는 일"이 아니라고 말한다. 또한 금융가들은 "정교한 금융 도구들이 예금자들의 이익에 반하는 목적에 악용되지 않도록 금융 활동의 참된 윤리적 근거를 재발견해야" 한다고 말했다.[4]

무언가를 살 수 있다고 해서, 반드시 그것을 사야 하는 것은 아니다.

중요한 것은, 시장을 파괴하는 것이 아니라 그것의 합당한 자리를 이해하는 것이다. 상업을 없애는 것이 아니라 그것을 가치라는 올바른 토대 위에 세우는 것이다. 은행이 신용 대출을 확대할 수 있다고 해서, 언제나 그래야만 하는 것은 아니다. 고객들이 신용 대출을 받을 수 있다고 해서, 언제나 그것을 이용해야 하는 것은 아니다. 무언가를 살 수 있다고 해서, 반드시 그것을 사야 하는 것은 아니다. 우리는 원하는 것과 필요한 것, 할 수 있는 것과 해야 하는 것 사이의 차이를 이해해야 한다. 그렇게 하기 위해서는 몇 가지 우선순위를 재설정해야 한다.

REDISCOVERING VALUES

2

시장, 하나님이 되다

대불황의 때에는 악덕과 악당이 모두 존재한다. 그리고 이 둘은 우리가 이 지경에 이르게 된 원인의 일부다. 우리는 선을 악이라고, 악을 선이라고 여기면서 이 둘의 차이를 점점 더 구별하지 못하게 되었다. 문화적인 메시지는 지난 몇 십 년 동안 너무도 분명했다. **탐욕은 선이다. 가장 중요한 것은 나다. 나는 이 모든 것을 원하고, 그것을 지금 당장 갖고 싶다.** 이런 메시지는 중대한 영향을 미친다. 또한 대중적인 메시지에 따르면, 이런 격언을 어김없이 따르지 않는다면 우리가 나약하고 부족하다는 증거이며, 멍청하게도 '가장 중요한 것'에 주의를 기울이지 않는다는 증거다. 이 모든 것을 원하지 않는다면, 무슨 문제가 있는 것이다. 성전에서 뒤엎힌 상은 경제적인 불의뿐만 아니라 가치의 상실을 상징한다. 그리고 대불황에는 서브프라임 모기지보다 더 중요한 원인이 있다. 그것은 도덕의 위기다.

우리가 이 지경에 이르게 된 까닭은, 소수의 고위층이 부패해서도 아

시장은 시민의 삶을 소비의
의례로 대체해 버렸다.

니고 월 스트리트의 음모 때문도 아니며 몇 가지 공공 정책이 잘못되어서도 아니다. 좀더 단순한 그 원인은 인류의 역사만큼이나 오래되었다. 바로 우상숭배다. 우리는 하나님을 시장의 '보이지 않는 손'으로 대체했고, '도덕적 가치'를 '시장 가치'로 대신했으며, 선하고 옳은 것은 모두 그것을 가능하게 한 시장의 힘 덕분이라고 생각해 왔다. 시장이 모든 것을 지배하고 사회의 도덕적 영역 상당 부분을 대체하여, 심지어는 시장의 논리가 통하지 않는 '도덕의 영역'을 확보하는 일의 가치에 관해 의문을 제기하기에 이르렀다.

시장은 생태계를 파괴하는 외래종처럼 모든 것을 집어삼키고 말았다. 시장은 우상이 되었다. 시민의 삶을 소비의 의례로 대체해 버렸다. 소비자라는 정체성이 시민이라는 정체성을 대체해 버렸다. 심지어 선거 운동조차도 후보자를 팔기 위한 또 다른 마케팅 전략으로 전락했다.

금송아지

시장은 우리의 '금송아지', 즉 우리가 궁극적인 충성을 맹세하는 우상이 되고 말았다. 이제는 고전이 된 세실 드밀(Cecil B. DeMille)의 영화 "십계"(*The Ten Commandments*)에서 모세로 분한 찰턴 헤스턴이 분노하던 장면을 기억하는 이들이 아직도 많을 것이다. 출애굽기에 나오는 이 이야기는 하나님이 이스라엘 백성을 이집트의 노예 생활로부터 구원해 내신 후 일어난 일을 다룬다. 이스라엘 백성이 시내 산에 이르렀을 때

모세는 산으로 올라가 거기서 '오랫동안' 머물렀다. 그가 간 후에 사람들은 그가 사라져 버린 것은 아닌지 불안해하기 시작했고, 모세의 형인 아론에게 자신들을 위해 신을 만들어 달라고 요구했다. 아론은 사람들의 금붙이를 모아 그들이 예배할 송아지를 만들었다. 금송아지를 보자 사람들은 "이스라엘아! 이 신이 너희를 이집트 땅에서 이끌어 낸 너희의 신이다"라고 외쳤다.[1]

하나님이, 그리고 그 다음으로 모세가 화를 낸 것은 바로 이 때다. 왜인가? 단지 그들이 금송아지를 만들었기 때문인가? 아니다. 송아지는 예술 작품, 보고 즐기는 조각일 수도 있었다. 그 송아지가 우상이 된 것은, 사람들이 새로 만든 송아지를 가리키며 그것이 자신들을 이집트에서 구했다고 말했기 때문이다. 그들은 금송아지를 높이면서 오직 하나님께만 드려야 할 영광을 돌렸다.

우상숭배는 매우 다양한 형태로 나타난다. 오늘날 우상숭배는 금송아지 앞에 엎드려 절하는 것보다 훨씬 더 교묘한 형태로 나타난다. 그것은 잘못된 우선순위나 잘못된 것을 신뢰하거나 믿지 말아야 할 것을 믿는 형태로 나타나고 있다.

오늘날 우리에게는 조각상 대신 헤지펀드, 주택저당증권, 연금, 뮤추얼펀드가 있다. 우리는 주가가 계속해서 상승할 것이고 부동산 가격이 계속 오를 것이라는 예측을 맹목적으로 믿는다. 시장이 알아서 위험을 적절히 분산할 것이기에 무모한 투자를 한다고 해도 별로 큰 재앙을 만나지는 않을 것이다. 금융 설계사의 사무실이 가까울수록 미래에 대한 신뢰와 안정, 희망도 우리 가까이 있다. 시장 원리를 제대로 적용하기만 하면 삶과 우리가 사는 세상을 다 설명해 낼 수 있다. 이 우상은 우리의 행복과 안전을 보장하며 우리에게 필요한 모든 것을 제공해 줄 것이다. 이 우상의 관리자들은, 금융에 관해서뿐만 아니라 우리의 삶 전반에서 우리가 의지하는 지도자가 되었다. 이것이 바로 우상숭배다.

부유하든 가난하든 모든 사람들이, 만지는 것은 모두 금으로 바꾸어 버리는 능력을 지닌 듯한 이들을 영웅시한다. 홀로코스트 생존자이며 노벨상 수상자인 엘리 비젤(Elie Wiesel)은 3,700만 달러가 넘는 자신의 재산과 그가 세운 재단의 재산 대부분을 버나드 매도프(Bernard Madoff)의 폰지 사기(Ponzi scheme : 고수익을 빌미로 투자자들을 끌어들인 다음 나중에 투자하는 사람의 원금으로 앞 사람의 수익을 지급하는 다단계 사기 수법—역주)로 잃고 말았다. "우리는 그에게 모든 것을 내주었다. 우리는 모든 것을 그의 손에 맡겼다. 우리는 그가 하나님이라고 생각한 것이다."[2]

우상이 된 시장

이 모든 일이 의식 있는 선택의 결과는 아니다. 우리가 충분히 주의를 기울이지 않았기 때문에 일어난 일이다. 이 모든 것이 '종교적' 양상을 지니는 것은 바로 이 때문이다. 모든 영역에 파고든 시장은 종교와 하나님까지도 대신하게 되었다. 이제 시장은 전지전능하고 무소부재한 하나님과 같은 속성을 지닌 영원한 것이 되었으며, 그에 저항하거나 심지어는 의문을 제기하는 것조차 불가능해졌다. 중요한 상품과 재화를 공급하는 필수적인 역할을 수행하는 것과 궁극적인 충성을 요구하는 것은 전혀 다르다. 우상숭배란 무언가가 하나님의 자리를 차지했음을 뜻한다. 시장은 좋은 것, 필요한 것일 수 있다. 그러나 지금 시장은 너무 많은 것을 요구하고, 궁극적인 중요성을 주장하며, 우리 삶의 너무 많은 부분을 통제하고, 자신의 한계를 완전히 벗어나고 말았다.

이제는 예언자적인 글이 된, "애틀랜틱"(The Atlantic) 1999년 3월호에 실린 하버드 대학교 신학부의 하비 콕스(Harvey Cox)가 쓴 '하나님이 된 시장'이라는 제목의 글은 우리가 도덕적·신학적 성찰을 하지 않을 때 우리에게 일어날 일을 이야기했다. 콕스는 인류의 역사에는 언제나 다양한 종류의 시장이 존재해 왔다고 지적한다. 그러나 삶과 사회, 문명 전체의 **의미**나 **목적**은 언제나 사회의 다른 중심으로부터 기원했다. '시장'을 신과 같은 속성을 지닌 존재로 격상시킨 것은, 지난 200년 동안의 더딘 발전과 지난 30년 동안의 급속한 발전의 결과다.

콕스는 시장이 **전능**해져 "피조물을 상품으로 변화시키는" 능력을 지니게 되었다고 주장한다. 경외심을 불러일으키기 때문에 가치를 가졌던 자연의 아름다움이, 갑자기 구획이 나뉘고 가격표가 붙어 '부동산'이라는 이름으로만 가치 있는 것으로

시장은 전지전능하고 무소부재한 하나님과 같은 속성을 지닌 영원한 것이 되었으며, 그에 저항하거나 심지어는 의문을 제기하는 것조차 불가능해졌다.

격하되고 말았다. 시장은 **전지**하기 때문에 우리의 생각을 조종한다. 시장은, 그리고 오직 시장만이 우리에게 필요한 것이 무엇인지, 우리가 원하는 것을 위해 얼마나 많은 돈을 지불해야 하는지, 그것을 팔 때 얼마나 받을 수 있는지를 결정한다. 콕스는 "마침내 무소부재한 신적 의지가 존재하게 되었다. 최신 경제 이론은 예전에는 그와 무관하다고 여겼던 데이트, 가정 생활, 부부 관계, 자녀 양육과 같은 영역까지 시장의 셈법을 적용하려고 한다.…시장은 우리 주변뿐만 아니라 우리 내면에 존재하며

시장이라는 '신'에 대해 의문을 제기하면 이단자나 미치광이로 낙인찍히며, 보수적인 라디오 프로그램에서 화형을 당하게 된다.

우리의 의식과 감정을 규정한다. 지칠 줄 모르는 시장의 요구로부터 도망칠 수 있는 곳은 이제 어디에도 남아 있지 않은 듯하다. '하늘의 사냥개'[프랜시스 톰슨(Francis Thompson)이 지은 같은 제목의 시에서 사냥개는 끝까지 우리를 찾으시는 하나님을 상징한다—역주]처럼 시장은 쇼핑몰에서부터 가정으로, 아기방과 침실까지 우리를 뒤쫓아 온다."[3]

더구나 시장에는 사제와 목회자, 랍비와 이맘, 주술사까지 있다. 이들은 헷갈리는 다우지수와 환율, 선물 지수를 해석하여 그 의미가 무엇이며 그에 따라 어떤 행동을 취해야 하는지 알려주는 해설자다. 그들은 기근과 사람들의 죄로 인한 시장의 보복에 관해 설교하기도 하고 때로는 시장과 그것이 제공하는 축제를 찬양하기도 한다. 시장이라는 '신'에 대해 의문을 제기하면 이단자나 미치광이로 낙인찍히며, 보수적인 라디오 프로그램에서 화형을 당하게 된다.

좋은 놈, 나쁜 놈, 추한 놈

시장은 상품과 용역을 만들어 내는 최선의 방법일지는 모르지만, 그것의 공정한 분배에는 실패할 때가 많다. 시장은 참여자들에게 서로 유익한 결과를 가져다주는 방식으로 효율적인 교환이 이루어지게 한다. 시장이 있기 때문에 우리는 식료품점에서 필요한 음식을 살 수 있고, 옷가게에서 옷을 살 수 있으며, 부동산 중개인을 통해 집을 구할 수 있다.

시장이 잘 작동하면 가난의 고통을 덜고 사람들의 행복이 증진될 수 있다. 제프리 삭스(Jeffrey Sachs)는 1800년 이전에 세계 인구의 약 85퍼센트가 오늘날 우리가 극도의 빈곤이라고 부르는 상태에서 살았다고 추정한다. 지난 세기 중반쯤에 그 비율은 50퍼센트로 떨어졌고 1992년에는 25퍼센트였다.[4] 현재 세계은행(World Bank)에서는 극도의 빈곤을 하루에 1달러도 안 되는 돈으로 살아가는 경우로 정의한다. 2007년 당시 세계 인구의 15퍼센트에 해당하는 10억 명이 이런 상태에서 살았다. 다른 요인들도 작용했지만, 이처럼 빈곤율이 떨어진 것은 전 세계적으로 시장경제가 발전한 덕분이다. 200년 전의 경제 상황으로 돌아가고 싶어 하는 사람은 아무도 없다. 하지만 그렇다고 해서 우리가 지금 처한 상황과 이 위기로부터 배울 수 있는 교훈에 관해 냉정한 물음을 던지지 말라는 말은 아니다.

대불황이 시작된 후 많은 미국인이 바로 이런 물음을 던지고 있으며, 우상숭배는 언제나 그 대가를 치를 수밖에 없음을 깨닫기 시작했다. 금송아지 이야기에서 모세는 산에서 돌아와 그 금송아지를 불에 태우고 가루가 되도록 빻았다.

「멍청한 돈」(*Dumb Money: How Our Greatest Financial Minds Bankrupted the Nation*)의 저자인 대니얼 그로스(Daniel Gross)는 "저금리, 규제 철폐, 혁신적 금융 기법"을 "시장과 시장에 의존하는 수백만 명의 사람들을 대재앙으로부터 보호하는 성 삼위일체"라고 부른다. 그러나 분명 시장이란 종교는 우리의 기대를 저버렸다. 그로스는 어떤 한 사람이나 집단을 탓하고 비난하는 것은 잘못이라고 말한다. 대신 그는 이렇게 말한다.

우리 모두—투자자, 주택 소유자, 차용자, 대여자, 언론인, 정치인, 경제학자, 행정 관료, 신용평가기관—가, 하원 소수당 대표 존 뵈너(John Boehner)의 말처럼 수조 달러의 "쓰레기 샌드위치"를 쌓아 올리는 데 일조했다.…진짜 스캔들은, 법과 규칙의 테두리 안에서 법을 준수하며 살아 온 훌륭한 시민들이 고스란히 그 손실로 인해 고통을 당한다는 사실이다.[5]

우상숭배의 결과

경제 위기의 결과, 우리는 주택 차압, 빈 주택과 아파트, 교육 및 퇴직 기금의 급감, 노후 자금 상실, 실직 등으로 고통을 당하고 있다. 대불황 때문에 미국의 풍경이 바뀌고 있다. 예를 들면, 지금까지 그런 모습을 한 번도 볼 수 없었던 도시들이 가난한 이들과 이제 막 빈곤층이 된 이들로 넘쳐나는 빈민촌 문제에 직면했다. 이 도시들은 대공황기의 대통령 이름을 딴 후버빌(Hooverville: 대공황기 실직자들이 모여 살던 빈민촌—역주)을 연상시킨다. 이미 뉴욕과 로스앤젤레스, 나의 고향 디트로이트에서는 이런 극빈자 수용소를 흔히 볼 수 있었다. 하지만 프레즈노, 시애틀, 내슈빌, 세인트 피터스버그와 같은 중간 규모의 도시에서도 천막이나 판잣집, 폐품으로 아무렇게나 대충 만든 임시 수용소에 사는 사람들을 보게 된 것은 낯설고도 무서운 일이다. 일용직 노동자나 최저임금으로 살아가는 많은 사람들은 경제적인 한계에 머무를 수밖에 없다. 그러나 그런 일자리마저 얻지 못하고 한계 바깥으로 떨어져 나가는 이들이 점점 늘고 있다.

지금 우리는 전국의 도시와 농촌에서 놀랍고도 비극적인 모습을 목격한다. 이제 막 빈곤층에 진입한 수많은 사람들이 푸드뱅크와 교회 식당, 무료 급식소 앞에 길게 줄 서 있다. 뉴저지 주 모리스타운에서 급식소를 운영하는 로즈메리 길마틴에 따르면, (2008년 공식 통계상 3,980만 명-1960년 이후 최고치-이었으며 2009년에는 훨씬 많을 것으로 예측되는)

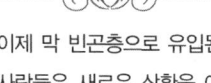
이제 막 빈곤층으로 유입된 사람들은 새로운 상황을 어떻게 헤쳐가야 할지 전혀 갈피를 잡지 못하고 있다.

미국 내 기존의 빈민층에 더해, "그 다음 단계에 있던 사람들"도 굶주리는 계층, 심지어 집조차 없는 계층으로 대거 유입되고 있다. 그녀와 같이 굶주린 이들을 먹이는 일을 하는 사람들은, 예전에 저임금 노동자 중에서도 최하위층이었던 사람들뿐만 아니라 아동보육 노동자, 간호조무사, 서비스업 종사자, 조경업자, 주부, 비서, 부동산 중개인들도 급식소를 찾고 있다고 말한다.

심지어는 일리노이 주 레이크포레스트, 코네티컷 주 그리니치, 캘리포니아 주 마린 카운티와 같은 부촌에서도 불황 이후 식료품 기증 수요가 엄청나게 증가했다. 은행, 컴퓨터 업계, 마케팅 직종에 종사하는 이들조차도 직업을 잃자 푸드뱅크와 무료 급식소에서 긴 시간 대기하고 있다. 샌프란시스코 인근의 푸드뱅크 책임자인 데이브 코트는, "이곳 마린 카운티는 굉장히 부유한 동네지만, 요즘은 줄 선 이들을 보며 바싹 긴장한 채 '맙소사, 내가 여기 와 있다는 게 정말이지 믿기지 않아'라고 생각하게 된다."라고 말한다.

뉴저지의 커뮤니티 푸드뱅크(Community FoodBank) 책임자인 캐슬린 디치아라의 말도 그와 비슷하다. "가장 부유한 카운티 중 하나인 이곳에서, 전에는 한 번도 푸드 스탬프(food stamps: 저소득층 대상 식료품 보조금-역주)를 신청한 적이 없는 사람들이 이를 신청하고 있다. 식료품을 사지 못할 정도로 가난한 사람들이 늘었다는 것을 단적으로 보여 준다.…현재 상황이 얼마나 심각한지를 알려주는 신호다."[6] 이에 관해서는 7장에서 자세히 살펴보겠다.

부시 집권기에 빈곤율이 해마다 상승하는 상황에서 푸드뱅크의 수요가 늘었다는 보고는 이미 있었다. 전에는 노숙자 쉼터에 사는 사람 대부분이 알콜이나 약물 중독증이 있는 미혼 남성이었지만, 최근에는 자녀가 있는 가족들도 늘고 있다. 가족 중에 일하는 사람이 있어도 제대로 된 주거지를 마련할 수입을 얻지 못해 이곳에서 사는 경우도 있다. 불황으로 실업률 상승이 지속됨에 따라 상황이 더욱 악화되고 있으며 점점 더 많은 사람들이 빈곤층으로 전락하고 있다. 이제 막 빈곤층으로 유입된 사람들은 새로운 상황을 어떻게 헤쳐 가야 할지 전혀 갈피를 잡지 못하고 있다. 뉴저지 구세군의 브렌다 비버스는 "이들은 전에는 한 번도 도움을 요청할 일이 없던 사람들이다. 전에는 기부하는 사람들이었지만, 이제는 도움을 구할 수밖에 없게 된 것이다"라고 말했다. 오랫동안 사회 봉사를 해온 그녀는 "그들은 마치 포탄충격증후군에 시달리는 것처럼 보인다.…'도저히 이렇게는 못 하겠어'라고 되뇌는 사람도 있다"라고 말한다.[7]

이런 이야기를 듣고 놀라서는 안 된다. 1946년 오스트리아 경제학자 요제프 슘페터(Joseph Schumpeter)는 지금 우리에게 닥친 대불황의 고통을 예견하고 이렇게 경고했다. "자본주의는 너무나도 많은 제도의 도덕적 권위를 파괴한 후에 마침내는 그 자체의 권위마저 배반하는 비판적인 사고틀을 만들어 낸다."[8] 슘페터는 자본주의를 다른 체제로 대체하자고 주장한 것이 아니라, 자본주의를 견제할 장치를 마련하고 도덕적 가치에 그 기초를 두도록 해야 한다고 주장했다. 경제로부터 도덕을 분리시킬 때, 가장 먼저 타격을 입는 것은 그 사회의 도덕적 건전성이다. 그런 다음에야 우리는 그 모든 가치가 어디로 사라져 버렸는지 걱정하기 시작한다.

근대 경제학의 아버지이자 '보이지 않는 손'이라는 개념을 창시한 애덤 스미스 역시 이에 동의한다. 스미스는 자신의 유명한 글에서 이렇게 주장했다. "우리가 저녁을 먹을 수 있는 것은, 푸줏간 주인이나 양조업자, 빵 굽는 사람이 자비로워서가 아니라 그들이 자신의 이익에 충실하기 때문이다. 우리는 그들의 인류애가 아니라 자기애에 의존한다. 그리고 우리는 결코 그들에게 우리가 아쉬운 것을 이야기하지 않고 그들의 이익에 관해 이야기한다."[9]

이것이 사실인 경우도 많다. 식료품점에서 우리는 선반에 물건을 진열하는 직원이나 계산대의 점원에게 무언가를 베푼다고 생각하지 않고, 가족에게 필요한 음식을 사기 위해 왔다고 생각한다. 선반에 물건을 진열하는 직원이나 계산대의 점원은, 우리가 지불하는 돈으로부터 월급을 받기 때문에 거기서 일한다. 결국 우리 모두가 이익을 얻는다.

그러나 거기서 머문다면 중요한 것을 놓치고 스미스의 이론의 많은 부분을 무시하는 것이나 다름없다. 스미스는 자신의 유명한 경제학 논문인 「국부론」을 집필하기 전에 「도덕감정론」이라는 책을 썼다. 이 책에서 그는 "다른 이의 이익을 자신의 이익보다 더 많이 고려하는 것… 이것이 인간 본성의 완성이다"라고 말했다. 이것은 모순인가? 그렇지 않다. 이것은 무엇이 우선하는가에 관한 물음이다. 우리의 도덕 체계, 무엇이 옳고 선한 것인가에 관한 우리의 신념은 언제나 경제 체계보다 우선해야만 한다. 도덕 체계가 경제 체계의 기초를 제공하고 그것을 아울러야만 한다. 그러지 않고 그 반대가 될 때, 슘페터의 말처럼 경제 체계는 우리 사회를 파괴하고 나아가 그 자체를 파괴할 수 있을 것이다. 경제가 가치보다 우선할 때, 그것은 곧 우상숭배다.

우상에 도전하라

시장은 전지전능하고 무소부재해야만 하는가? 돈으로 살 수 없는 것이 과연 있는가? 혹은 있어야 하는가? 지금 이런 물음을 던지는 것은 너무나도 중요하다. 마이클 샌델은 하버드 대학교의 교수로서 '정의'에 관한 그의 수업은 이 학교에서 가장 인기 있는 강좌가 되었다. 수강생이 1천 명이 넘는 이 수업에서는 소크라테스의 문답식 강의로 우리 시대의 중대한 도덕적 질문을 다룬다. 샌델은 "시장의 도덕적 한계에 관해 공적인 토론을 벌여야 한다"라고 말한다. 한계? 우리는 한계에 관한 이야기를 원하지 않는다. 하지만 그 때문에 우리가 지금 이런 어려움을 겪는지도 모른다. 월 스트리트의 몰락과 무절제한 기업 활동, CEO들의 부당 행위 때문에 시장에 대해 새로운 사회적 규제를 가할 수밖에 없게 되었다. 지난 수십 년 간 규제 철폐를 통해 시장은 우리 삶의 깊숙한 곳까지 침투했고 결국 우리는 지금처럼 경제 위기를 맞이하게 되었다. 그리고 새로운 사회적 규제를 가하려는 노력은 주식회사 미국과 거대 금융사들과의 싸움이 될 것이다. 이들은 이미 그들의 행위를 개혁하려는 모든 시도에 대해 뻔뻔히 저항했다. 새로운 규제의 산발적인 적용으로는 충분하지 않다. 우리는 시장의 위치와 역할, 한계 등에 관해 더 심층적인 물음을 던져야 한다.

우리는 시장과 시장의 가치가 모든 장소에서 모든 것을 지배하기를 원하는가? 가장 중요한 것이 무엇인지, 시장의 가치로서는 결정하지 못하는 삶의 영역—인간 관계와 가족 관계, 윤리와 종교, 공동체와 공공 서비스, 사회 정의—이 존재하는가? 모든 물건은 상품이 되어야 하는가? 시장의 영향력은 어디까지인가? 모든 것이 사유화되어야 하는가? 아니면 공동선을 위한 여지를 남겨두어야 하는가? 샌델은 지금의 경제 위기가 지난 30년간의 '시장 절대주의'(market triumphalism)에 종식을 고한다고 말한다. 그는 공동선을 이루기 위한 일차적인 수단이 시장이라는 생각은 더 이상 신뢰를 얻지 못하고 있다고 주장한다.

시장이 지배할 영역과 다른 가치—인격적, 사회적, 윤리적—가 지배할 영역은 어디인가? 삶의 모든 영역에서 돈의 규범이 더 본질적인 규범을 밀어내야 하는가?

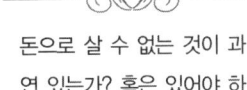

돈으로 살 수 없는 것이 과연 있는가? 혹은 있어야 하는가?

실제로 시장의 규범이 궁극적인 가치 척도가 될 때 무엇이 희생되는가? 시장의 가치보다 우월한 사회적 가치와 실천은 존재하는가? 시장은 정말로 강력한 영향력을 행사한다. 시장의 가치가 다른 모든 가치를 대체할 때, 그것은 언제나 사회적으로 중대한 결과를 초래한다.

상품과 용역의 공급은 시장이 맡고 있는 중요한 역할이다. 그러나 우리는 정말로 시장이 모든 공공 서비스를 통제하기를 원하는가? 병원과 교도소, 모든 사회적 서비스가 이윤을 목적으로 운영되기를 원하는가? 나는 아이들을 민간 기업이 운영하는 놀이공원에 데리고 가서 롤러코스터를 태워줄 수 있다는 사실에 대해 기쁘게 생각한다. 그러나 옐로스톤 국립공원을 사기업이나 개인이 소유하는 것에 대해서는 찬성하지 않는다. 시장이 우리 삶의 가장 친밀하고 개인적인 영역, 예를 들면 인간 관계, 가정, 출산, 의료를 비롯해 새로운 개척지라고 할 수 있는 유전학 분야, 종교와 영성이라는 삶의 내적인 영역에까지 침투하도록 내버려두어야 하는가? 근본적으로, 그리고 아마도 가장 중요한 차원에서, 우리는 요즘 광고들이 말하는 윤리와 가치가 우리 자녀들의 영성을 형성하기를 원하는가?

> 우리는 요즘 광고들이 말하는 윤리와 가치가 우리 자녀들의 영성을 형성하기를 원하는가?

만약 시장이 우리의 관심사를 궁극적으로 규정한다면, 우리는 결국 시장의 도덕적 한계에 의해 규정되고 말 것이다. 예를 들어, 만약 시장의 광고 메시지로부터 전 지구적 보건 위기에 관한 일차적인 정보를 얻으려고 한다면, 말라리아나 HIV/에이즈가 아니라 발기부전이라는 유행병이 오늘날 인류가 직면한 가장 큰 위협이라고 결론 내리게 될 것이다! 어느 사회에서나 우리의 관심을 끄는 것이 무엇인지를 보면 그 사회가 도덕적으로 얼마나 건전한지를 가장 잘 알 수 있다.

대불황과 그 결과에서 드러난 모든 사실을 생각해 보면, 하비 콕스의 예언자적인 글은 여전히 되새겨 볼 가치가 있다. 그는 "물론 모든 신학 체계의 정점에는 신에 대한 교리가 있다"라고 말했다. 그리고 날마다 신문의 경제면을 읽기 시작하면서 이 신학자는 자신이 읽었던 역사신학과 교회사 책에서 나오는 것과 비슷한 '변증법'이 존재한다는 것을 발견했다. 그의 신학적인 결론은, 언제나 시장은 존재해 왔지만, 시장을 신이라고 생각한 적은 지금까지 한 번도 없었다는 것이다. 이제 신비와 경외심으로 얼굴을 가린 '시장'은 '제1원인'의 지위로 격상되었다. 시장에 대한 이전의 규제가 사라지자 시장은 더욱 신적인 속성을 띠게 되었다. "이제

시장의 지배는 보편적으로 수용되어야 한다. 시장은 경쟁자를 용납하지 않는다."

참과 진실을 규정하는 능력을 가졌다고 주장하며 그 자체를 초월한 어떤 한계에도 굴복하기를 거부하는 시장은 이제 "과거에는 신들만 알고 있던 포괄적인 지혜"를 지니고 있다고 주장한다. 두려워하고 경배해야 할 신처럼, 이제 우리는 날마다 시장의 분위기를 살펴야 한다. "시장은 '염려하고' '안도하고' '불안하고' 심지어 때로는 '매우 기뻐한다'…. 모든 것을 집어삼키는 고대의 신에게 그랬던 것처럼, 어떤 상황에서든 시장—적절하게도 황소나 곰에 비유된—을 잘 먹이고 달래 주어야 한다."[10] 혹여나 시장의 '대제사장'과 그들의 선포에 의문을 제기하기라도 한다면 그것은 이단의 죄를 저지르는 것과 같다. 시장이라는 거짓 신을 예배하는 것은 급기야 보편적인(ecumenical) 현상이 되고 말았다. 종파와 교단을 초월해 우리는 시장의 교리와 명령에 고개를 조아린다.

그러나 이 위기는 우리에게 기회를 제공한다. 경제 생활에서 더 현명하고 신중해질 수 있는 기회일 뿐 아니라, 훨씬 더 근본적인 변화의 기회다. 즉, 시장을 예배하는 우상숭배를 그만두고, 우리를 옭아맸던 우상의 정체를 폭로하며, 절대 시장(The Market)을 섬기는 대신 시장(the market)으로 하여금 우리를 섬기도록 요구할 기회다.

또 세계의 종교들이 앞장서서 시장이라는 우상에 도전하고, 우리에게 누가 하나님이고 누가 하나님이 아닌지를 알려줄 수 있다. 사실 이것이 종교의 전통적이며 필수적인 역할이다. 기독교와 유대교에서는 "땅과 그 안에 가득 찬 것이 모두 다 주님의 것, 온 누리와 그 안에 살고 있는 모든 것도 주님의 것이다"[11]라고 말한다. 그것은 시장의 것이 아니다. 또한 인

> 하나님의 경제에서는 우리가 '나누기만' 한다면 충분하다고 말한다.

간은 하나님이 지으신 피조물의 주인이 아니라 청지기일 뿐임을 기억하자. 그리고 바로 인간이 시장을 지배한다. 그 반대가 아니다.

종교들 간의 차이에도 불구하고 시장이라는 **종교**는 모든 종교의 가장 위협적인 경쟁 상대가 되었다. 하지만 이제 우리는 함께 시장의 지배에 도전하고, 다시 한 번 하나님께 합당한 예배를 회복할 수 있다. 무한함을 주장하는 시장의 거짓 약속을 인간의 유한함에 대한 인정으로, 겸손함과 도덕적 한계로 대체해야 한다. 또한 이것은 참된 인간성을 회복하는 데도 필수적이다. 희소성에 대한 시장의 두려움 대신 사랑하시는 하나님의 풍성함을 선포해야 한다. 그리고 '결코 충분하지 않다'라는 시장의 제1계명을 하나님의 경제의 명령으로 바꾸어야 한다. 즉, 우리가 **나누기만** 한다면 충분하다.

대불황의 위기는 우리의 경제가 새롭게 출발하는 것 이상의 기회를 제공한다. 그것은 올바른 예배를 회복할 기회가 될 수 있다.

REDISCOVERING
VALUES

2부

어쩌다 우리는
이 지경에 이르렀는가?

3

탐욕은 선이다

지금 우리는 우리 문화의 죄악상을 목격하고 있다. **부**는 경제의 꼭대기부터 아래로 흐르지 않는데, **악한 행동**과 **악한 가치**는 아래로 흘러내리고 있는 듯하다. 이제 우리는 모두 진지하게 자기 성찰을 해야 한다. '탐욕이 선이다' '가장 중요한 것은 나다' '나는 그것을 지금 원한다'와 같은 새 격언이 옛 가치를 대체했다. 이제 1등이 되는 것이 무엇보다도 중요해졌다. 심지어는 우리로 하여금 우리 자신을 초월하는 것들을 바라보게 하는 **그분**—궁극적으로 우리의 모든 공과를 물으실 **그분**—보다 더 중요해졌다. 탐욕과 불안에 기초한 시장은 우리 안에 있는 가장 악한 것들을 끄집어냈고, 지금 우리는 그 대가를 치르고 있다.

대중문화에서는 유명 인사가 진정한 영웅을 대체하였다. 이제 유명 인사에는 배우와 운동선수보다 돈을 더 많이 버는 기업 회장들도 포함된다. 부와 재산이라는 '장난감'을 가능한 빨리 그리고 많이 모은 것 말고는 다른 어떤 삶의 열정이나 목표도 없는 듯이 보이는 백만장자와 억만장자들의 이야기가 셀 수 없이 많다. 탐욕의 문화는 만족하는 법을 결코 알지 못한다.

2009년 2월 17일, 20여 명의 연방수사요원이 90억 달러 규모의 폰지 사기 혐의를 조사하기 위해 앨런 스탠퍼드 경(Sir Allen Stanford)의 사무실을 기습 수색했다. 6월에 그는 투자 사기 혐의로 구속 기소되었다. 곧 언론에서는 앨런 경을 '작은 매도프'(mini-Madoff)라고 부르기 시작했다. 그는 1억 달러가 넘는 비행기를 여러 대 가지고 있었고 플로리다 주에 있는 해자와 인공 암벽으로 둘러싸인 성에서 살았다. 보도에 의하면 성을 더 크게 짓기 위해 2008년에 이를 부쉈다고 한다.

문제는, 경제 사범들이 엄청난 부를 누렸다는 사실뿐만 아니라 우리 중에도 그들처럼 되고 싶어 하는 이들이 너무나도 많다는 것이다. 우리 사회는 탐욕이라는 문화적 죄를 부추긴다. 일부는 엄청난 부를 향유하며, 다른 이들은 텔레비전을 통해 부자들의 사는 모습을 보게 함으로써 그런 부를 대리적으로 경험하게 한다. 우리는 관음증의 산업을 만들어 냈다. 리얼리티 쇼에서는 어긋난 영웅을 본보기로 제시하며 우리에게 그들처럼 되기 위해 노력하라고 가르친다. 리얼리티 쇼 "백수탈출 성공기"(*The Apprentice*)에서 기업 지도자의 새로운 문화적 역할 모델로 도널드 트럼프(Donald Trump)가 제시되는 것을 보며 우리는 무언가 잘못되었음을 깨닫는다.

구제금융을 받은 AIG의 보너스 잔치나 파산한 기업 회장들의 전용 제트기는, 권리 의식이란 그저 가난한 이들을 무차별적으로 돕게 하는 태도가 아니라 많은 부자들의 진짜 문제임을 증명한다. 그들은 자신의 성공과 관계없이 옛날의 왕과 여왕처럼 대접받을 자격이 있다고 믿고 있다.

우리는 부에 지나치게 현혹되어 있기 때문에 가지지 않은 돈으로 필요없는 물건을 사야만 경제가 유지되는 지경에 이르고 말았다. 우리가 존경하는 사람을 보면 그 사회가 얼마나 건전한지 알 수 있다.

월 스트리트

탐욕에 대한 찬사가 우리 삶에 만연해 있다는 현실을 영화 "월 스트리트"(*Wall Street*: 올리버 스톤 감독의 1987년 작―역주)는 가장 잘 보여 준다. 월 스트리트의 거물 고든 게코의 잊을 수 없는 독백은 탐욕스러운 이 경제의 핵심을 잘 드러낸다. 텔더 페이퍼 사에 대한 '적대적 인수합병'이 진행 중인 가운데 열린 주주총회에서 게코는 이렇게 말했다. "탐욕이란 더 나은 세상을 향한 욕망이기에 선합니다. 탐욕은 정당합니다. 탐욕은 효과적입니다. 탐욕은 진보 정신의 핵심을 꿰뚫고 포착하여 그것을 명확히 드러나게 해줍니다. 삶과 돈, 사랑, 지식에 대한 탐욕을 비롯해 모든 형태의 탐욕은 상승을 향한 인간 의지의 표현입니다. 탐욕은 텔더 페이퍼를 구할 뿐만 아니라 미국이라는 기업까지도 구해 낼 것입니다."

우리는 삶과 사랑, 지식과 관계를 모두 상품으로 변환시켰고, 그것이 성공하는지 파산하는지 알아보기 위해 시장이 가격을 붙이게 했다.

고든 게코는 이런 세계관을 극단적으로 추종한다. 그런데 우리 대부분 역시 어느 정도까지는 이를 받아들이고 있다. 게코는 우리의 경제와 사회 전체가 탐욕으로써 동기 부여를 해야 한다고 주장한다. 알곡과 쭉정이를, 약한 자와 강한 자를, 승자와 패자를 가르는 것은 바로 탐욕이다.

우리는 삶과 사랑, 지식과 관계를 모두 상품으로 변환시켰고, 그것이 성공하는지 파산하는지 알아보기 위해 시장이 가격을 붙이게 했다.

로버트 프랭크(Robert Frank)는 자신의 책 「리치스탄」(*Richistan: A Journey Through the American Wealth Boom and the Lives of the New Rich*, 더난출판사)에서 현재 세계 경제를 지배하는 국제적인 거부들의 사회를 묘사한다. 그는 이 초호화 경제를 '리치스탄'이라 부르며, 그곳 주민을 '리치스타니'(Richistani)라 부른다. 이 충격적인 책에는 이 신흥 부자들의 요트 문화를 통해 펼쳐지는 탐욕의 우화가 나온다.[1]

프랭크는 한 요트 소유주로부터 이야기를 시작한다. "돈 웨스턴은 30미터짜리 요트를 타고 세계를 누빌 때 자신이 특별한 사람이 된 듯한 기분이었다." 그러나 주변에 40미터, 60미터, 그리고 그보다 더 큰 요트가 등장하자 30미터 요트는 더 이상 대단해 보이지 않았다. 래리 앨리슨은 '라이징 선'이라는 큰 배를 가지고 있는데, 이 배는 "길이가 137미터에 이르고 5층 구조에 방이 80개가 넘는, 그야말로 떠다니는 궁전으로서 체력단련장과 수영장, 4륜구동 지프를 수송하는 상륙 장치까지 갖추고 있다." 돈과 그의 요트는 어떻게 되었을까? "웨스턴 씨는 한숨을 쉬며 '전에는 나도 꽤 큰 배를 갖고 있다고 생각했다. 하지만 이제 다른 배에 비교하면 내 배는 나룻배인 것 같다'라고 말했다. 아마도 미국 역사에서 30미터짜리 배를 '나룻배'라 부르기는 이번이 처음일 것이다."

이런 엄청난 부를 가진 사람들의 정서, 도덕, 심리, 영성은 무엇일까? 2005년 초 앨리슨이 자기 배에서 첫 번째 휴가를 보낼 때 그는 친구들에게 배가 너무 크다고 말했다. 너무 커서 마치 큰 식당에 자신과 아내 둘만 손님으로 있는 듯한 기분이라고 말했다. 앨리슨은 "나 역시 배가 필요

이상으로 크다고 생각한다. 물론이다. 정말로 과하게 크다. 그런데 놀라울 정도로 빨리 그것을 당연하게 여기게 된다"라고 말했다. 또한 프랭크는 "60층짜리 '옥토퍼스'를 주로 쓰면서 친구와 가족을 위한 요트로 90미터짜리 '타투시'와 60미터짜리 '메두사'를 따로 보유한" 폴 앨런 이야기도 나온다.

게임은 끝이 없다. 한 요트가 세계에서 가장 큰 요트가 되자마자 또 다른 리치스타니가 그보다 더 큰 배를 만들기 시작한다. 현재 세계에서 가장 큰 요트는 사우디 왕가에서 보유한 147미터짜리지만, 지금 두바이의 통치자 셰이크 모하메드 빈 라시드 알 마크툼을 위해 그보다 더 긴 160미터짜리 요트를 제작중이다. 그러나 그마저도 1위 자리를 오래 지키지는 못할 것이다. 모습을 잘 드러내지 않는 러시아의 한 석유 부호는 그보다 더 큰 요트를 만들고 있는데, 아무도 그 기록을 깰 생각을 못하도록 길이를 공개하지 않고 있다.[2]

사회적으로는 믿기 어려운 이야기지만, 세계 인구의 절반이 여전히 빈곤에 시달리고 있음을 감안할 때는 도덕적으로 비양심적인 이야기이기도 하다.

이것은 사회적으로는 믿기 어려운 이야기지만, 세계 인구의 절반이 여전히 빈곤에 시달리고 있음을 감안할 때는 도덕적으로 비양심적인 이야기이기도 하다. 또한 로버트 프랭크는 수십만 달러에 이르는 호화 자동차와 악어 가죽을 댄 변기를 갖춘 수천만 달러의 비행기, 수백 평, 심지어는 수천 평에 이르는 대저택을 소개한다. 이런 저택에는 원하는 옷을 쉽고 빠르게 고를 수 있도록 (세탁소처럼) 컨베이어 벨트 시스템을 갖춘 백 평이 넘는 옷 방도 있다.

3. 탐욕은 선이다 • 67

보통 사람들의 욕망

> "모두가 빚을 안고 살아가는 것이 사회적으로 용인되면 모두가 그렇게 한다."

30미터짜리 요트로도 부족하다고 느끼는 그런 종류의 탐욕을 우리는 상상하기도 어렵다. 우리 대부분은 그런 배를 가져보겠다고 진지하게 생각해 본 적도 없다. 그러나 그와 다를 바 없는 악이 우리 일상에서 작동하고 있다. 대불황의 근원은 여기에 있다.

우리 부부는 집을 담보로 대출받으라고 부탁하는, 아니 거의 애걸하는 광고 우편물과 전화를 끊임없이 받는다. 언제나 이런 광고에는, 우리가 '보유한 주택의 가치를 최대한 활용'해 반드시 가져야 할 '꼭 필요한 것'을 살 수 있는데도 왜 그렇게 하지 않느냐는 불신과 회의의 목소리가 묻어난다. 그 돈으로 다른 물건을 살 수 있다는 것이다. 이를테면 두 번째 차—아니면 적어도 지금보다 더 크고 고급스러운 차—를 사거나, 방마다 평면 텔레비전을 놓거나, 계절마다 옷장을 새 옷으로 채울 수 있다는 것이다.

2008년 8월, "뉴욕 타임즈"에 실린 기사에서는 은행들이 2차 주택담보대출을 어떻게 광고해 왔는지를 밝혔다.[3] 과거에는 2차 주택담보대출을 경제적인 어려움을 겪는 사람들이 택하는 최후의 수단으로 생각했다. 그러나 은행은 더 많은 사람들이 이 대출을 사용하기를 바랐다. 씨티그룹의 부회장이었던 페이-유안 치아는 이렇게 말했다. "그것을 '주택담보대출'이라고 말하면 마치 집을 저당잡히는 것처럼 느껴진다. 그러니 '주택 가치 활용'(equity access)이라고 부르자. 그러면 문제가 없다."

2001년에 시작한 씨티의 광고 문안은 "부유하게 사십시오"였다. "뉴욕 타임즈" 기사에 따르면, 2003년에는 "집은 '당신이 마음속에 품은 욕망'이 무엇이든 이룰 수 있는 '수단'이 될 수 있다"라는 문구가 광고에 등장했다. 2004년에 방코 포풀라르(Banco Popular)의 "꿈을 실현하라"라는 광고에서는 "현금이 필요하십니까? 집을 활용하십시오"라고 말했다. 2006년 피앤시 뱅크(PNC Bank)의 광고는 "집에서 돈을 빼내는 가장 쉬운 방법"이라며 손수레를 등장시켰다. 웰스 파고(Wells Fargo)의 2007년 광고는 그저 "당신의 미래를 지금 누리십시오"라고 주장했다.

　하버드의 경제학자를 인용하며 이 기사는 이렇게 말했다. "광고 하나가 당신의 관점을 바꾸기는 매우 어렵다. 그러나 모두가 빚을 안고 살아가는 것이 사회적으로 용인되면 모두가 그렇게 한다." 핵심은 이것이다. 용의주도하게 "사회적으로 용인"되도록 만든 이런 행위가 그리 멀지 않은 과거에는 재정적으로나 도덕적으로 무책임한 행위로 여겨졌다.

　실제로 필요한 것과 그저 원하는 것을 구별하기란 누구에게나 어려운 일이다. 게다가 매일 우리가 3천 개의 광고에 노출되고 있으며 우리 주변에서 모두가 소비를 늘리고 있는 현실에서는 이 둘을 구별하기가 훨씬 더 어려워진다.

　사실상 거의 모든 것에 '광고 후원자'가 따라붙는다는 것에 대해 나처럼 불쾌하게 생각하는 사람들이 있을까? 버드 라이트(Bud Light) 광고를 듣지 않고 야구 점수를 확인하기란 불가능하다. 내가 즐겨 가던 디트로이트의 옛 타이거 구장은 은행 이름을 딴 새로운 구장으로 바뀌었다.

　우리 자녀들은 어려서부터 이런 태도를 배운다. 한 연구에 따르면, "돈을 많이 버는 것이" "대단히 중요하다"라고 답한 고등학생의 수가

1976년과 비교해 2006년에는 66퍼센트 증가했다.⁴⁾ 우리 집 아이 중 하나가 와서는 아이폰을 갖고 싶다고 말했다. 물론 나는 일주일도 안 되어 이 고가의 기계를 잃어버리거나 망가뜨릴 수도 있다고 생각했기 때문에 초등학생인 아이에게 아이폰을 사 주지 않았다. 그러다 불현듯 내 아들이 아이폰을 갖고 싶어 한다는 사실에 놀랐다. 왜겠는가? 학교 친구 하나가 이미 아이폰을 갖고 있었던 것이다.

과시적 소비

로버트 프랭크는 부자들을 묘사만 하는 데 그치지 않았다. 몇 가지 진단도 제시했다. 그는 1899년에 나온 부에 관한 고전적인 논문을 상기시켰다. 소스타인 베블런(Thorstein Veblen)은 「유한계급이론」에서 금박시대(Gilded Age: 엄청난 물질주의와 정치적 부패가 만연했던 미국의 1870년대를 일컫는 말—역주)의 과소비를 설명하며 "과시적 소비"라는 말을 만들어 냈다. 한 집단이나 사회가 더 이상 의식주와 같은 기본적인 생존을 위해 일하지 않아도 될 때, 자신의 부와 지위, 계급을 확인할 방법을 찾는다. "베블런은 부자들이 자신은 일하지 않는 유한계급임을 드러내기 위해 사치품을 구입한다고 주장했다. 부자들은 그저 낭비와 과소비를 관용하는 데 그치지 않았다. 그들은 자신의 사회적 지위를 보여 주어야 했다."⁵⁾

소스타인 베블런과 로버트 프랭크는 주로 매우 부유한 사람들에 관심을 기울였지만, 여유가 있든 없든 대부분의 미국인들도 그들과 똑같은 태도를 보인다. 소비는 미국인의 정체성에서 중요한 부분을 차지한다.

분명한 자아관, 확고한 정체성, 공동체의 목적이 없을 때, 우리는 대개 무엇을 가지고 있는가를 통해 자신의 정체성을 확인하려 한다. 거의 전적으로 우리가 어떤 옷을 입는지, 어떤 차를 모는지, 어떤 식당에서 식사를 하는지, 어떤 집을 갖고 있는지를 통해서 우리가 어떤 사람인지를 스스로 확신하고 다른 이들에게 보여 주려고 한다. 이런 것에 기초한 정체성은 약하기 그지없다. 쉽게 해체되거나 무너지거나 빼앗길 수 있는 정체성이다.

예수는 이렇게 말씀하셨다. "너희는 자기를 위하여 보물을 땅에다가 쌓아 두지 말아라. 땅에서는 좀이 먹고 녹이 슬어서 망가지며, 도둑들이 뚫고 들어와서 훔쳐간

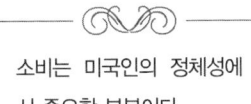

소비는 미국인의 정체성에서 중요한 부분이다.

다. 그러므로 너희를 위하여 보물을 하늘에 쌓아 두어라. 거기에는 좀이 먹고 녹이 슬어서 망가지는 일이 없고, 도둑들이 뚫고 들어와서 훔쳐 가지도 못한다. 너의 보물이 있는 곳에, 너의 마음도 있을 것이다."[6] 예수께서 "너의 마음이 있는 곳에, 너의 보물도 있을 것이다"라고 말씀하지 않으셨음에 유의하라. 이것은 오늘날 사람들이 흔히 하는 "내가 부자여도 그것은 나에게 중요하지 않다. 중요한 것은 내 마음에 무엇이 있는가다"라는 식의 변명을 승인하시는 말씀이 아니다. 사실 예수는 그 반대가 참이라고 말씀하신다. 네 보물이 있는 곳, 그곳이 바로 네 마음이 있는 곳이다.

만약 내가 어린 아들에게 친구들 중에서 멋진 휴대전화를 가지고 있는지의 기준으로 정체성과 인기, 우정을 세우라고 가르친다면, 그 아이는 휴대전화와 함께 이 모든 관계 역시 사라진다는 것을 깨닫게 될 것이다. 그 대신 더 심층적인 것에 정체성의 기초를 둔다면, 휴대전화나 주식과 달리 사라지지 않는 가치에 그 기초를 둔다면, 그런 정체성은 흔들리

지 않고 든든할 것이다.

"월 스트리트"에서 고든 게코의 젊은 부하 직원 버드 폭스는 자신의 선배이자 멘토였던 게코가 살아 온 원칙에 대해 의문을 품게 된다.

고든 게코: 가장 중요한 건 돈이야. 나머지는 부차적일 뿐이지.
버드 폭스: 도대체 이게 언제 끝날까요? 얼마나 많아야 충분한 거죠?
고든 게코: 이봐, 친구. 이건 충분함의 문제가 아니야. 이건 제로섬 게임이야. 누군가는 이기면, 누군가는 질 수밖에 없어.

윤리에 의해 제어되지 않고 자신의 이익만 추구한 결과 우리는 대불황이라는 고통을 겪게 되었다.

그러나 결국에는 탐욕이 선이 아니라는 것을 깨닫는다. 사실 탐욕은 악이지 덕이 아니다. 시장이 자기 이익에 너무 지나치게 몰두하게 된 것도 바로 탐욕 때문이다. 윤리에 의해 제어되지 않고 자신의 이익만 추구한 결과 우리는 대불황이라는 고통을 겪게 되었다. 이 책을 쓰고 있는 2009년 9월 오바마 대통령은 월 스트리트를 방문해 미국 금융 시장의 리더들에게 좀더 '책임' 있게 행동해야 한다고 연설했다. 불과 얼마 전까지만 해도 경제에 관한 이런 식의 설교는 웃음거리에 지나지 않았다. 이제는 오늘 대통령이 전한 메시지에 "아멘"으로 화답하는 사람들이 있기를 바란다. 그러나 불행히도 그의 연설은 쇠 귀에 경 읽기가 되고만 듯하다. 주요 은행의 임원들은 모든 규제 개혁 시도에 반대하며 계속해서 엄청난 보너스를 받고 있다.

아마도 더 나쁜 점은, 제약 없는 탐욕이 우리의 가치에 부정적인 영향을 미친다는 점일 것이다. 가치를 상실한 경제 윤리가 자녀의 도덕 형성에 미칠 영향에 대해 우리 모두는 우려한다. 우리는 우리 아이들마저 제어되지 않은 탐욕의 윤리에 따라 살아가기를 원하지 않는다. 가장 기본적인 차원에서, 그리고 지난 수 년간 우리 자신의 행동에도 불구하고, 우리는 탐욕이 우리와 우리 자녀들에게 선이 아니라는 것을 너무나도 잘 알고 있다.

"월 스트리트"의 결론은 고든 게코(마이클 더글러스 분)와 버드 폭스(찰리 쉰 분)가 나눈 대화가 아니다. 버드와 노동 계급인 그의 아버지 칼 폭스(마틴 쉰 분)가 나눈 또 다른 대화가 있다. 그의 아버지는 게코의 화려하지만 공허한 윤리에 전혀 공감하지 않았고, 아들이 하고 있는 일에 대해 못마땅해했다. 버드의 아버지는 탐욕의 윤리를 논박하려 한다.

칼 폭스는 아들에게 좋은 충고를 한다. 대불황의 현실에 우리 모두에게 일어난 일을 생각해 보면 그의 충고는 사뭇 예언자적으로 들린다. "쉽게 돈 벌려고 하지 말고, 네 삶으로 무언가를 만들려고 노력해라. 다른 사람이 사고파는 것에 얹혀 살려고 하지 말고 뭔가를 창조해라."

아마도 "탐욕이 선이다"의 문화에 대한 최선의 반박은, 우리의 전통적인 도덕과 종교에서 강조하는 "그만하면 충분하다"라는 훈계일 것이다. 이에 관해서는 나중에 더 자세히 살펴볼 것이다.

4
가장 중요한 것은 나

개인의 자유와 책임은 미국의 강력하고 훌륭한 전통이었지만 이제는 자기 도취(narcissism)의 문화로 변질되고 말았다. 미국 역사에서 개인의 가치는 매우 중요하다. 그러나 극단적 개인주의는 삶에서 가장 중요한 것은 '그들'이 아니라 '나'라고 가르친다. 이웃을 사랑하고 돌보기보다는 그들을 제치고 이기는 것이 중요하다고 말한다. 사람들은 누구나 기본적으로 자신에게 마땅한 대우를 받는다고 가르친다. 주변 사람들을 돕기 시작하면, 당신은 사회적 경쟁이라는 자연 질서를 파괴시키는 셈이다. 과학적 진화론을 거부하는 많은 기독교 근본주의자들이 적자생존을 주장하는 새로운 사회적 다원주의를 그토록 철저히 받아들이는 모습은 아이러니가 아닐 수 없다.

광고는 **"중요한 건 나"**라고 끊임없이 말한다. 새로운 상품, 옷, 차, 집, 휴가가 마침내 우리를 행복하게 해줄 것이라고 말한다. 그러나 그렇지 않다. 그것은 하나만 더 사면 행복해질 것이라는 희망과 그 후에 느낄 커다란 실망감을 위한 준비 단계일 뿐이다. 가장 큰 집, 가장 큰 텔레비전, 가장 매력적인 몸매, 가장 이국적인 휴가지, 가장 공부 잘하는 자녀('하버드 예비' 유치원 이야기를 들어 보았는가?)를 갖기 위해 끊임없이 경쟁하는 고립된 개인만 있을 뿐 공동체는 없다.

그린스펀의 충격

2008년 10월 23일 하원의 한 위원회에서 연방준비제도이사회 의장 앨런 그린스펀은 "대출 기관들이 자신의 이익을 위해서라도 주주들의 주택 가치를 보호할 것이라고 믿었던 사람들(나 자신을 비롯해)은 지금 충격에 휩싸여 있습니다"라고 말했다.[1] 대출 기관은 자신의 이익을 추구하기 때문에 우리가 손해를 보지 않을 것이라고 생각했다는 말이다. 해마다 그린스펀은 이제 그중 일부는 실패해서 사라져 버린, 위험하고 모험적인 금융 기법에 대해 규제를 가해서는 안 된다고 주장했었다. 그 이유는, 이런 기법을 가장 잘 알고 있는 것은 이를 이용하는 은행뿐이며 은행은 자신의 이익을 위해 합리적인 결정을 하기 때문이라는 것이다. 위험 부담이 지나치게 크다면 은행은 큰 손해를 볼 수도 있기 때문에 그것을 이용하지 않을 것이다. 정부가 개입해서 금지할 필요가 없다. 사람들이 자신의 이익에 충실하다면 시장은 '스스로 규제될' 것이다.

그린스펀의 증언이 끝나자, 국회의장인 하원의원 헨리 왁스먼(Henry Waxman)은 마에스트로라 불리던 그에게 "당신의 세계관, 당신의 이념이 옳지 않다는 것을, 그것이 제대로 작동하지 않는다는 것을 이제 깨달으셨군요"라고 말했다. 그린스펀은 "그렇습니다. 제가 충격을 받은 것도 바로 그 때문입니다. 저는 40년이 넘는 세월 동안 그것이 아주 제대로 작동한다고 믿어 왔습니다"라고 대답했다.[2]

대출 기관은 자신의 이익을 추구하기 때문에 우리가 손해를 보지 않을 것이라고 생각했다는 말이다.

전직 연준 의장의 말은 옳다. 자기 이익을 추구하는 행위가 순기능을 하는 경우도 많지만, 언제나 그렇지는 않다. 자기 이익은 자기 강박과 자기 도취, 위험한 자만으로 바뀔 수 있다. 우리 자신에게만 초점을 맞추다 보면, 우리의 행동이 다른 사람에게 어떤 해를 입힐지, 심지어는 1-2년 후에 우리 자신에게 어떤 해를 입힐지 생각도 못 할 수 있다.

"그랜츠 인터레스트 레이트 옵저버"(Grant's Interest Rate Observer)의 편집자인 제임스 그랜트(James Grant)는 이 청문회가 끝난 후 "워싱턴 포스트" 지와의 인터뷰에서, 그린스펀은 "신념에 근거해 시장과 사회가 작동한다"고 믿었다고 논평했다. "금융의 신념 체계에 따르면, 금융 시장은 다각도로 상황을 볼 수 있고 벽을 투시할 뿐 아니라 미래까지 내다볼 수 있는 비상한 능력을 지닌 누군가에 의해 운영된다. 그리고 그 누군가는 바로 앨런 그린스펀이었다."[3]

교만은 패망의 선봉이요

"교만은 패망의 선봉이요"라는 말은 일반적으로 자주 인용되는 가장 유명한 성경 구절이라고 할 수 있다. 이것은 "교만은 패망의 선봉이요, 거만한 마음은 넘어짐의 앞잡이니라"라는 잠언 16:18에서 온 말씀이다. 이는 전능하신 주님이 자기 분수를 모르는 이들의 실패를 보며 비웃으신다는 뜻이 아니다. 교만하면 머지않아 실패하고 만다는 뜻이다. 교만 때문에 너무나도 많은 은행가들과 헤지펀드 매니저들이 결코 해서는 안 되는 위험한 행동을 하고 말았다. 그들은 자신이 세상을 잘 이해하고 있으며, 지도처럼 시장을 읽을 수 있고, 어려움 없이 위험을 관리할 수 있다고 믿었다. 이 믿음은 곧 그들의 교만이었고, 이 교만 때문에 그들은 그토록 위험한 행동을 했다. 여기서 분명한 교훈은, 교만을 막는 것이 스스로를 지키는 좋은 방법이라는 것이다. 고대 그리스에서는 '휘브리스'(*hubris*)를 가장 큰 죄로 간주했다. '휘브리스'란 지나친 교만으로 볼 수 있는데, 이는 이야기의 주인공이 신들에게 도전하거나 전쟁에서 과욕으로 패배할 때 드러났다. 교만한 태도를 취한다면 그는 머지않아 종말을 맞게 된다.

교만하면 머지않아 실패하고 만다.

그리스인들이 들려주는 교만의 또 다른 모습에 관한 이야기는 오늘날 우리에게도 익숙하다. 나르키소스는 잘생긴 소년이었지만 허영심이 많았다. 그는 물에 비친 자신의 모습에 매혹되어, 짝사랑으로 괴로워하다가 결국 자살하고 만다. 대불황은 단순히 몇몇 오만한 은행가들의 이야기에 그치지 않는다. 그것은 우리 문화 전체에 퍼져 있는 또 다른 종류의 교만, 즉 자기 도취에 관한 이야기이기도 하다. 경제 위기가 닥치기 전 몇 년 동안 우리가 바로 그 같은 정서를 갖고 있었다고 해도 과언이 아니다. 숫자가 이를 증명한다.

진 트웬지(Jean Twenge) 박사와 키스 캠벨(W. Keith Campbell) 박사는 그들의 책「왜 나를 사랑하는가」(*The Narcissism Epidemic: Living in the Age* of Entitlement, 옥당)에서 3만 7천 명의 대학생을 조사한 결과, 1980년대 이후 자기 도취의 경향이 비만만큼이나 빠르게 증가했음을 밝혀냈다. 2006년에 대학생 네 명 중 한 명은 평균 이상의 자기 도취의 경향을 보였다. 이들은 자기 도취 성향을 측정하는 기준이 되는 물음 중 절반 이상에 그렇다고 답했다. 이는 1980년대 초에 비해 30퍼센트가 증가한 수치다. 2006년 조사에서 응답자의 3분의 2는, 1970-1985년 표본의 평균 점수보다 높은 점수를 보였다.

교만이 자기 이익의 기본선을 훨씬 넘어서는 것과 마찬가지로, 자기 도취는 건전한 자긍심을 넘어선다. 나는 아버지로서 자녀들에게 "너 자신을 믿어라" "너는 특별하단다"라고 말해 주는 것이 중요하다고 믿는다. 나는 정말로 내 두 아이를 믿으며 그들이 특별하다고 생각한다. 그들이 이것을 아는 것은 자기 도취가 아니다. 자기 도취는 바로 자신은 예외라고 믿는 것이다. 그리고 이것이 우리 문화를 해롭게 한다. "나는 특별해"가 "나는 예외야"로 바뀔 때, 문제가 발생한다. "나는 나 자신을 믿어"가 "나는 다른 사람은 안 믿어"로 바뀌는 것이 문제다.

에덴동산 이야기에서 우리의 원죄는 교만이라고 말한다. 뱀은 아담과 하와에게, 자기 말을 듣기만 하면 그들이 '하나님처럼' 될 것이라고 말했다. 우리의 허영심을 불타오르게 하는 것은 그다지 어렵지 않다. 이를 위해 해마다 수십억 달러가 광고비에 사용된다. 앞 장에서 이야기했듯이, '과시적 소비'를 부추기는 광고업자들은 그들의 상품을 사면 우리가 얼마나 특별하고, 얼마나 똑똑하고, 얼마나 아름답고, 얼마나 부자인지 알게 될 것이라고 말한다. 한 보석 광고는 "저녁에 사장실을 몸에 걸치고 퇴근할 수 없으니" 비싼 장신구를 사라고 부추긴다.

"나는 특별해"가 "나는 예외야"로 바뀔 때, 문제가 발생한다.

2005년 아메리퀘스트(Ameriquest: 주택 담보 대출 전문 회사로 2007년에 씨티그룹에 합병됨-역주)에서는 경쟁이 치열한 슈퍼볼(Super Bowl) 중계 시간대에 자신을 "열린 마음을 지닌 대부업자"로 묘사하는 광고로 파란을 일으켰다. 이 광고는 한 무고한 남자가 매우 당황스러운 상황에 처하게 되는 과정을 보여 준다. 이 남편은 아내를 위해 저녁 요리를 하는 중이다. 그러다가 엎질러진 토마토 소스에 옆에 있던 고양이가 순식간에 빨간 범벅이 되었고, 그가 양파를 써느라 들고 있던 칼은 흉기처럼 보이게 된다. 이를 본 시청자들은 웃었다. 지금은 망해 버린 대출회사가 만든 이 재미있는 광고는 분명한 메시지를 전달한다. 과거에 무슨 일을 했든 그것은 중요하지 않고, 앞으로도 아무런 영향을 미치지 못할 것이다. 그러니 당신은 대출을 받을 자격이 있다. 큰 집, 두 번째 집, 스파에서의 휴가, 비싼 스포츠 경기 입장권, 이런 것을 광고할 때는 항상 이런 메시지가 포함된다. 전에는 특권이었던 것을 이제는 누구나 누릴 수 있는 자격이 있다.

2004년에 시작된 페이스북(Facebook)은 현재 실 사용자가 2억 명이 넘는다. 페이스북이 하나의 국가라면, 인도네시아보다 크고 미국보다 작은, 세계에서 네 번째로 큰 나라일 것이다.[4] 기술 덕분에 인류 역사에서 유래 없는 규모로 새로운 정보가 생성되고 전파되고 있다. 그러나 기술 때문에 "나를 봐!"라고 말하는 방법 역시 전례 없이 많아졌다. 사실 이런 욕망은 가장 빠르게 성장하는 연예 산업의 발전에도 자극이 되었다. 바로 앞서 짧게 언급했던 리얼리티 텔레비전이다.

리얼리티 쇼

1973년 "아메리칸 패밀리"(*An American Family*)의 방영을 둘러싸고 벌어진 논란을 기억할지 모르겠다. 이 프로그램은 12부작으로 구성된 PBS의 다큐멘터리로서 오늘날 리얼리티 텔레비전의 효시라고 할 수 있다. 논란이 불거진 이유는 이 프로그램의 제작자들이 한 부부의 이혼 초기 과정을 영상에 담았기 때문이었다. "부자와 유명인의 생활"(*Lifestyles of the Rich and Famous*)로부터 MTV의 "리얼 월드"(*The Real World*)에 이르기까지, 이 나라는 텔레비전에 비친 '현실'(reality)을 보고 흉내 내는 데 집착하게 되었다.

2006년에 국제영화제작자조합(International Cinematographers Guild)에서는 리얼리티 쇼의 제작 편수가 1년에만 53퍼센트 증가해, 스튜디오 바깥에서 촬영한 프로그램만도 40퍼센트를 차지했고 3만 5천 명의 고용 효과를 발휘했다고 발표했다.[5] 이런 대본 없는 형식의 텔레비전 쇼는 이제 황금 시간대에 방송되는 전체 프로그램 중 4분의 1을 차지한다. 또한 하루 종일 리얼리티 쇼만 방영하는 케이블 채널도 상당히 많다.

리얼리티 쇼는 방송국에 큰 수익을 가져다준다. "아메리칸 아이돌"(*American Idol*)처럼 인기 있는 쇼의 경우 30초짜리 광고를 한 번 내보낼 때마다 1백만 달러를 받는다. 그뿐 아니라 이런 쇼의 제작비는 다른 프로그램의 절반도 안 되는 경우가 많다. 물론 제작자측에서는 시장의 명백한 수요에 부응해 이런 쇼를 만든다. 사람들은 이런 쇼를 보고 출연자들의 삶과 행동에 관해 끊임없이 이야기한다. 쇼가 끝나면 새로운 유명 인사가 된 이들은 여러 토크쇼에 출연하고, 곧 그들의 전기와 자서전이 서점 진열대에 깔리기 시작한다.

파파라치 사진은 이제 수백만 달러 규모의 산업이 되었다. 1990년 중반에는 로스앤젤레스에서 일하는 파파라치가 20명 정도에 불과했다고 한다.[6] 오늘날에는 150명 가량 되는 것으로 추정되고, 그에 더해 자기가 찍은 사진을 온라인 중개상에게 판매하는 수많은 '시민 파파라치'가 있으며, 중개상들은 이 사진을 다시 다른 출판 매체에 판매한다. 2006년 6월에 찍은 브래드 피트와 앤절리나 졸리 사이에 태어난 아기의 사진은 410만 달러에 팔렸으며, 2005년 애쉬튼 커쳐와 데미 무어의 결혼식 사진은 3백만 달러에 팔렸다고 한다.[7]

이런 일이 가능한 것은 모두 '시장' 덕분이다. 유명인을 찍은 사진에 대한 수요가 있다. 즉, 이런 사진을 사는 데 돈을 아끼지 않는 사람들이 있다. 그러나 단지 시장의 수요가 존재한다고 그것이 좋은 것이라는 뜻은 아니다. 그 수요가 옳다는 뜻도 아니다. 그것이 우리 삶에 어떤 영향을 미치는지, 우리의 의사 결정에 어떤 영향이 있는지 우리는 자문해야 한다. 어떤 유명인이 새 차에 탄 모습을 보고 우리도 그런 차를 갖고 싶어한 적이 얼마나 많은가? 우리 자녀들이 텔레비전에서 다른 아이를 보고 그 아이가 가지고 노는 장난감을 탐내는 일이 얼마나 많은가? 유명인의 사진이나 텔레비전 쇼의 출연자들을 보고 나서 불건전한 습관에 빠지거나 자존감을 상실한 적이 얼마나 많은가? 리얼리티 쇼에서의 연기를 우리 행동의 본보기로 삼거나, 적어도 최신 스포츠신문에 보도된 기사만큼 나쁘지는 않다며 자기 행동을 정당화한 적이 얼마나 많은가?

우리는 유명인들을 영웅이라 부르지는 않는다. 그러나 우리가 오랜 시간 텔레비전을 통해 그들의 삶을 바라보고 그들에게 영향을 받게 되면,

그들은 우리의 역할 모델이 된다. 우리는 할리우드에서 만들어 낸 삶과 행동에 관해 근본적인 의심을 품지 않은 채 그저 수동적인 수용자가 되는 경우가 너무나도 많다. 이 모든 것이 '가장 중요한 건 나'라는 태도를 부추긴다.

단순화하기 위해 이렇게 이야기한 게 아니라, 실제로 이렇게 단순하다. 우리가 듣는 이야기, 우리 자녀가 듣는 이야기는 정말로 중요하다. 엄청난 장애물을 극복하고 위대한 일을 이루거나 큰 대의를 위해 자신을 포함해 모든 것을 희생한 사람의 이야기를 들을 때, 우리는 감동 받고 그들을 닮고 싶어 한다. 그러나 우리가 자신밖에 모르며, 항상 더 많은 것을 원하고, 그것을 얻기 위해 무슨 일이라도 하려고 하는 사람의 이야기에만 귀를 기울이면 우리는 이내 나쁜 영향을 받게 된다.

우리는 유명인들을 영웅이라 부르지는 않는다. 그러나 우리가 오랜 시간 텔레비전을 통해 그들의 삶을 바라보고 그들에게 영향을 받게 되면, 그들은 우리의 역할 모델이 된다.

선한 사마리아인

오늘날 기억해야 할 중요한 성경 이야기가 있다. "내 이웃이 누구입니까?"라는 물음에 예수께서는 예루살렘에서 여리고로 여행하던 한 남자의 이야기를 들려주셨다. 길을 가던 중 습격을 당해 얻어맞고 옷과 몸에 지닌 모든 것을 빼앗긴 채 거의 죽게 된 채로 길가에 버려졌다. 마침 지나가던 제사장과 레위인은 멈추어 도와주지 않고 모두 한 쪽으로 피해 갈 뿐이었다. 그때, 그 당시 종교적으로 버림받은 사람으로 간주되던 사마리아인은 이 남자를 보고 멈추어 도와주었다. 그는 가던 길에서 멈추어 이 상처입은 남자를 도왔을 뿐 아니라 그를 근처 여관으로 데리고 가 주인에게 돈을 주며 돌봐 달라고 부탁했다.

이 이야기는 좋은 이웃, 좋은 사람이 된다는 것을 어떻게 이해해야 하는지에 관해 대단히 중요한 통찰을 제공한다. 우리 자신이 이 이야기의 일부가 되는 모습을 쉽게 상상해 볼 수 있다. 분명 망설이지 말고 멈추어 상처 입은 낯선 사람을 도와야 옳다. 그러나 현실에서 우리는 자주 이웃을 사랑할 기회를 포기해 버린다.

위험한 길목에서 다친 사람을 만났다고 상상해 보라. 거기서 당신은 강도들이 아직도 숨어서 당신처럼 마음씨가 친절한 사람이 오기를 기다렸다가 당신의 돈까지 뺏으려 할지도 모른다는 생각이 들 것이다. 그래도 멈추겠는가? 물론, 이 길을 따라 여행하는 이들 중에는 이런 종류의 응급 상황에 당신보다 더 잘 대처할 수 있는 사람들도 있을 것이다. 이제 어떻게 하겠는가? 거래처와 중요한 회의를 하러 가는 길이고, 이 회의에 늦었다가는 중요한 거래를 날리는 동시에 가족을 먹여살릴 직장까지 잃게 된다면 어떻겠는가? 그래도 멈추겠는가?

1970년 프린스턴 대학교 연구자들은 신학생들을 대상으로 선한 사마리아인 이야기의 상황을 설정해 그들이 어떻게 반응하는지를 살펴보는 실험을 했다.

학생들에게는 신학생과 그들의 소명에 관한 연구 실험에 참여하는 것이라고 이야기했다. 인터뷰 후에는 캠퍼스 안의 다른 건물로 이동하여 대화를 한다고 했다. 어떤 학생들에게는 선한 사마리아인의 비유에 관해 이야기할 거라고 말했고, 어떤 학생들에게는 신학생의 소명에 관해 이야기할 거라고 말했다. 조사자는 그들에게 그 건물로 가는 방향을 알려주었다. 일부에게는 시작하기까지 몇 분 남았다고 말했고, 일부에게는 이미 늦었다고 말했다.

이동하는 도중 각 학생은 분명히 도움이 필요해 보이는, 괴로워하는 연기를 하는 배우를 만나게 된다. 진짜 실험은, 학생들이 길을 멈추어 그 사람을 돕는지, 혹은 어떤 사람이 어려움에 처했음을 알아차리기라도 하는지를 알아보는 것이다. 당장 드는 생각으로는, 다른 이를 돕는 것에 관해 고민하고 있던 학생들이 길을 멈추고 낯선 불쌍한 이를 도왔을 것 같지만, 연구자들은 그런 것을 발견하지 못했다. 그것은 행동을 바꾸지 못했다. 개인적인 신상정보와 주관적인 '종교성'의 척도만으로는, 그 사람이 멈추고 도와줄 것인지를 예측할 수 없었다. 그들의 행동에 중요한 영향을 미친 유일한 요소는, 그들이 서두르고 있었는가, 그렇지 않은가였다.

이 실험을 통해 연구자들은 몇 가지 중요한 통찰을 제시한다. "이 실험을 통해 볼 때, 흔히들 이야기하는 대로 우리 일상의 속도가 빨라질 때 윤리는 사치가 된다는 말이 적어도 정확한 설명이라는 것을 부인

그들의 행동에 중요한 영향을 미친 유일한 요소는, 그들이 서두르고 있었는가, 그렇지 않은가였다.

하기 어렵다." 연구자들에 따르면, 여전히 윤리를 무시하지 않는 사람들이 있지만, "시간의 압박 때문에 그 길목의 상황을 윤리적 결단을 해야 할 때로 보지 않았다." 그들은 단지 너무 빨리 이동하느라 자기들 바로 앞에 도움이 필요한 이웃을 도울 기회가 있다는 사실조차 알아차리지 못했다.

4. 가장 중요한 것은 나 • 85

연구자들은 우선순위를 놓고 갈등하는 사람들도 있었다고 지적한다. 이들은 이미 조사자들을 만나러 서둘러 길을 가고 있었고, 가던 길을 멈추고 다른 누군가를 돕느라 그 일을 망치고 싶지 않았다. "서두르는 사람에게 흔히 일어나는 일이다. 이들은 누군가를 위해 어디론가 가야 하기 때문에 서두른다. 도덕적으로 무감각해서가 아니라 우선순위를 갈등하느라 멈추어 돕지 못한 것이다."[8]

긴급한 어려움에 처한 사람에게 좋은 이웃이 되기 위해서는 때로 특정한 시간에 다른 어느 곳에 가야 할 책임을 등한히 할 수밖에 없다. 자기 이익을 넘어서 좋은 이웃이 되려 할 때 우리는 이런 까다로운 선택의 문제에 자주 직면한다.

더 나은 나

나는 우연히 "엄마의 변신"을 권유하는 어떤 웹사이트를 통해, 출산 이전의 상태로 되돌아가고 싶어하는 여성들을 위한 성형수술이 최근에 인기를 얻고 있다는 사실을 알게 되었다. 이 웹사이트는 이렇게 말한다. "출산을 통해 우리는 좋은 것을 많이 얻습니다.…하지만 늘어지거나 쭈그러진 가슴과 툭 튀어나온 배는 출산에서 얻는 좋은 것이 **아닙니다**." 일반 수술 패키지에는 유방 확대 수술, 유방 거상 수술, 복부 성형이 포함된다.

미국성형외과학회에 따르면, 2006년에 20세-39세 사이의 여성에 대한 복부 성형, 유방 확대 수술, 유방 거상 수술이 32만 5천 건 이상 시술되었다.[9] 엄마들뿐만 아니라 자녀들도 성형수술을 받는다. 2005년에 18세 이하 대상 수술은 33만 건 이상이었다.[10] 2006년과 2007년 사이에는 유

방 확대 수술을 받은 십대의 수가 무려 55퍼센트 증가했다.[11]

자기 도취의 문화에서 성형수술은 거대 산업이 되었다. 예전에는 주로 화상이나 사고, 그 밖의 상처를 고치는 데 사용된 수술법이 '더 나은 나'를 만들기 위한 수단으로 변했다.

사회적 동물

개인의 권리와 자유를 보호하는 미국의 전통은 미국의 문화적·국가적 정체성에 핵심 요소다. 그러나 이 가치의 이면에는 강력한 인간 관계와 공동체에 대한 헌신이 자리잡고 있다. 하지만 이제는 이 사실을 잊고 말았다. 우리는 관계가 필요한 상호 의존적인 존재다. 우리는 그 안에서 이해를 시작한다. 우리가 강력한 공동체와 다른 이들과의 유대에 의존한다는 것은 우리 정체성의 핵심이며, 심지어 우리의 인간성을 지탱해 주는 요소다. 고립된 생활을 하는 수감자들을 심층적으로 연구한 후 "뉴요커"(New Yorker)에 기고한 글에서 아툴 가완디(Atul Gawande)는 이렇게 썼다. "인간은 사회적 동물이다. 친구를 좋아한다는 사소한 의미나 우리 각자가 다른 이들에게 의존한다는 명백한 의미에서만 사회적인 것이 아니다. 우리는 그보다 더 근본적인 의미에서 사회적이다. 즉, 정상적인 인간으로서 존재하기 위해서는 다른 이들과 상호작용을 해야만 한다."[12]

1950년대에 헨리 할로우(Henry Harlow)의 유명한, 혹은 악명 높은 연구에서는 아기 붉은털원숭이들을 서로에게서, 그리고 생물학적 어미에게서 고립시킨 채 키웠다. 그 결과는 당황스러웠다. 이 원숭이들은 정상적으로 사회화된 원숭이나 야생에서 자란 원숭이에 비해 더 튼튼하고 크고 건강하게 자랐다. 그러나 고립된 채로 자라면서 점점 혼란스러운 행동을 보였다. 우리 안을 정신없이 왔다갔다 하거나 몸을 흔들거나 멍하게 응시하거나 급기야 자해를 하기도 했다.

또 다른 연구에서는 사회적으로 고립된 채 성장한 원숭이들을 원숭이 공동체 안에서 살게 했다. 그 결과 일종의 사회적 포탄충격증후군(shell shock: 전쟁터에서 주위에 떨어진 포탄으로 정신적 충격을 받은 상태—역주)을 보였다. 여섯 마리 중 하나는 음식을 먹지 않고 버티다 5일 만에 죽었고, 나머지 역시 결코 정상적으로 사회화되지 못했다.

사람을 단 일주일만 격리시켜도 뇌파 활동이 더디어지기 시작한다. 격리 상태에 있는 수감자 세 명 중 한 명은 환각을 동반하는 심각한 정신이상 상태를 보인다. 끔찍한 고문을 겪었던 상원의원 존 매케인(John McCain)은 전쟁 포로로서 당한 고통 중에 가장 끔찍했던 것은 격리 감금이었다고 말했다. 헤즈볼라에 잡혀 7년 동안 포로 생활을 했던 언론인 테리 앤더슨(Terry Anderson)은 오랜 시간 격리된 채 지낸 후 이렇게 말했다. "아무 벗도 없이 지내느니 차라리 최악의 벗과 지내겠다."[13]

자기 도취와 극단적 개인주의에 대한 해독제는 아주 오래된 도덕적·영적 가치다. 바로 **겸손**과 **공동체**다.

지난 몇 년 간 경제 분야에 '대제사장'이 존재했다면, 그는 분명 앨런 그린스펀이다. 앞서 우리는 그가 그토록 강력히 옹호했던 자기 이익이라는 원리의 실체가 밝혀지는 것을 보았다. 그린스펀은 마법사처럼 보였고, 평범한 우리와는 달리 더 똑똑해 보였으며, 금융 체제가 잘 돌아가기 위한 핵심 인물, 여야 정치 지도자들에게 거의 없어서는 안 될 인물처럼 보였다. 어느 당에서도 감히 그 대신 연준을 이끌 다른 마법사를 임명할 생각조차 못했던 것 같다. 이 얼마나 이단적인가!

그린스펀은 오즈의 마법사와 같은 인물이었다. 커튼 뒤에 서서 거대한 스크린에 자신의 이미지와 사상을 실제보다 더 크게 투사함으로써 모두가 두려움과 경외심으로 자신을 바라보게 했을 뿐이다. 그리고 대불황을 계기로 도로시의 작은 개 토토가 그 커튼을 잡아당겼을 때, 이 작은 마법사는 전혀 전지전능한 모습이 아니었다. 정체가 탄로난 후 마땅히 보여야 할 반응은 겸손이다. 매우 인간적이었던 오즈의 마법사는 바로 그런 태도를 보여 주었다.

자신의 커다란 스크린에 투사된 이미지가 환영이었음이 밝혀졌을 때 앨런 그린스펀이 참회하는 모습을 보인 것은 칭찬할 만하다.

그린스펀은 이렇게 말했다.

그러므로 매우 견고한 듯 보였던 무언가가 문제였습니다. 자유 시장과 시장 경쟁의 핵심적인 한 기둥이 정말로 무너졌습니다. 이미 말한 대로 그로 인해 저는 충격을 받았습니다. 아직도 왜 이런 일이 일어났는지 제대로 이해하지 못하고 있습니다. 그리고 저는 왜 어떻게 이런 일이 일어났는지 이해하는 만큼 제 견해도 바꿀 것입니다. 사실이 바뀌면 저도 바뀔 것입니다.

이처럼 우리의 견해와 가치를 기꺼이 바꾸고자 하는 태도가 중요하다. "가장 중요한 건 나"라는 관점은 우리의 경제와 가정, 영혼을 위해 제대로 작동하지 못했다. 그러나 오래되었지만 좋은 가치인 겸손은, 우리의 가장 좋은 도덕적 전통에 뿌리내린 더 오래되고 더 좋은 생각을 재발견할 기회를 제공한다. 즉, "**우리는 한 배를 탔다**"라는 것이다.

5
나는 그것을 지금 원한다

즉각적인 만족이 미래―나와 당신, 우리, 우리의 자녀, 지구의 미래―에 대한 우리 감각을 무디게 했다. 신용카드 문화에서 우리는 원하는 순간 모든 것을 가질 수 있다. 엄청난 빚이 쌓여 가도 신경 쓰지 말라. 대공황기를 거친 우리 부모들은 돈이 생기기 전에는 무언가를 사려고 생각하지 않았다. 그러나 우리 자녀들은 플라스틱이 돈이며, 현금지급기에서 마음대로 현금을 뽑을 수 있고, 원하는 것이 곧 필요한 것이 되는 문화에서 자라고 있다. 돈이 있을 때에만 물건을 사던 때가 있었다. 그러나 이제는 필요한 것과 원하는 것 사이의 차이를 잊어버리고 말았다. 평면 고화질 텔레비전을 지금 당장 가져야 하고, 그것을 위해서 미래를 기꺼이 희생하려 한다.

값싼 돈, 지금 사고 나중에 갚는 윤리, 빚으로 살아가는 문화는 우리에게 원하는 것은 바로 얻으라고 가르쳐 왔다. 스타벅스와 스마트폰에 중독된 우리는 모든 것을 지금 당장 얻을 수 있고 얻어야만 한다. 불가지

부자이든 가난한 사람이든 모두가 나쁜 소비 습관을 갖고 있다.

론자인 나의 한 친구는 모든 신기술 덕분에 가능해진 가상적 종교 체험에 관심이 많다. 한번은 나에게 "그 덕분에 기도할 시간이 더 많아질까?"라고 물었다. 부자이든 가난한 사람이든 모두가 나쁜 가치에 빠져들었고 나쁜 소비 습관을 갖고 있다. 자신의 수입을 천박하고 불필요한 물건에 낭비하는 경우가 너무나도 많다. 내가 아는 사람 중에 가난한 퇴역 군인을 돕는 활동을 하는 사람이 있는데, 그는 가난한 이들을 위한 "믿음과 금융" "금융 기초 지식" 워크숍을 열어 올바른 소비 습관과 우선순위를 가르친다. 우리 모두가 이런 워크숍에 참여해야 할 때다.

무한한 선택과 가능성

나 역시 무지방 우유와 스플렌다(Splenda: 칼로리가 없는 인공감미료—역주)를 넣고 모카 가루를 살짝 뿌린 스타벅스의 그란데 스키니 라떼에 사족을 못 쓴다. 이 음료는 스타벅스가 매일 제공하는 8만 7천 가지의 메뉴 조합 중 하나에 불과하다. 집에서 정해진 텔레비전 프로그램 시간에 따라 대선 토론, 스포츠 경기를 봐야 했던 것은 이미 오랜 전 일이다. 이제는 보고 싶은 프로그램이 있으면 티보(TiVo: 텔레비전 방송을 녹화하는 디지털 저장 장치—역주)에 녹화하거나 온라인이나 유튜브(YouTube)로 보면 된다. 노트북과 무선 인터넷 덕분에 우리는 수만 편의 영화와 수많은 책 그리고 음악에 즉시 접근할 수 있다.

우리는 단지 원하는 것을 원하는 때에 얻는 것뿐만 아니라, 취향에 맞취 주문 제작된 것을 소유하는 데 익숙해졌다. 내가 좋아하는 대로 만든 커피 한 잔을 마실 수 있고, 좋아하는 드라마를 놓치지 않기 위해 8시 정각 전에 서둘러 집에 들어갈 필요가 없다는 것은 좋은 일이다. 그러나 우리가 사는 이 세상에서 일어난 이 모든 변화에 대해, 우리는 과연 이런 변화가 우리를 어떻게 바꾸었는지 생각해 보았는가?

코미디언 루이(Louis) C.K.는 코난 오브라이언(Conan O'Brien)과 경제 위기에 관해 이야기하면서, 우리가 잠시 석기 시대로 돌아갔으면 좋겠다고 말했다. 왜? "모든 게 경이로운데도 만족을 느끼는 사람이 아무도 없기 때문이다."

그는 자신이 어렸을 때는 지금과 얼마나 달랐는지 이야기했다. "돈이 필요하면 실제로 은행에 가야 했다. 게다가 그때만 해도 은행이 세 시간만 영업했다.…그러다가 돈이 떨어지면 그저 '음, 이제 아무것도 못하겠군'이라고 말했었다." 이 농담의 핵심은, 그 시절에는 돈이 있을 때만 돈을 쓸 수 있었다는 것이다.

> 우리가 사는 이 세상에서 일어난 이 모든 변화에 대해, 우리는 과연 이런 변화가 우리를 어떻게 바꾸었는지 생각해 보았는가?

루이 C.K.는 젊은 사람들이 전화가 너무 느리다거나 문자 메시지가 곧바로 전송되지 않는다고 불평하는 것을 보며, "1초만 시간을 주세요! 우주로 전파를 보내잖아! 전파가 우주에서 되돌아오는 단 1초의 시간도 못 참는 겁니까? 여러분에겐 광속도 너무 느린 건가요?"라고 말한다.

그는 최신 기술로 무선 인터넷이 가능한 비행기를 처음 탔던 때에 관해 이야기했다. 승무원이 기내 방송을 통해 승객들에게 인터넷이 더 이상 안 된다고 알리자, 자기 옆에 있던 승객이 노트북을 쾅 닫으며 "이런 제기랄!"이라고 말했다. 그가 한 우스갯소리는 "가장 중요한 건 나"라고 말하는 우리 시대의 대중문화에 관한 가장 예언자적인 논평 중 하나다. "겨우 10초 만에 세상은 갑자기 그에게 빚을 지게 되었다."

빚: 주인이 된 종

세상의 좋은 것이 흔히 그렇듯 빚도 금세 나쁜 것으로 변할 수 있다.

원래는 빚이 우리에게 봉사해야 한다. 학자금 대출 덕분에 학생들은 고등학교를 졸업하고 곧장 대학에 입학해 더 나은 시민, 노동자, 공무원이 될 준비를 위한 교육을 받을 수 있다. 주택담보 대출을 통해, 젊은 부부들은 대출이 아니었다면 구입하는 데 수십 년이 걸렸을 집을 살 수 있다. 기업 대출 덕분에 사업가는 회사를 창업해 일자리를 창출할 수 있다. 비영리 단체들은 빌린 돈으로 일을 시작하거나 사업을 확장할 수 있다. 가정에서는 나중에 여력이 생기면 갚을 수 있는 신용 대출을 얻어 불의의 사고에 대처할 수 있다. 현명하게 잘만 사용한다면 신용 대출은 매우 좋은 것이다.

그러나 세상의 좋은 것이 흔히 그렇듯 빚도 금세 나쁜 것으로 변할 수 있다. 환자가 고통의 기간을 잘 견뎌 내도록 돕기 위해 의사가 처방해 준 약이 중독 물질로 변하는 것과 마찬가지다. 원래 우리를 섬기도록 만든 것이 주인이 되고 말았다. 긴급한 상황에 대처하기 위해 사용해야 할 빚도 아편처럼 변해서 우리로 하여금 더 많은 것을 원하는 참을 수 없는 욕망을 품게 할 수 있다. 장기적인 목표를 이루는 데 도움이 되어야 할 도구가, 이자를 지불하는 것 외에 다른 목표가 없는 장기적인 주인이 되고 말았다. 장기적인 목표와 야심을 가지고 대학을 졸업했지만 졸업 후 자신의 진로가 전적으로 빚에 좌지우지된다는 것을 깨닫는 대학생을 생각해 보라.

2006년 미국인구조사국 통계에 따르면, 미국 내에서 거의 15억 장의 신용카드가 사용되고 있다. 이 신용카드를 다 쌓으면 그 높이가 112킬로미터 이상으로 에베레스트 산 열세 개를 쌓은 높이에 맞먹는다고 한다. 또한 2000년에 1억 5,900만 명이었던 미국 내 신용카드 소지자가 2006년에는 1억 7,300만 명으로 늘어났고, 2010년에는 1억 8,100만 명으로 늘어날 것으로 예측된다고 보고했다. 2008년 말 기준으로 미국 가정의 78퍼센트—약 9,110만—가 하나 이상의 신용카드를 보유하고 있으며, 그 빚은 총 9,727억 3천만 달러에 이른다.

미국 가정의 거의 절반에 해당하는 46퍼센트가 신용카드 빚이 있으며, 2008년 말 기준으로 가계 당 평균 채무는 1만 679달러였다. 지난 열두 달 동안, 미국 성인의 15퍼센트에 해당하는 약 3,400만 명이 신용카드 대금 지불을 연체한 적이 있고, 8퍼센트(1,800만 명)은 아예 지불을 하지 않은 적도 있다.[1]

계층을 막론하고 빚은 계속 늘고 있다. 1995년부터 2004년 사이에 미국에서 가장 부유한 1퍼센트는 3,830억 달러의 빚을 졌다. 전체 인구의 단 5퍼센트가 전체 빚의 20퍼센트를 차지하고 있다.[2] 이런 불안한 현상은 1980년대부터 나타나기 시작했다. 빚은 부자와 빈자 모두의 문제다. 그러나 신용카드 빚은 소득이 가장 낮은 계층 사이에서 가장 빠른 속도로 증가하고 있다.[3]

대학생들에게도 신용카드 빚은 문제가 되고 있다. 대학 4학년생은 평균 여섯 장의 신용카드를 가지고 있으며, 카드 대금은 평균 3,200달러다. 신용카드와 학자금 대출로 빚이 커서 진로를 바꿀 계획이라고 말하는 대학생들이 점점 늘고 있다.[4]

시장 가치와 사회적 비용

1720년 프랑스 마르세유 시의 관리들은 상선 그랑-생-탕투안(*Grand-Saint-Antoine*)호를 검역소에 격리시켰다. 선원 몇 명이 전염병에 걸려 죽었기 때문이다. 그러나 그 시의 상인들이 배에 실린 값비싼 화물을 시장에 내다팔 수 있도록 격리 조치를 풀라고 당국에 압력을 가하는 바람에, 전염병이 퍼지는 것을 막으려던 이 조치는 좌절되었다.

결국 전염병으로 이 도시 주민의 절반에 해당하는 5만 명이 죽었으며, 그에 더해 인근 지역에서도 5만 명의 사망자가 발생했다. 화물을 빨리 효율적으로 시장에 내다팔려고 하다가 10만 명이 목숨을 잃고 말았다.

1980년대 이후 시장에 대한 규제를 철폐하라는 강력한 요구 때문에 감독 기관에 예산이 삭감되고 기업과 산업에 대한 법규와 제한 조건이 축소되었다. 레이건 행정부에서는 식품의약국에 대한 연방자금 지원이 30퍼센트 삭감되었으며, 지난 35년 동안 예산 삭감으로 인해 이 기관의 조사 건수가 78퍼센트 감소했다.[5] 뉴트 깅그리치(Newt Gingrich)는 "미국에서 일자리를 가장 많이 없애는 기관"이 식품의약국이라고 말했다. 조사관들과 이 기관 때문에 기업으로서는 비용이 너무 많이 든다고 주장했다. 이들이 요구하는 기준을 따르자면 비용이 너무 많이 들어 기업 활동을 할 수가 없다는 것이다.

그것은 사실이다. 만약 제조 공장에 엄격한 오염방지 기준을 요구하고 이를 이행하지 못할 때 무거운 벌금을 부과한다면, 땅콩버터 한 병의 값은 더 비싸질 것이다. 납 성분이 함유된 안료를 쓰지 않았는지를 꼼꼼히 확인한다면 어린이 장난감도 비싸질 것이다. 이 값을 지불할 만한가? 2009년 1월 살모넬라균이 든 땅콩버터로 인해 여덟 명이 사망했고, 575명 이상이 병에 걸렸다. 질병통제국에서는 해마다 식중독으로 5천 명이 사망하고 32만 5천 명이 입원 치료를 받는 것으로 추정한다.[6]

사실 규제는 효율성을 떨어뜨릴 수 있다. 당연히 정부 기관은 이 점을 항상 명심해야 한다. 그러나 우리는 이렇게 자문해야 한다. **언제나 효율성을 최고의 관심사이자 주된 가치로 삼아야 하는가?** 효율성을 위해 우리는 어떤 사회적 비용을 감수하는가? 우리는 생명을 위한 약을 가능한 한 빨리 얻을 수 있기를 바라지만, 바이옥스[Vioxx: 머크(Merck) 사에서 개발한 진통소염제로서 심각한 부작용으로 인해 판매가 중지됨-역주]의 안전성에 관한 우려를 은폐하여 2만 7천 명이 목숨을 잃었던 사건을 돌아볼 때, 우리는 약을 빨리 공급하는 것이 과연 최선인지 다시 한 번 생각해 보아야 한다.

결론적으로 마르세유에 퍼진 전염병은 누구의 책임인가? 물론 화물을 검역소 밖으로 반출하도록 로비를 한 상인들에게 일정 부분 책임이 있다. 그러나 어떤 점에서 그들은 시장에 상품을 내다팔아 이윤을 남기는 자신의 일을 했을 뿐이다. 가장 큰 잘못을 저지른 것은 정부의 감독관들이다. 그들이 일차적으로 할 일은 이윤을 남기는 것이 아니라 안전을 책임지는 것이다. 다수의 안전을 돌보아야 할 책임보다 소수의 이윤을 우선시했기 때문에 그들은 실패했다. 기업과 기업을 운영하는 이들 역시

정부의 감독관들은 다수의 안전을 돌보아야 할 책임보다 소수의 이윤을 우선시했기 때문에 실패하고 말았다.

높은 기준을 유지하기 위해 언제나 최선을 다해야 하지만 무엇보다 정부가 돌보아야 할 공공의 안전이 기준에 미치지 못할 때 우리는 분노하지 않을 수 없다.

운전 중 문자 메시지

커뮤니케이션에는 휴식이 없는 듯하다. 우리는 거의 언제나 끊임없이 연락을 주고받는다. 분명 휴대전화 덕분에 효율적으로 일할 수 있게 되었다. 나는 구식 다이얼 전화를 쓰던 시절로 돌아가고 싶지 않다. 그러나 이처럼 효율적인 통신 수단을 사용함에 따라 발생하는 비용에 대해 우리는 얼마나 생각해 보았을까? 문자 메시지는 1992년에 처음으로 상용화되었다. 오늘날 사람들이 주고받는 문자 메시지는 지구의 전체 인구보다 많다.

2008년 6월 뉴욕 주 로체스터에 사는 여학생 다섯 명이 트랙터와의 충돌 사고로 사망했다. 충돌 직전 트랙터 운전자는 문자 메시지를 보내고 있었다. 십대인 이들은 바로 전 주에 고등학교를 졸업했다.[7] 2005년 12월에 98억 건의 문자 메시지가 전송되었다. 2008년 12월에는 그 수치가 1천 4억 건으로 증가했다.[8] 전체 운전자의 20퍼센트 이상은 운전 중 문자 메시지를 보낸다. 18세부터 24세 사이의 운전자들만 대상으로 하면, 그 수치는 66퍼센트까지 올라간다.[9] 문자 메시지는, 원하는 것을 바로 **지금** 가지려 하는 우리 모습을 보여 주는 또 하나의 단면일 뿐이다.

2009년 6월 "자동차와 운전자"(*Car and Driver*)에서는, 운전 중 문자 메시지를 보내는 것이 안전 운전에 어떤 영향을 미치는지를 알아보는 몇 가지 실험을 했다. 엄격한 과학적 기준 하에 실시한 실험은 아니었지만, 그 결과는 좋지 않았다. 이들의 반응 속도는 법정 혈중 알콜 농도 기준치를 넘어선 운전자들보다 훨씬 더 느렸다.[10]

운전 중에 문자 메시지를 보내는 것이 가능하다고 해서 그것이 좋은 생각인 것은 아니다. 효율적일지 모르지만 위험을 감수할 만한 가치는 없다. 바로 이런 이유로 미국의 많은 주 정부들은 운전 중 문자 메시지 보내는 행위를 금지하고 위반 시 벌금을 부과하기 시작했다.

신음하는 피조물

"나는 그것을 지금 원한다"라는 새로운 격언이 미치는 가장 큰 영향력, 그 가장 파괴적인 결과는, 이 지구에 닥친 재앙, 그러므로 다음 세대가 겪어야 할 재앙이다. '지구의 윤리'는 계절과 여러 해에 걸친 장기적인 차원 혹은 지속 가능성과 관계가 있다. 그러나 "나는 그것을 지금 원한다"라는 태도는 자연의 모든 순환을 방해한다. 실로 이것은 우리의 어머니라 할 수 있는 지구에 대한 격렬한 공격이다.

"나는 그것을 지금 원한다"라고 말하는 문화 속에서는 점점 늘어 가는 기계 장치를 작동시키기 위해 전력 수요가 증가하며 우리 지구는 점점 더 심하게 파괴된다. 최근의 신문 기사에 따르면, 미국인은 가구당 평균 25개의 전자 제품을 보유하고 있다. 이 중 상당수는 엄청난 전력을 소비한다(최신형 평면 텔레비전은 냉장고보다 더 많은 전력을 소비한다).[11] 여전히 화력 발전소가 가장 큰 전력 공급원이기 때문에 전력 수요가 늘수록 더 많은 석탄이 필요하다. 전통적인 심부채탄(深部採炭)은 매우 어렵고 위험한 일이다. 우리는 탄광이 무너져 매몰된 광부들에 관한 뉴스를 기억한다. 이런 상황에서 손쉬운 대체 수단은 이른바 '정상 제거' 채광이다. 숲이 울창한 산을 벌목한 다음, 폭약으로 산꼭대기의 지층을 제거하여 광층(鑛層)이 드러나게 한 후 표면의 석탄을 채탄하는 방식이다. 비용이 더 적게 들고 안전하며 효율적이다.

그러나 문제는, 이런 방식이 땅을 파괴하고—한때는 나무가 우거졌던 산에 거대한 상처를 남기고—지역 공동체를 파괴한다는 점이다. 채탄 작업에서 발생한 폐기물은 인근 하천에 버려져 물을 오염시키고 잦은 홍수를 유발한다. 점차 증가하는 이런 채광 방식으로 인해 버지니아, 켄터키, 웨스트버지니아, 테네시 주에서는 수백 가구와 마을이 삶의 터전을 잃고 떠날 수밖에 없었다.[12]

또 다른 '필수' 가전제품이 나오면 이미 가지고 있던 것은 버릴 수밖에 없다. 더 크고 더 좋은 평면 텔레비전을 산다는 것은 예전 것을 버려야 한다는 뜻이다. 문제는, 예전의 브라운관 텔레비전에는 대당 약 2킬로그램의 납이 들어 있다는 점이다. 환경보호국에서는 2007년에 2,690만 대의 구식 텔레비전이 폐기되었는데, 그중에서 단 630만 대만 재활용되고 2,060만 대는 쓰레기로 버려졌다고 추정한다. 또한 이 기관에서는 멀쩡한 텔레비전 약 1억 대가 창고에 쌓여 있지만 찾는 사람이 없다고 추정한다.[13]

또 다른 문제는 휴대전화다. 계속해서 최신 휴대전화로 바꿀 때—블랙베리로, 이제 아이폰으로—, 쓰던 단말기는 어떻게 하는가? 이 역시 쓰레기 매립지로 보내진다. 해마다 1억 3천만 대의 휴대전화가 버려진다고 추산된다. 휴대전화에는 다양한 유해 금속물—카드뮴, 베릴륨, 안티몬,

납, 비소 등—이 들어 있다. 버려지는 1억 3천만 대의 휴대전화에 들어 있는 6만 5천 톤의 유해 물질은 이제 지하수로 스며들고 있다.

'나는 그것을 지금 원한다' 라는 태도는 자연의 모든 순환을 방해한다. 실로 이것은 우리의 어머니라 할 수 있는 지구에 대한 격렬한 공격이다.

환경보호국에 따르면, 2007년에 이른바 전자 폐기물(e-waste) 중 단 13.6퍼센트만이 재활용되었다고 한다. 그런데 오래된 전자제품을 재활용하는 것조차도 문제가 된다. 전자 산업에서 환경 친화 디자인과 책임 있는 재활용의 촉진을 위해 노력하는 단체인 전자제품회수 연합(Electronics TakeBack Coalition)에서는 "미국 내에서 재활용 목적으로 수집된 유해 전자제품의 상당수는 개발도상국으로 수출된다. 거기서는 너무나도 조잡하고 유해한 기술로 이 제품들을 분해하고 해체하기 때문에 노동자와 그 주변 마을은 수많은 유독성 화학 물질에 노출된다"라고 말한다.[14]

또 다른 예는 쇠고기—패스트푸드 햄버거든 최상급 스테이크든—에 대한 만족할 줄 모르는 욕망이다. 미국인은 한 해에 1인당 평균 45킬로그램의 쇠고기를 먹는다. 그렇게 많은 쇠고기를 생산하기 위해서는, 소를 먹일 거대한 목초지가 필요하고 또 방목을 위해 엄청난 크기의 숲을 파괴해야 한다. 브라질의 경우 1970년 이후 목초지를 만들기 위해 2만 1,500제곱미터가 넘는 아마존의 열대우림을 파괴했고, 2000년 이후에는 거의 그 절반에 해당되는 면적을 파괴했다. 60-70퍼센트는 소를 키우는 목장으로 사용되며, 생산된 쇠고기는 대부분 수출된다.[15] 이런 환경 파괴로 인해 수많은 동식물이 멸종되었다. 또한 세계 온실가스 배출의 18퍼센트가 쇠고기 생산으로 인해 발생한다. 이는 모든 교통수단이 내뿜는

온실가스보다 더 많은 양이다.[16]

단순한 식생활을 실천하면 대체할 수 없는 자연 자원을 아끼고 지구 온난화의 속도를 늦출 수 있다. 자원 문제와 온난화 모두 우리의 미래에 점점 더 큰 위협이 되고 있다. 우리 모두가 채식주의자가 될 필요는 없지만, 지금만큼 고기를 많이 먹을 필요도 없다.

성경의 이미지를 사용하자면, 하나님의 자녀들이 현재의 생활 방식과 욕망으로부터 자유로워지기를 "간절히 기다리며" 모든 피조물이 함께 신음하고 있다고 할 수 있다.[17]

짧은 시간에 결과를 얻고자 하는 파괴적인 문화에 맞서기 위해, 우리는 모든 결정에 앞서 향후 일곱 세대에게 미칠 영향을 고려해야 한다.

"나는 그것을 지금 원한다"의 윤리는 제대로 작동하지 못하고 있음이 확실하다. 사실 그 원리는 우리와 우리 가정의 균형과 행복에 악영향을 미친다. 균형과 행복을 위해 필요한 더 많은 공간, 너그러움, 여유, 인간적인 삶의 속도를 제공하지 못하기 때문이다. 또한 자연스러운 순환을 위해 인내와 시간, 쉼과 돌봄이라는 은총이 반드시 필요한 지구에도 나쁜 영향을 미친다. 아마도 우리는, 어떤 결정이든 향후 일곱 세대에게 미칠 영향을 반드시 고려해야 한다고 말하는 북미 원주민들에게서, 짧은 시간에 결과를 얻으려는 파괴적인 문화에 맞서는 최선의 윤리를 배울 수 있을 것이다.

REDISCOVERING VALUES

3부

우리를 옭아매는 현실

REDISCOVERING VALUES

6
지나친 빈부 격차

2006년 다보스 포럼에서 나는 "불평등에 대해 우리는 절망해야 하는가?"라는 주제로 강연해 달라는 부탁을 받았다. 대기업 회장과 정치 지도자들로 가득한 회의장에서 나는 그들에게 너무도 낯선 주제, 즉 성서 고고학에 관해 이야기했다. 나는 고대 이스라엘의 유적을 탐사하던 고고학자들이 발굴한 매우 흥미로운 유물에 관해 말했다. 과거의 유적을 파헤치다 보면 고고학자들은 이따금 그 당시 사람들이 비교적 경제적으로 평등하게 살았음을 암시하는 유물을 발견한다. 그들이 완벽히 평등하지는 않더라도 부를 상대적으로 골고루 나누며 큰 격차 없이 살았다는 것을 보여 주는 유물이다. 이런 시기에는 아모스나 이사야, 예레미야와 같은 예언자가 없었다. 그러나 다른 시기, 이를테면 주전 8세기의 역사 유적은 빈부 격차가 매우 컸음을 보여 준다. 작은 움막들 가운데 거대한 궁전이 발견되는 식이다. 그리고 이런 시기에는 예언자들이 나타나 불평등에 대해 신랄하게 꾸짖었다.

강연이 끝나면 나는 이런 질문을 받곤 했다. "짐, 그게 정말입니까? 진짜 그렇다면, 놀라운 일 아닌가요. 정말 많은 것을 설명해 주는 이야기 아닌가요." 설교자는 어떤 주장을 위해 과장을 하기도 한다는 점을 인정하면서, 나는 그들에게 성서 고고학에서 주장하는 이런 사실은 정말로 참이라고 말해 주었다. 그리고 지금의 위기 상황에 꼭 필요한, 우리가 잊고 있던 중요한 교훈을 보여 준다고 말했다.

부자와 빈자 사이의 간격이 벌어질 때, 중간 계층에 대한 착취가 점점 더 커질 때, 곧 충돌이 발생한다는 것을 우리는 역사를 통해서 알 수 있다. 오늘날만큼 미국의 불평등이 심각했던 때는 대공황 직전의 금박 시대였다. 우리의 종교적 전통 역시 같은 점을 지적한다. 성경을 보면, 부가 상대적으로 고르게 분배될 때는 예언자가 없었다. 그들이 필요하지 않았기 때문이다. 그러나 불평등이 점차 심화될 때, 예언자들이 나타나 하나님의 심판과 공의를 선포한다.

성경의 하나님은 우리가 부를 고르게 나누기만 한다면 부를 싫어하지 않으시는 듯하다. 그러나 그러지 않을 때 하나님은 진노하신다. 부가 한 곳으로 점점 더 집중될 때, 우리에게 나쁜 일이 일어나기 시작한다. 사람들이 거대한 불평등을 인식할 때, 사회적 유대는 해체되고 사기가 저하되며 분노가 밀려온다.

30년 동안 우리는 사회가 만들어 낸 불평등을 경험해 왔다. 성경에서는 이것이 정말로 죄라고 말한다. 실로 우리는 계급 간의 전쟁을 목격하고 있다. 이 전쟁은 부자와 그들과 동맹 맺은 정치인들이 가난한 이들과 중산층을 상대로 벌이는 전쟁이다. 기업 회장과 보통 노동자의 급여 차이가 24 대 1(1965년)에서 431 대 1(2004년)로 바뀐 것을 두고 좋다고 생각할 사람이 있겠는가?[1] 2008년 불황으로 기업 임원들도 타격을 받아 그 비율이 약간 떨어지기는 했지만, 여전히 319 대 1정도이다.[2]

'가난한 사람의 우선권'(preferential option for the poor)에 관한 종교적 가르침—가난한 사람을 위한 헌신이 복음의 핵심이라는—은 '부자의 우선권'을 만들어 내기 위한 의도적인 사회적·정치적 결정으로 대체되고 말았다. 세금 정책에서 사소한 혜택에 이르기까지, 부자를 계속 더 부유하게 할 뿐이다.

이처럼 의도적이고 치밀하게 계산된 방식으로 중간층과 하층으로부터 꼭대기로 부를 재분배하는 현상은, 아마도 지난 수십 년간 미국에서 일어난 가장 중요한 사회적 변화일 것이다. 그러나 이 현상은

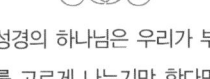

성경의 하나님은 우리가 부를 고르게 나누기만 한다면 부를 싫어하지 않으시는 듯하다.

거의 관심을 받지 못했다. 왜냐하면 부자들은 무엇이 관심을 받아야 하는가를 효과적으로 통제할 수 있는 능력도 지녔기 때문이다. 그들의 입장을 대변하는 언론 전문가들은 '재분배'라는 말 자체를, 분배에 관해 '책임감이 있는' 사람이라면 그 누구도 입 밖으로 내서는 안 되는 나쁜 말로 만들어버렸다. 그런 말을 했다가는 '계급 전쟁'에 휘말릴 것이다! '재분배'는 바로 가장 부유한 사람들과 그들의 정치적 대변자들이 성취해 낸 것이다. 대중의 주의를 끌지 않는 동시에 아무 책임도 지지 않고 그들은 부를 자기들끼리 재분배했다. 그들의 말이 옳다. 이것은 계급 전쟁이다. 상위 계급은 지난 30년 동안 빈곤층과 중산층을 희생시키며 경제의 건전성을 손상시키고 매우 중요한 사회적 가치를 파괴하면서 이 전투에서 승리를 거뒀다. 그 결과 사회 계약은 깨졌고 지켜 내야 할 사회적

약속은 산산이 부서졌다. 우리는 예언자들의 목소리에 귀를 기울였어야 했다.

비교적 평등했던 시절

지금처럼 엄청난 빈부 격차는 미국 역사를 볼 때 특이한 현상이다. 제2차 세계대전 이후 미국은 전례 없는 부와 성장, 상대적 평등의 시대로 진입했다. 전쟁이 끝난 시점과 1970년대를 비교할 때, 미국인이 평균적으로 더 잘 살게 되었다는 데는 의심의 여지가 없다.

종전에서 1970년 중반까지 이르는 이 시기에 평균적인 미국 노동자들이 받는 혜택도 해마다 2.5-3퍼센트씩 꾸준히 늘었다. 1947년부터 1973년 사이 미국 가정의 평균 수입은 두 배로 늘어났다. 그리고 부모 중 한 명만 일하고 노동일수가 짧아져 주5일 근무가 보편화되는 등, 노동 시간이 줄어드는 상황에도 불구하고 이런 성장을 이루었다.[3] 제2차 세계대전이 끝날 무렵에는 인구의 30퍼센트만이 의료보험을 가지고 있었지만, 1970년에는 그 비율이 85퍼센트를 넘었다.[4] 또한 많은 노동자들이 노후를 보장해 줄 표준적인 연금 혜택을 받았다.

내가 자랄 무렵의 미국은 그러했다. 대부분의 부모는 자녀들이 자라면 그때는 자신들보다 더 잘 살게 될 것이라고 기대했다. 실제로 많은 사람이 그랬다. 그러나 부가 증가하던 이 30년은 오래 지속되지 못했다. 1970년대 중반 석유수출국기구(OPEC)의 원유 생산 제한으로 기름값이 급등하자 스태그플레이션(stagflation: 경기 후퇴와 물가 상승이 동시에 나타나는 현상—역주)이 찾아왔다. 이로 인한 경제 불황은, 레이건의 새로운 경제 정책(레이거노믹스)에 의한 '시장 절대주의'의 출발점이 되었다.

세금을 감면하고, 시장과 기업에 대한 규제를 완화했다. 많은 이들은 정부가 문제라고 말했다. 정부가 간섭하지 못하게 하라. 그러면 시장이 기적을 일으킬 것이다. 부자는 자신의 돈을 잘 사용하고 슬기롭게 투자하여 더 많은 일자리와 기회, 모든 사람을 위한 부를 만들 것이다. 앞서 말한 이런 식의 시장 이데올로기와 우상숭배는 공공 정책에 주입됐다. 그리고 지금, 우리는 그 결과를 목격하고 있다.

빈부 격차

1969년 내 고향인 미시건 주 디트로이트에 있던 제너럴 모터스는 찰스 존슨(Charles Johnson)이 회장인 미국 최대의 기업이었다. 당시 그의 연봉이 천문학적인 액수였던 79만 5천 달러로 책정되자 큰 파문이 일었다. 지금의 돈 가치로 환산하면 430만 달러에 해당한다. 당시 9천 달러, 지금의 가치로 환산했을 때 4만 달러를 받던 이 회사의 노동자에 비해 찰스 존슨은 88배 이상의 급여를 받았다.[5]

월마트의 노동자 한 사람이 평생 일해야 벌 수 있을 만큼의 돈을 스콧은 2주마다 벌었다.

현재 미국 최대의 기업은 월마트(Walmart)이며 이 회사의 회장이었던 리 스콧 주니어(Lee Scott Jr.)는 이 회사 노동자 평균 급여의 900배에 달하는 1,750만 달러의 연봉을 받았다.[6] 월마트의 노동자 한 사람이 평생 일해야 벌 수 있을 만큼의 돈을 스콧은 2주마다 벌었다.[7] 대부분의 사람들은 어려움과 책임의 수준이 다르며 종류도 다른 일에 대해 다른 보수를 책정하는 것을 납득한다. 그러나 급여 격차가 이 정도로 크다는 것이 과연 정상적인 걸까?

얼핏 보기에 그는 엄청난 연봉을 받는 듯하다. 그러나 급여와 보너스를 합쳐서 1,750만 달러를 받았던 스콧은 대기업 회장들의 연봉에서 순위권에도 들지 못한다. "포브스"(Forbes)의 기사에 따르면, 캐피털 원 파이낸셜(Capital One Financial)의 리처드 페어뱅크(Richard Fairbank)가 2억 4,940만 달러를 벌어 최고액 연봉 순위에서 1위를 차지했다.

이제는 거의 서브프라임 모기지와 부정직한 대출 관행의 대명사가 된 컨트리와이드 파이낸셜(Countrywide Financial)에서는, 회사 사정이 나빠지기 전 회장에게 고액의 연봉을 지급했다. 2006년에 이 회사의 회장 앤젤로 모질로(Angelo Mozilo)는 1억 4,198만 달러의 소득을 신고해 "포브스" 연봉 순위 7위에 올랐다.[8] 그 해에는 적어도 1,800만 달러는 벌어야 소득 순위 100위에 들 수 있었다. 스티브 잡스(Steve Jobs)는 6억 4,660만 달러로 1위에 올랐다.[9] 주택담보증권에 대한 투자 비중을 크게 높였던 메릴 린치(Merrill Lynch)의 회장 스탠리 오닐(Stanley O'Neal)은 2006년에 보너스로 1,400만 달러를 받았고, 2007년에 회장직을 사임하며 그 당시 가치로 1억 6,200만 달러에 달하는 퇴직 수당을 받았다.[10]

더 심각한 스캔들이 있다. 이런 엄청난 소득 격차는 성공과도 무관하다는 것이다. 사실 이들은 실패하더라도 거액의 보너스를 받는 경우가 많다. 실적에 상관없이 돈을 받는 것이다. 이들 기업의 임원들은 그 직위에 오르면 이 정도의 연봉을 받아야 한다고 생각한다. 자신들은 현대판 왕족으로서 그에 걸맞는 급여를 받을 자격이 있다고 생각한다.

그런데 헤지펀드 매니저와 비교하면 이들 기업의 회장이 받는 연봉은 놀랍지도 않다. 페어뱅크가 2억 4,940만 달러를 번 그 해, 헤지펀드인 르네상스 테크놀로지스(Renaissance Technologies)의 제임스 사이먼스(James Simons)는 15억 달러를 벌었다고 신고했다. 분 피큰스(T. Boone Pickens)는 그에 살짝 못 미치는 14억 달러를 벌었다.

축적된 부의 격차 역시 놀랍기는 마찬가지다. 월마트의 창업자 샘 월튼(Sam Walton) 일가의 재산이 9백억 달러에 이르는 것으로 추정된다는 것을 생각하면 스콧이 번 돈은 시시해 보인다. **단 한 가족**의 재산이 미국인 하위 40퍼센트에 해당하는 1억 2천만 명이 지닌 재산을 다 합한 950억

이들 기업의 임원들은 그 직위에 오르면 이 정도의 연봉을 받아야 한다고 생각한다. 자신들은 현대판 왕족으로서 그에 걸맞는 급여를 받을 자격이 있다고 생각한다.

달러와 거의 맞먹는 셈이다.[11] 미국에서 가장 부유한 1퍼센트가 소유한 재산이 미국 전체의 부에서 차지하는 비중은 두 배 이상이다. 현재 국가 전체의 부의 3분의 1이상을 최상위 1퍼센트가 소유하고 있으며, 이는 하위 90퍼센트가 소유한 부를 다 합한 것보다 더 많다.[12] 한 가족이 같은 나라의 시민 1억 2천만 명이 버는 것보다 더 많은 돈을 벌 수 있는 이 나라는 과연 기회의 땅인가? 아니면 왜곡된 체제와 불공평한 게임이 이런 엄청난 불평등을 초래한 것일까?

파도가 치면 요트만 떠오른다

파도가 치면 모든 배가 올라야 하지만, 실제로는 그렇지 않았다. 가장 부유한 사람들의 요트만 올라갔다. 제2차 세계대전 이후 호황기의 임금

상승률과 1970년대 초부터 현재까지의 임금 상승률을 비교해 보면, 최상위 1퍼센트만 더 높은 상승률을 보인다. 더 부유할수록 상승률이 높았다. 1973년에 비해 최상위 10퍼센트는 수입이 5배 이상 증가했고, 1퍼센트 중 0.1퍼센트는 7배 더 부유해졌다.[13] 현재의 경제 위기 전인 2005년에 최상위 가구 1퍼센트의 세금을 제외한 수입은 최하위 가구 5분의 1에 비해 70배, 중산층 가구 5분의 1에 비해 21배 더 높았다.[14] 하위 90퍼센트의 소득이 가장 높았던 해는 1973년으로서, 물가상승률을 감안했을 때 이 집단의 평균 연소득은 3만 3천 달러였다.

1973년에 비해 노동자의 시간당 평균 임금이 거의 50퍼센트 가량 증가했음에도 불구하고, 격차는 더 커졌다. 생산성 향상으로 얻은 이익을 노동자들에게 공평하게 나누었다면, 현재 노동자의 평균 수입은 1970년대 초보다 35퍼센트 가량 더 높았을 것이다.[15] 달리 말하자면, 생산성 향상으로 얻은 이익을 모든 가구가 고루 누릴 수 있었다면, 2006년 기준으로 가구당 평균 수입은 2만 달러 가량 더 높았을 것이다.[16] 하지만 이렇게 얻은 이익의 대부분은 평균 소득 상승률보다 훨씬 높은 소득을 올린 상위 10퍼센트에게 돌아갔고, 하위 90퍼센트는 소득 상승률이 평균 이하이거나 오히려 소득이 줄었다.[17] 자신의 생산성의 열매를 누리지 못하고 그로부터 얻은 부의 대부분이 최상위층의 고용주에게 돌아가는 것을 볼 때, 노동자로서는 열심히 일해 경제에 기여하겠다는 마음을 먹기가 어렵다.

기억하라. 이 중 어느 것도 '그저 일어난' 일이 아니다. 오히려 이 모든 것은 다른 집단보다 어떤 한 집단('계급'이라고 말해도 될까?)에게 더 큰 혜택이 돌아가게 한 공공 정책과 정치적 결정의 결과다. 그리고 이것은 근본적인 세금 정책의 변화와 큰 관련이 있다.

1979년부터 2006년 사이에 최상위 소득층에 대한 소득세율이 절반으로 줄었으며, 양도소득에 대한 세율 역시 거의 그만큼 줄었고, 법인소득에 대한 세율도 4분의 1이 줄었다. 이러한 변화로 인해 미국에서 가장 부유한 사람들은 엄청난 이득을 보았지만, 그 밖의 다른 사람들에게는 별다른 혜택이 없었다.[18] 이미 1979년 호황기보다 세금이 낮은 상황이었다. 공화당의 드와이트 아이젠하워 대통령 집권 당시 최고 소득세율은 91퍼센트였다. 민주당 출신의 대통령 존 F. 케네디는 이를 70퍼센트로 대폭 낮췄다. 오타가 아니다. 처음 이 이야기를 들었을 때 나도 믿을 수가 없었다. 현재는 최고 소득세율이 고작 35퍼센트밖에 되지 않는다!

매우 놀라운 수치가 아닐 수 없다. 거부는 그 수가 정말로 적기 때문에 사회의 부에서 그들이 차지한 비중을 줄여도 크게 달라질 것은 없다는 말을 우리는 늘상 들어 왔다. 그러나 이 말은 더 이상 참이 아니다. 최상위층이 차지한 부가 엄청나게

이러한 격차는 다른 집단보다 어떤 한 집단에게 더 큰 혜택이 돌아가게 한 공공 정책과 정치적 결정의 결과다.

커졌고, 사회의 자원 중 그들이 차지한 몫이 너무나도 크게 증가했기 때문에, 가장 부유한 계층이 가진 몫을 줄인다면 이는 나머지 사람들에게 정말로 큰 영향을 미칠 것이다. 현재 최상위층은 도덕적, 영적으로는 말할 것도 없고 심지어는 경제적으로도 정당화할 수 없을 정도로 엄청나게 많은 돈을 벌어들이고 있다.

나의 친한 친구는, 미국의 불평등이 엄청나게 확대된 사실은 마치 우리 안에 있는 고릴라와 같이 모든 정치적인 대화에서 누구도 화제로 꺼내지 않거나 심지어는 이를 인정하지도 않으려 한다고 자주 말한다. 그

러나 다시 한 번, 불평등이 이 정도로 심각해지면 문제가 곧 생기게 마련이다. 미국이 이런 식의 불평등을 마지막으로 경험했던 때는 대공황 직전이었다. 지난 200여 년의 미국 역사에서 소득 불평등이 가장 심했던 때는 1928년과 2007년이었다.

붕괴 직전

> 400명의 사람들이 미국 인구의 절반보다 더 많은 부를 보유하고 있다는 사실에 대해 정말로 우리는 절망할 수밖에 없다.

경제 위기 직전이었던 2007년에 거부들은 새로운 기록을 세웠다. 최초로 상위 1퍼센트가 하위 90퍼센트의 가구당 평균 수입의 1천 배 이상을 벌어들였다. 우리 삶의 질을 보여 주는 진정한 표지였다. 그 해에는, 1928년 대공황의 시발점이 된 주식시장 붕괴가 발생하기 직전과 거의 맞먹을 정도로 불평등이 심했다.[19] 2009년 여름 연방준비제도이사회에서 발표한 수치에 따르면,[20] 2007년에 상위 1퍼센트가 국가 전체의 부의 33.8퍼센트에 달하는 3조 3천억 달러를 보유했다. 그 다음으로 부유한 9퍼센트는 미국의 부의 37.3퍼센트를 보유했다. 반면 하위 90퍼센트가 지닌 부는 28.5퍼센트에 불과했다. 더 심각한 사실은, 이 통계는 "포브스"가 집계한 가장 부유한 400인은 제외했다는 점이다. 13조 달러를 보유한 이들은 미국의 하위 50퍼센트보다 더 많은 부를 가지고 있는 셈이다.[21] 400명의 사람들이 미국 인구의 절반보다 더 많은 부를 보유하고 있다는 사실에 대해 정말로 우리는 절망할 수밖에 없다. 이와 비교하면 성경 시대의 불평등은 아무것도 아닌 것처럼 보인다.

현재의 대불황은 현대의 '예언자들'이 다시 한 번 목소리를 높일 기회를 제공할지도 모르겠다.

전 지구적인 부의 격차도 마찬가지로 심각하다. 1820년 세계에서 가장 부유한 나라인 영국의 1인당 평균 수입은 세계에서 가장 가난한 지역인 사하라 이남의 아프리카보다 세 배 더 높았다. 오늘날 세계에서 가장 부유한 나라는 미국이며, 이 나라의 1인당 평균 수입은 여전히 세계에서 가장 가난한 지역인 사하라 이남의 아프리카보다 20배 더 높다.

미국에서 연봉이 5만 달러인 사람은, 세계에서 가장 부유한 1퍼센트로 이루어진 엘리트 계급에 속한다. 놀라운가? 간단히 알아볼 수 있다. www.globalrichlist.com에 당신의 수입을 입력하면, 전 세계적인 부의 분배 상황과 당신의 수입을 비교해 볼 수 있다.

거대한 거짓말

이런 불평등에 동반되는 거대한 거짓말, 널리 퍼진 신화가 있다. 나는 이 거짓말이 우리 문화와 미국 안에 파고든 비성경적 이단과 다름없다고 생각한다. 이 이단은, 부유한 사람들은 책임감이 있고 의롭기 때문에 그렇게 된 것이고, 가난한 사람들은 무책임하거나 심지어는 부도덕한 게 틀림없다고 주장한다. 부자는 옳은 일을 했고, 가난한 사람은 뭔가 잘못했다. 엄청난 물질적인 부는 하나님이 당신의 행위에 대해 기뻐하신다는 증거이며, 가난은 하나님이 당신을 홀대하시고 심지어는 벌하신다는 것을 암시한다고 믿는다.

우리가 다시 한 번 깨우쳐야 할 교훈은, 부자든 가난한 사람이든 악당도 될 수 있고 영웅도 될 수 있다는 것이다. 부를 가진 사람이든 그렇지 못한 사람이든 큰 덕을 행할 수도 있고 지독한 악을 행할 수도 있다.

당대에 세계에서 가장 부유한 사람 중 하나였던 솔로몬 왕은 전도서에서 이렇게 말했다.

> 빠르다고 해서 달리기에서 이기는 것은 아니며,
> 용사라고 해서 전쟁에서 이기는 것도 아니더라.
> 지혜가 있다고 해서 먹을 것이 생기는 것도 아니며,
> 총명하다고 해서 재물을 모으는 것도 아니며,
> 배웠다고 해서 늘 잘 되는 것도 아니더라.
> 불행한 때와 재난은 누구에게나 닥친다.[22]

이 말씀에서는, 힘이 곧 정의인 것은 아니며 부자라고 해서 반드시 선한 사람인 것도 아니라는 점을 분명히 한다. 산상설교에서 예수께서는 하나님이 "악한 사람에게나 선한 사람에게나 똑같이 해를 떠오르게 하시고, 의로운 사람에게나 불의한 사람에게나 똑같이 비를 내려 주신다"라고 말씀하셨다. 대불황은, 비가 오면 우리 모두가 똑같이 그 비를 맞는다는 사실을 보여 줬다.

우리는 우리 사회 전체와 우리 가족과 친구들, 심지어 우리 자신 안에 있는 질병의 징후를 인식해야 한다. 탐욕이 선이고, 내가 가장 중요하며, 나는 그것을 지금 원한다는 믿음이, 우리 자신에게도 나쁘고 우리 주위에 있는 사람들에게도 해로우며 우리 경제에도 파괴적인 결과를 초래한다는 사실이 이제는 분명해졌다.

새로운 옛 가치

그러나 이야기는 여기서 끝나지 않는다. 지금은 우리가 어떤 사람이 되고 싶어 하는가, 우리가 어떤 공동체를 이루어야 하는가, 우리는 어떤 나라를 만들고 싶어 하는가에 관해 올바른 질문을 할 시간이다.

우리가 이루어야 할 큰 변화와 우리가 배워야 할 교훈은 우리가 간직한 가장 근원적이며 오랜 가치 안에 들어 있다.

문제가 무엇인지 확인하는 것으로는 충분하지 않다. 똑같은 실수를 반복하지 않도록 무엇을 어떻게 고쳐야 하는지 이해해야 한다. 나는 그 대답이 아주 먼 곳에 있다고 생각하지 않는다. 우리가 이루어야 할 큰 변화와 우리가 배워야 할 교훈은 우리가 간직한 가장 근원적이며 오랜 가치 안에 들어 있다. 지금 우리는 이런 가치를 잊어버렸거나 적어도 우선순위를 제대로 부여하지 못하고 있는 듯하다. 그것은 우리가 어렸을 때 주일학교에서 배웠고, 부모님이 읽어 주셨으며 지금은 우리가 자녀들에게 읽어 주는 그림책에서 가르쳐 주는 그런 가치다.

나는 이 가치를 '새로운 옛 가치'라고 부르고 싶다. 이제 이 가치에 관해 이야기하고자 한다. 이를 통해 월 스트리트에서, 메인 스트리트에서, 그리고 우리가 사는 동네에서 이 가치를 회복하는 법을 배울 수 있기를 바란다.

7
카나리아의 소리를 들으라

어느 날 웨스트 버지니아의 한 젊은 주 상원의원이 빈곤 종식을 주제로 우리가 개최한 집회에서 강연을 했다. 아버지가 석탄 광부였던 그는 광부들이 왜 탄광에 카나리아를 데리고 들어가는지에 관해 이야기했다. 광부들이 지하로 들어갈 때 이 작은 새를 데리고 가는 이유에 관한 그의 이야기가 나는 매우 흥미로웠다. 그 이유는, 카나리아는 예민한 호흡기 체계를 갖고 있어서 유독한 환경을 쉽게—광부들보다 더 빨리— 알아차릴 수 있기 때문이다. 카나리아가 기침을 하고 숨 막혀 하기 시작하는 것은 곧, 위험에 빠지기 전에 광부들이 재빨리 그 탄광을 빠져나와야 한다는 분명한 신호다.

상원의원 존 엉거(John Unger)는, 카나리아는 모든 사회의 가난하고 약한 사람들을 상징하며, 이들의 행복이 사회의 행복을 가늠하는 척도가 된다고 주장했다. 가난한 이들이 고통받기 시작하면 머지않아 우리 모두가 고통을 느끼게 될 것이다. 우리는 현재의 경제 위기에 대한 경고 신호를 놓쳤다. 궁극적으로 공동선이 우리 자신의 선이며, 우리 모두에게 최선인 것은 우리 중 가장 작은 사람들에게도 좋은 것이다.

사회 언약은 정말로 깨져 버렸고, 우리 세대가 자라며 배워 온 예전의 언약, 즉 우리에게 번영과 상대적 평등을 가져다 줄 것이라고 생각했던 언약은 이제 젊은 세대에게는 완전히 낯선 것이 되고 말았다. 내가 자랄 때는 적어도 중상위 계층과 중간 계층, 중하위 계층이 모두 한 교회에 다녔으며, 그들이 경제적으로나 영적으로 한 배를 타고 있음을 알고 있었다. 하지만 이제 흐릿한 기억 속에 남은 오래전의 이야기가 되고 말았다.

> 궁극적으로 공동선이 우리 자신의 선이며, 우리 모두에게 최선인 것은 우리 중 가장 작은 사람들에게도 좋은 것이다.

'재분배'란 입에 담지 못할 욕설이 아니다

현재의 불황이 시작되기 전까지 다우나 나스닥 지수만 지켜보았다면, 경기가 꽤 좋다고 생각했을 것이다. 이 나라 최상위 1퍼센트의 수입만 생각하면, 호황이라고 생각했을 것이다. 그러므로 R로 시작하는 말, 재분배 (redistribution)에 관한 이야기를 시작할 수도 있었을 것이다. 그러나 앞 장에서 지적한 것처럼, 부자들이 **재분배**라는 말을 거의 욕설처럼 만들어 버렸기 때문에 책임 있는 사람, 특히 정치인 중에서 이 말을 입에 담으려는 사람은 아무도 없는 상황이다.

그러나 지금 우리가 겪고 있는 이 어려움은 우리가 '카나리아'를 무시했기 때문에 일어난 것이므로, 이제 재분배에 관해 이야기해야만 한다.

우선, 모든 신앙에는 재분배라는 위대한 종교적 전통이 존재한다. 자선을 통해 가난한 이들을 돌보는 일은 이슬람의 다섯 기둥 중 하나이며, 유대교 토라에서 일관되게 강조하는 주제이고, 초기 그리스도인들의 가장 분명한 특징 중 하나였다.

토라에서는 오늘날 우리의 사고 방식에 이의를 제기하는 주제를 일관되게 주장한다. 그것은 우리가 결코 땅을 소유할 수 없다는 주장이다. 우리는 땅을 당분간 '임대'할 뿐이다. 레위기 25:23-24에서는 "땅을 아주 팔지는 못한다. 땅은 나의 것이다. 너희는 다만 나그네이며, 나에게 와서 사는 임시 거주자일 뿐이다. 너희는 유산으로 받은 땅 어디에서나, 땅 무르는 것을 허락하여야 한다"라고 말한다. 그러므로 땅의 참 주인은 하나님이시며 우리는 그저 세입자일 뿐만 아니라, 세입자로서의 큰 책임감이 있다. 우리는 땅 "무르는 것"을 허락해야 한다. 곡식을 자라게 하는 데 땅을 사용할 수 있고, 집을 짓기 위해 나무를 제거할 수 있으며, 땅에서 금속과 광물을 채굴할 수도 있다. 그러나 이런 일을 하는 사람은 언제나, 자신이 단지 이윤을 극대화하기 위해서가 아니라 땅의 유익을 위해서도 일하고 있음을 명심해야 한다.

우리가 땅의 진짜 주인이 아니라는 말씀에 또 하나의 명령이 더해진다. 50년마다 모든 땅을 원래 주인에게로 되돌려주어야 한다. "너희는 오십 년이 시작되는 이 해를 거룩한 해로 정하고, 전국의 모든 거민에게 자유를 선포하여라. 이 해는 너희가 희년으로 누릴 해이다. 이 해는 너희가 유산 곧 분배받은 땅으로 돌아가는 해이며, 저마다 가족에게로 돌아가는 해이다"(레 25:10). 희년은 모든 빚을 탕감해 주고 노예를 해방시키며 땅을 본래의 주인에게 돌려주고 가정을 회복하게 하는 해다.

이 명령을 실천한다면 불평등이 심해지는 일은 결코 없을 것이다. 히브리 성서에 나타난 이 유대교의 '공공 정책'에서는, 말 그대로 주인의 노예가 된 이들, 빚과 가난의 노예가 된 이들, 소작인으로 일하며 땅의 노예가 된 이들을 해방시켜 자유롭게 하는 것을 강조했다. 심한 가난과 불평등은 독재 체제이자, 하나님이 그분의 백성을 창조하실 때 의도하신 자유에 대한 최대의 위협으로 간주했다. 또한 이렇게 정기적으로 땅과 부, 자유를 **재분배**함으로써 가족을 회복시키고자 했다. 일자리를 찾아 멀리 떠난 이들도 자기 가족이 본래 갖고 있던 땅으로 돌아올 수 있었다.

이런 식의 재분배는 한 세대에 한 번만 있는 비정상적인 관행이 아니었다. 땅 주인은 곡식을 수확할 때마다 수확물을 재분배할 책임이 있었다. 레위기 19:9-10에서는 "밭에서 난 곡식을 거두어들일 때에는, 밭 구석구석까지 다 거두어들여서는 안 된다. 거두어들인 다음에, 떨어진 이삭을 주워서도 안 된다. 포도를 딸 때에도 모조리 따서는 안 된다. 포도밭에 떨어진 포도도 주워서는 안 된다. 가난한 사람들과 나그네 신세인 외국 사람들이 줍게, 그것들을 남겨 두어야 한다"라고 가르친다. 이렇게 함으로써, 아무리 가난하더라도 누구든지 스스로 먹을 것을 구할 수 있는 기회를 얻었다. 이 규정은 자비를 베풀라는 온건한 제안이 아니라, 사회 전체의 선을 위해 정해 둔 법률이었다. 우리 사회는 더 이상 농경 사회가 아니며, 성경의 한 장을 그대로 법률로 만들어 상원 위원회에서 통과시키려고 해서도 안 된다. 중요한 것은, 이러한 법률 뒤에 자리잡은 원리는 하나님의 마음을 그대로 보여 준다는 점이다.

초대교회의 그리스도인들에게는 이런 식의 재분배가 그들의 정체성을 이루는 핵심 요소였다. 사도행전에서는 "믿는 사람은 모두 함께 지내

며, 모든 것을 공동으로 소유하였다. 그들
은 재산과 소유물을 팔아서, 모든 사람에
게 필요한 대로 나누어 주었다"라고 말한
다.[1] 그리스도를 따르던 이 무리가 커지기
시작하자, 이들은 좀더 정교한 리더십 체
계가 필요하다는 것을 깨달았다. 그들이

희년은 모든 빚을 탕감해 주고 노예를 해방시키며 땅을 본래의 주인에게 돌려주고 가정을 회복하게 하는 해다.

처음으로 한 일은, 가난한 이들에게 필요한 것을 나눠 주는 일을 맡을 '집사'를 세우는 것이었다. 주후 126년 그리스인 아리스티데스는 하드리아누스 황제에게 보낸 편지에서 그리스도인들에 관해 이렇게 말했다.

> 그들은 서로를 사랑합니다. 반드시 과부를 돕습니다. 고아가 상처받지 않도록 보호합니다. 그들은 무언가를 갖고 있으면 아무것도 가지지 못한 사람에게 거저 줍니다. 이방인을 만나면 그를 집으로 데려옵니다. 그리고 진짜 형제를 만난 듯 기뻐합니다.[2]

4세기에 19개월이라는 짧은 기간 동안 로마 황제 자리에 있었던 율리아누스는 이와 똑같은 자선 행위를 통해 전통적인 로마 종교를 부활시키려고 노력했지만 실패하고 말았다. 그는 "유대인이 구걸하는 것은 한 번도 보지 못했으며, 불경한 갈릴리인들은 자기들 속에 있는 가난한 이들뿐만 아니라 우리 중에 있는 가난한 이들까지 돕는다"라고 말했다.

건국부조

> 미국인은 소득의 평등이 아니라 기회의 평등을 믿는다.

이처럼 불평등에 대한 관심과 개인적인 자선 행위와 재산권에 관한 법률, 사회적 규정을 통해 재분배를 명령하는 규정은 분명히 성경적이다. 그러나 이런 태도가 미국적인가? 모든 미국인은 소득의 평등이 아니라 기회의 평등을 믿는다. 많은 사람이 분노하는 까닭은, 이 나라가 완벽하지 못해서가 아니라—앞으로도 이 나라는 결코 완벽하지 못할 것이다— 우리가 가진 이상에 따라 살기 위해 최선을 다하지 못했다고 믿기 때문이다. 경제에 관해, 소득과 부에 관해, 미국은 소수의 사람에게 혜택을 주기 위해 대부분의 사람들에게 손해를 입히고 있다. 한때 미국은 기회에 있어서 세계에서 가장 앞선 나라였다. 오늘날 경제적 유동성이 가장 높은 나라는 스칸디나비아반도의 국가들이다. 여러 연구에 따르면 프랑스, 캐나다, 영국이 미국보다 경제적 유동성이 더 높다.

건국부조들과 미국혁명의 지도자들이 그저 열광적으로 과세와 큰 정부에 반대했다는 식으로 말하는 이들이 있다. 그렇지 않았다. 그들은, 자신의 정부에 대해 민주주의적인 영향력을 거의 혹은, 전혀 행사하지 못하는 민중에게 과세하는 것에 대해 열심히 반대했다. 보통 사람의 삶과 어려움에 대해 거의 혹은, 전혀 알지 못하는 귀족과 부유한 엘리트에 의한 지배와 과세에 대해 저항했다.

사적 토지 소유권을 열렬히 옹호했던 토머스 제퍼슨(Thomas Jefferson)은, 모든 사람이 경제에 참여할 기회를 보장받기 위해 정부가 직접적이고 적극적인 역할을 해야 한다고 믿었다. 그는 제임스 매디슨(James Madison)에게 보낸 편지에서 "만약 어떤 곳에 경작되지 않은 땅과 고용되지 않은 가난한 사람들이 있다면, 분명히 재산권에 관한 법률은 자연권을 위배하는 수준까지 확대된다"라고 주장했다. 그는 정부가 소규모의 토지를 무상으로 제공할 수 있다고 주장하면서, "소(小) 지주들이 국가의 가장 중요한 구성원"이라는 유명한 말을 남겼다. 그는 결코 완벽한 소득의 평등을 달성하기 위해 노력해야 한다는 주장을 옹호하지 않았다. 그러나 불평등이 민주주의를 약화시킬 것이며, 만약 정부가 이를 예방하기 위해 적극적으로 나서지 않는다면 미국은 엘리트 귀족 계급에 의한 지배로 되돌아갈 수도 있다고 주장했다.

토머스 제퍼슨은 불평등이 민주주의를 약화시킬 것이며, 만약 정부가 이를 예방하기 위해 적극적으로 나서지 않는다면 미국은 엘리트 귀족 계급에 의한 지배로 되돌아갈 수도 있다고 주장했다.

나는 재산의 평등한 분배는 불가능하다는 것을 잘 알고 있다. 그러나 이러한 엄청난 불평등으로 인해 결국 수많은 사람이 처참한 가난에 빠지게 될 것이므로, 의회에서는 가능한 모든 장치를 동원해 토지를 잘게 분할해야 한다. 토지를 세분화해 땅에 대한 인간의 자연스러운 애착이 부합될 수 있게 해야 한다.[3]

제임스 매디슨 역시 "재산권을 침해하지 않으면서 과도한 부를 적절한 수준으로 축소시키고 극단적인 빈곤을 안락함으로 끌어올릴 수 있는 법률을 조용히 집행해야 한다"고 주장했다. 언제나 급진적이었던 매디슨은, 만약 "지나치게, 또 특별히 노력하지 않아도 부를 축적할 수 있고 그

이 나라에 민주주의가 이루어지거나 아니면 소수의 손에 엄청난 부가 집중될 것이다. 이 두 상황이 공존하는 것은 불가능하다.

때문에 재산의 불평등이 심해진다면" 일부 사람들에 대해서는 "불필요한 기회"를 제한하자고 말하기도 했다.[4]

화려한 수사를 구사하는 혁명가로 알려진 토머스 페인(Thomas Paine)은 「토지 분배의 정의」(Agrarian Justice)라는 소책자에서 이렇게 말했다. "내가 호소하는 것은 자비가 아니라 권리이며, 선심이 아니라 정의다. 현재 문명의 상태는 너무나도 불의해서 혐오스러울 지경이다. 마땅히 그래야 할 상태와 정반대다. 혁명이 반드시 필요한 상황이다. 끊임없이 우리는 살아 있는 몸이 시체와 함께 묶여 있는 듯 풍요와 극단적 빈곤 사이의 대비를 바라보며 분노한다." 페인은 이러한 불평등을 완화하기 위해 10퍼센트의 재산세를 제안했다. 그는 개인적인 기부가 좋은 것이지만 그것만으로는 결코 이 문제를 해결할 수 없을 것이라고 주장했다. 세금을 내고 싶지 않은 사람들은? "불평등을 해결하기 위한 세금을 내지 않으려고 하는 사람은 그 자신 역시 자비를 얻지 못할 것이다."[5]

미국의 건국자들은, 부가 소수의 손에 집중될 때 정치 권력 역시 소수의 손에 집중된다는 점을 예리하게 간파했다. 대니얼 웹스터(Daniel Webster)는 "소수가 부를 급속히 축적하고 다수는 가난해지는 방향으로 법률이 집행될 때 가장 자유로운 정부는 오래가지 못한다"라고 말했다.[6] 이 나라에 민주주의가 이루어지거나 아니면 소수의 손에 엄청난 부가 집중될 것이다. 이 두 상황이 공존하는 것은 불가능하다. 이 단순한 원리를 기억할 때 우리는 현재의 상황을 바꾸어나갈 수 있다.

인민주의적 분노

앞 장에서 언급한 것처럼 미국인 사이에 빈부 격차가 극심해졌다는 통계를 대할 때 분노하는 것은 당연하다. 그리고 이런 식의 불평등, 특히 공동선에 큰 해가 될 정도의 불평등에 대해 분노하는 정서는 우리의 DNA 안에 깊이 뿌리박혀 있다. 사회학자와 경제학자들은 실험을 통해 각 문화와 국가에서 한 가지 공통된 주제를 발견했다. 통제된 실험 상황에서도 공정한 분배에 관한 일종의 천성적인 감각이 존재하며, 공동체의 한 구성원이 이 규범을 깨뜨리면 이에 대해 분노하게 되고 더 나아가 보복을 하는 경우가 많다는 것이다.

미국에서는 이런 종류의 분노를 흔히 '인민주의적 분노'(populist outrage)라고 일컫는다. 때로 성난 군중은 파괴적인 행동을 통해 그들의 분노를 표출하기도 했다. 그 에너지를 긍정적인 방향으로 돌렸을 때 이러한 분노는 우리 사회 내에서 위대한 진보를 이루는 원동력이 되었다. 19세기 말 심화되는 불평등에 맞서, 안정적인 노동 조건을 확보하고 하루 여덟 시간의 노동 시간을 확립하기 위한 사회 운동이 전개되었다. 또 대공황의 결과로 발생한 민중 봉기는 최저임금 확립, 아동노동 제한 입법, 사회보장제도 확립을 이끌어냈다.

맹목적인 격분과 효과적인 분노의 차이는 단순하다. 격분은 불의에 의해 규정되고 통제되는 반응이다. 이것은 잘못된 것을 그저 맹렬히 비난하는 데서 그치기 때문에 무력할 뿐이다. 반대로, 효과적인 분노는 어떻게 변화를 이루어낼 것인가에 관한 비전을 함께 제시한다. 그저 잘못된 것을 비난하는 대신에, 상황을 개선하기 위해 어떻게 해야 하는지를 보여 준다. 내가 이전 책인 「그리스도인이 세상을 바꾸는 7가지 방법」에서 지적했듯이, 위대한 개혁을 이끌어낸 모든 위대한 사회 운동은 언제나 심층적인 영적 요소를 지니며 그 영적 요소가 대개는 신앙에 뿌리를 내리고 있는 것은 바로 이 때문이다.

온전한 성경으로 돌아가자

이 장을 쓰면서 나는 오스트레일리아 수상 케빈 러드(Kevin Rudd)에게서 그가 2009년 9월 14일에 행한 연설문을 받았다. 수도 캔버라에서 그는 새로운 성경책을 발간하는 일을 도왔다. 나는 러드가 현재 세계에서 가장 유망한 젊은 정치 지도자 중 한 사람이며, 자신의 신앙을 정치에 적용하려 애쓰는 헌신된 그리스도인이라고 생각한다. 우리는 서로를 좋은 친구로 생각한다.

그의 연설문은 미국의 대통령 토머스 제퍼슨이 성경에서 기적과 초자연적인 것에 관한 모든 이야기를 제거했다는 이야기로 시작됐다. 이신론자였던 제퍼슨은 그런 것을 믿지 않았기 때문이다. 그런 다음 러드는 소저너스(Sojourners)를 시작할 때 일군의 신학생들이 그와 비슷하게 성경에서 가난한 사람과 사회 정의에 관한 언급을 제거해 보았다는 이야기를 했다. 러드 총리는 이렇게 말했다.

혹시 본 적이 있다면 알겠지만, 제퍼슨의 성경에는 말 그대로 구멍이 숭숭 뚫려 있습니다. 이 작업을 다 마치고 제퍼슨은 자신이 만든 문서에 만족했습니다. 짐 월리스를 만나기 전까지는 나는 이것이 소저너스의 강박을 반영한다고 생각했습니다.…제가 지금도 구독하고 있는 "소저너스"를 짐 월리스가 시작할 때, 그와 동료들은…성경에서 사회 정의에 관한 하나님의 명령을 다 제거해 보기로 결정했습니다. 그래서 그들은 성경을 잘라내고 또 잘라냈습니다.[7]

나도 그때 일을 잘 기억하고 있다. 이 일은 당시 우리의 소명과 사명을 이해하는 데 근본적인 영향을 미쳤다. 나는 이 성경을 "구멍 숭숭 뚫린 성경"이라고 부르곤 했고, 아직도 사무실에 그 성경책을 보관하고 있다. 우리는 성경책의 많은 부분을 잘라냈다. 가난과 사회 정의라는 주제는 히브리 성서(구약)에서 두 번째로 중요한 주제이기 때문이었다. 가난한 사람과 정의에 대한 요구는 신약 성경에서 16절마다 한 번씩, 첫 세 권인 공관복음에서는 열 절마다 한 번씩, 누가복음에서는 일곱 절마다 한 번씩 등장한다.

나는 이 갈기갈기 찢겨진 성경책을 들고 다니며 설교하곤 했다. 이 성경책을 높이 들어 미국 교인들에게 보여 주며 "우리 모두가 무시하고 전혀 관심을 기울이지 않아 구멍이 숭숭 뚫린 이 책. 이 책이 바로 미국의 성경입니다. 가위와 성경을 가지고 와 오려 버리는 편이 낫습니다." 극적이며 강력한 설교 예화였다.

하지만 이제 영국해외성서공회(British and Foreign Bible Society)에서는 거의 40년 전의 이 이야기에 영감을 얻어―성서공회에서 나에게 그렇게 말했다―, 「가난과 정의의 성경」(Poverty and Justice Bible)을 제작했다. 월드비전과 미가 챌린지(Micah Challenge)를 비롯한 몇몇 단체의 지원을 통해 제작된 이 성경책은 가난한 사람과 사회 정의에 관한 구절을 **강**

조한다. 이제 우리가 신학생이었을 때 잘라내어 바닥에 떨어졌던 모든 성경 구절이 선명한 주황색으로 표시되어 눈길을 사로잡는다. 그 색이 너무나 선명해서 "여기에 주의를 기울이시오"라고 말하는 것만 같다.

러드는 계속해서 이렇게 말했다. "물론, 짐 월리스와 그의 동료들의 의도는 미국의 기독교 공동체 전체를 향해 그 책이 얼마나 불완전한 문서인지를 보여 주려는 것이었습니다. 구약 성경의 예언서와 복음서, 사도행전, 서신서에서 수천 개의 구절을 제거하고 나면, 우리는 10분의 1이 삭제된 문서를 갖게 됩니다."

독일 신학자 디트리히 본회퍼(Dietrich Bonhoeffer)를 특히 좋아하는 평신도 그리스도인인 러드는, 다양한 배경을 가진 오스트레일리아의 청중에게 이 새로운 성경의 의미에 관해 이렇게 말했다.

여러분이 속한 기독교 전통은 매우 다양합니다. 그러나 이 방에 있는 여러분 모두가 한 가지에는 동의할 것이라고 생각합니다. 즉, 어떤 소우주적인 영성을 추구하여 그저 개인적이며 경건주의적인 자세로 자아에 몰입하는 것은 기독교가 아니라는 것입니다. 그렇습니다. 기독교는 행위 없는 믿음은 죽은 것이라고 믿는 살아 있는 전통입니다. 여러분 모두가 추구하며 여러분 모두가 믿는 기독교의 교리는 개인의 영성뿐만 아니라, 그에 수반하는 사회 정의에 대한 헌신을 다룹니다.

나는 「가난과 정의의 성경」이, 바닥에 떨어뜨린 성경 구절 조각을 그냥 내버려두지 않고 우리의 삶과 가정, 지역 사회, 국가, 세계 안에서 온전한 하나님의 말씀을 회복하기 위해 노력하기로 다짐하는 새로운 세대의 그리스도인들을 상징하는 표지라고 생각한다. 이 성경은 신앙 공동체, 특히 젊은 세대의 신자들이 어떻게 바뀌고 있는지를 보여 주는 사례다.

"기독교의 교리는 개인의 영성뿐만 아니라, 그에 수반하는 사회 정의에 대한 헌신을 다룹니다."

우리가 잊어버린 것들

이번 경제 위기 동안 얼마나 많은 사람들이 우리가 잊고 있었던 오래된 가치와 교훈에 관해 이야기했는지 헤아릴 수 없을 정도다. 그들은 어렸을 때 부모로부터, 혹은 주일학교와 교회, 회당에서 배웠던 것, 즉 그들이 자랄 때 속했던 공동체를 규정했던 가치, 하지만 지금은 사라져버린 것처럼 보이는 가치에 관해 말했다. 이것은 단순한 향수가 아닌, 상실감이다. 그리고 그들은 언제 어떻게 이 옛 가치로부터 멀어져 버렸는지 기억하지 못했다.

그러나 다음 세 가지는 이 옛 가치와 교훈에 관한 기억을 되살려준다.

첫째는 경제 위기 자체다. 빚더미에서 허우적대는 중산층 가정으로부터 마침내 자기 성찰의 공간을 찾고 있는 기업 회장에 이르기까지, 근본적인 재평가가 일어나고 있는지도 모른다. 물론, 가난한 노동 계급의 가정은 그저 불황의 파도 속에서 완전히 가라앉지 않기 위해 애쓸 뿐이다. 그러나 이제 많은 사람들이 묻고 있다. 경제적인 야심과 압력 속에서 살아가는 것이 우리가 진정으로 원하는 것인가? 그리고 그것이 우리에게 궁극적인 만족을 줄 것인가?

둘째로 우리로 하여금 영혼을 돌아보게 하는 것은, 우리 자녀에게 어

떤 가치를 가르치며 키울 것인가 하는 고민이다. 사람들에게는 돈만 충분치 않은 게 아니다. 시간도 충분하지 않다. 특히 자녀와 함께할 가족의 시간이 부족하다. 많은 사람은 경제적인 성공을 위해 가족과의 시간을 계속해서 포기해야만 했다. 이전의 경제적인 전제와 목표가 무너지자 공허한 인격과 인간 관계가 더욱더 분명히 부각된다.

셋째, 이 모든 상황이 가난하고 약한 사람들에 대한 새로운 공감을 불러일으킬 수도 있다. 갑자기 수많은 사람들이 어려움에 처하게 되었으며 낭떠러지로 내몰리고 있다. 정말로 열심히 노력하고 있는 가족에게조차도 삶이 얼마나 어려운지, 상황이 얼마나 빠르고 쉽게 악화될 수 있는지를 바라보면서, 우리가 그동안 가난한 사람들에 대해 가졌던 도덕적인 판단을 거두게 될지도 모른다. 중산층과 노동 계급이 타격을 입은 이 고통의 시간은, 가장 자주 배제되고 무시되었던 모든 사람들에 대해 더 많은 관심을 불러일으킬 수도 있다.

이렇듯 위기는 열린 태도를 만들어내며, 우리의 마음을 열어 옛 가치를 배우고 때로는 다시 배울 수 있게 해준다. 예를 들어, 이제 우리는 경제적 격차가 지나치게 커지는 것이 사회를 위해 좋은 일이 아님을 깨닫고 있다. 실제로 지금의 경제 위기는 사회의 꼭대기와 밑바닥 사이의 격차가 크게 벌어진 후 찾아왔다. 또한 우리는 우리의 이웃이 중요하고 그들의 행복이 우리 자신의 행복과 연결되어 있음을 깨닫기 시작했다. 다른 사람에게 뒤처지지 않으려는 태도 대신 다른 사람이 괜찮은지 관심을 기울이는 태도를 가질 수도 있다. 그리고 왜 우리의 모든 종교 전통이 가난하고 약한 이들에 관해 그렇게 많이 이야기하는지, 그리고 왜 그들의 행복이 사회의 건전성과 '의로움'을 판단하는 최선의 척도가 되는지를 배울 수도 있다. 이들의 존재를 잊어버릴 때 나머지 사람들을 한데 묶어주는 사회적 유대 역시 금세 위태롭게 될 것이다.

REDISCOVERING VALUES

4부

출구

8
그만하면 충분하다

버락 오바마 대통령의 취임식에서는 오래된 셰이커 교도들의 찬송가가 여러 차례 연주되었다. "검소한 삶은 축복이다. 자유로운 삶은 축복이다"라는 노랫말은 여전히 아름답다. 우리는 무미건조하고 단조로우며 궁핍한 삶과 풍요로운 탐욕의 삶, 둘 중 하나를 선택해야 한다는 거짓말을 자주 듣는다. 대불황이라는 고통스러운 경험을 거친 지금이야말로 참된 자유는 그 둘 사이에 존재한다는 것을 배워야 할 때다. 그만하면 충분하다는 것을 깨달을 때 우리는 참된 자유를 누릴 수 있다. 신용카드는 우리의 족쇄가 되었고, 빚은 우리의 감옥이 되었다. 우리 모두가 수도사가 될 필요는 없다. 오히려 예수께서는 언제나 만찬이나 잔치를 베풀기를 좋아하셨다. 단지 그분은 초대받지 못한 이들을 위해서도 식탁에 자리를 마련해 두기를 원하셨을 따름이다.

걱정 마라!

이 옛 셰이커의 지혜를 노래하는 주디 콜린스(Judy Collins)의 부드러운 목소리를 들을 때면 나는 예수의 산상설교가 떠오른다.

> 그러므로 내가 너희에게 말한다. 목숨을 부지하려고 무엇을 먹을까, 또는 무엇을 마실까 걱정하지 말고, 몸을 감싸려고 무엇을 입을까 걱정하지 말아라. 목숨이 음식보다 소중하지 아니하냐? 몸이 옷보다 소중하지 아니하냐? 공중의 새를 보아라. 씨를 뿌리지도 않고, 거두지도 않고, 곳간에 모아들이지도 않으나, 너희의 하늘 아버지께서 그것들을 먹이신다. 너희는 새보다 귀하지 아니하냐?…들의 백합화가 어떻게 자라는가 살펴보아라. 수고도 하지 않고, 길쌈도 하지 않는다. 그러나 내가 너희에게 말한다. 온갖 영화로 차려 입은 솔로몬도 이 꽃 하나와 같이 잘 입지는 못하였다.[1]

> 대불황이 끝난 뒤에도 예전의 '정상' 상태로 돌아간다면, 지구의 생태계와 우리 문화의 윤리, 우리 영혼의 내적 삶은 그 결과를 도저히 견뎌낼 수 없는 지경에 이르고 말 것이다.

소비 사회에서 이보다 더 위협적인 동시에 우리를 회복시키는 말은 없을 것이다. 대불황이 시작되기 직전 소비는 우리 경제의 70퍼센트를 차지했다. 지금의 위기로부터 어떤 가르침을 얻고자 한다면, 이 정도의 소비 지출은 경제적으로, 도덕적으로, 영적으로도 도저히 감당할 수 없는 것이라는 교훈을 얻어야 한다. 이 책을 쓰고 있을 때, 한 친구가 나를 방문했다. 내가 어떤 책을 쓰고 있는지 이야기하자 그는 정치적 입장을 막론하고 우리 모두가 어느 정도로 물질주의에 사로잡혀 있는지 이야기하기 시작했다. 그는 영향력 있는 정치적 진보주의자이며 그다지 종교적이지 않은 사람이지만, 지금까지 우리에게 일어난 일에 관한 그의 비판은 정신이 번쩍 들게 할 정도였다. 그는 광포한 소비주의가 경제와 지구, 가정생활, 우리의 영혼에 얼마나 파괴적인 결과를 초래했는지에 관해 이야기했다.

미국과 유럽은 전 지구적인 규모의 소비주의를 만들어 냈으며, 새로운 경제 대국인 중국과 인도 역시 중간계급과 신흥 대부호로 이루어진 거대한 소비층을 만들어 내며 우리의 전철을 밟을 준비를 하고 있다. 대불황이 끝난 뒤에도 예전의 '정상' 상태로 돌아간다면, 지구의 생태계와 우리 문화의 윤리, 우리 영혼의 내적 삶은 그 결과를 도저히 견뎌낼 수 없는 지경에 이르고 말 것이다. 점점 더 많은 사람들이, 일부 경제학자들조차도 과도하고 불필요한 상품에 의존하기보다는 (청정에너지를 개발하고, 단열재를 사용해 수백만 주택과 사무실의 내후성을 강화하며, 교통수단을 개선하는 등) 정말로 필요한 것만 생산할 때 지속가능한 경제를 이룰 수 있을 것이라고 주장한다. 그리고 수많은 목회자와 상담가들은 영적인 차원에서 이러한 판단에 찬성한다.

소비 사회의 논리는 예수의 가르침과 근본적으로 배치된다. 광고에서는 거듭해서 "결코 충분하지 않다"면서 무엇을 먹고 마실지, 무엇을 입을지, 미래가 안전할지 등에 관해 계속 '걱정'해야 한다고 말한다. 그러나 예수께서는 정반대로 말씀하셨다. 그들은 "제발 걱정을 멈추지 마!"라고 말한다. 그분은 말씀하신다. "걱정하지 말아라!"

그러므로 무엇을 먹을까, 무엇을 마실까, 무엇을 입을까, 하고 걱정하지 말아라.…너희의 하늘 아버지께서는, 이 모든 것이 너희에게 필요하다는 것을 아신다. 너희는 먼저 하나님의 나라와 하나님의 의를 구하여라. 그리하면 이 모든 것을 너희에게 더하여 주실 것이다. 그러므로 내일 일을 걱정하지 말아라. 내일 걱정은 내일이 맡아서 할 것이다. 한 날의 괴로움은 그 날에 겪는 것으로 족하다.[2]

> "예수께서 진심으로 그렇게 말씀하신 것 아닐까?"

나의 친구 셰인 클레어본(Shane Claiborne)은 자주 이렇게 묻는다. "예수께서 진심으로 그렇게 말씀하신 것 아닐까?" 이것은 그리스도인임을 자처하는 미국인 대다수에게 특히나 까다로운 물음이다. 예수에 대한 우리의 충성, 그분의 가르침을 존중하는 마음이 우리의 소비 습관을 바꿀 정도로 강력한가? 아니면 소비 습관은 이제 너무나 '성스러워져서' 함부로 바꿀 수 없을 지경에 이르렀는가? 이는 대불황이 드러낸 가장 중요한 물음 중 하나다. 이 물음에 답하기 위해 우리는 우리가 지닌 많은 종교적 전통으로부터 큰 도움을 얻을 수 있다. 예를 들면, 사순절이라는 기독교 전통은, 우리가 없어서는 안 될 것이라고 생각하는 것들 없이도 살아갈 수 있음을 가르쳐 주며 우리에게 정말로 필요한 것이 무엇인지를 다시 한 번 되새기게 해준다. 앞서 이야기했듯이, 유대교에서 유래한 희년 전통은, 빚을 탕감하고 노예를 해방하고 땅을 재분배함으로써 경기장을 주기적으로 고를 수 있는 기회를 제공한다. (이후에 살펴볼) 이슬람에서 가르치는 대출 방식은 우리에게 고리대금이나 빚에 대한 속박이 아닌 건강한 빚의 실례를 보여 준다. 더불어 노력하며 서로에게 배울 때, 우리는 오랜 시간을 통해 검증된 이 원리를 우리 삶 속에서 실천해 갈 수 있다.

얼마나 있어야 행복하겠는가?

재산 관리 회사 피앤시 투자자문(PNC Advisors)의 연구에 따르면, 부자들은 아무리 돈이 많아도 결코 안전함을 느끼지 못한다고 한다. 실제로 이들은 '안전하다고 느끼려면 얼마나 많은 돈이 필요한가?'라는 물음에 자신의 현재 자산이나 수입의

우리의 안전과 행복이 얼마나 많은 재산을 가지는가에 달려 있다면, 아무리 많이 가져도 그만하면 충분하다고 말할 수가 없다.

거의 두 배가 필요하다고 답했다. 즉, 50만-100만 달러의 재산을 가진 사람은 240만 달러가 필요하다고 답했다. 100만-149만 달러를 가진 사람은 300만 달러가 필요하다고 말했다. 그리고 1천만 달러 이상을 가진 사람들은 1,800만 달러가 필요하다고 말했다. 이미 부자인 사람들에게—사실상 우리 모두에게— 재정적으로 안전하다는 느낌은 언제나 주관적일 수밖에 없다. 안전을 위해 언제나 우리는 이미 가진 것보다 더 많이 갖는 것이 중요하다고 생각한다. 우리의 안전과 행복이 얼마나 많은 재산을 가지는가에 달려 있다면, 아무리 많이 가져도 그만하면 충분하다고 말할 수가 없다.[3]

백만장자와 억만장자들, 세계에서 가장 부유한 엘리트들과 많은 시간을 보낸 후 로버트 프랭크는 '리치스타니'들에 관해 이렇게 말했다. "그들은 아무리 나이가 많아도 은퇴할 수 없고, 너무 바빠서 쉴 수도 없으며,

자기보다 앞선 사람을 따라잡는 데 몰두해 잠시도 여가를 즐길 수가 없다. 오늘날 리치스탄에서는 억만장자조차도 만족을 느끼지 못한다."[4] 세계의 가장 부유한 사람들은 리치스탄의 세계에 '이르기' 위해 애쓰고 노력하고 수많은 희생을 치렀지만, 그곳에 이르렀다는 것을 깨달은 후에도 그들은 여전히 옆집 사람을 이기고 싶은 욕망에 눈이 멀어 자신들이 이제껏 모아 둔 것조차도 제대로 누리지 못한다. 항상 부자였던 사람들은 그 부를 어떻게 누려야 하는지 알지 못하는 경우가 많다.

좋은 삶이란 무엇인가?

> 신앙이 위대한 까닭은, 세상이 지금 어떤 모습인지를 정직하게 묘사할 수 있으면서도 세상이 마땅히 그러해야 할 모습으로 바뀔 수 있는 가능성을 여전히 믿기 때문이다.

우리가 어떻게 **살고 있는지**를 넘어서 우리가 어떻게 **살아야 하는가**를 묻는 것이 인간의 특징이다. 위대한 그리스 철학자들과 더불어 우리는 언제나 "좋은 삶이란 무엇인가?"라는 질문으로 되돌아간다. 우리는 세상이 어떤 모습인지에 관해서뿐만 아니라 세상이 어떤 모습이어야 하는가에 관해서도 답을 얻고자 한다.

런던의 랍비장(長)인 조너선 색스(Jonathan Sacks)는 자신의 책 「차이의 존중」(*The Dignity of Difference*, 말글빛냄)에서 우리는 그 해답을 잘못된 곳에서 찾고 있다고 지적한다. "점점 우리는 효율성(원하는 것을 어떻게 얻을 것인가)과 심리요법(무언가를 원한다는 사실에 대해 어떻게 불편함을 느끼지 않을 것인가)에 관해 이야기하게 되었다. 두 경향의 공통점은, 도덕(우리가 무엇을 갈망해야 하는가)보다는 시장의 논리(욕망의 자극과 충족)와 더 깊은 관계를 지닌다는 점이다."[5]

계속해서 그는 "시장은 본질적으로 도덕보다는 거래를 중시한다. 시장의 덕목은 가치가 아니라 가격이다"라고 말한다.[6] 삶의 의미에 관한 이런 심층적인 물음에 대한 해답을 시장에서 찾으려고 아무리 열심히 노력해도 거기에서는 답을 찾을 수 없다. 시장이 실패했다거나 시장이 구실을 제대로 못 해서가 아니다. 단지 시장은 도덕에 관한 답을 찾기에 적합한 장소가 아니기 때문이다.

데이비드 흄은 이러한 잘못된 방식의 해답 찾기를 '존재와 당위'(is-ought)의 오류라고 불렀다. 그는 「인간 본성에 관한 논고」(*A Treatise on Human Nature*, 살림)에서 많은 작가와 사상가들이 '존재'의 문제로부터 '당위'를 추론하려 한다고 지적했다. 다시 말해서, 사상가들은 무언가가 존재하는 모습을 묘사한 다음 그것이 반드시 그런 모습이어야 한다고 주장한다. 신앙이 위대한 까닭은, 그런 식의 사고 방식을 극복할 수 있는 힘을 내재하고 있기 때문이다. 그것은, 아무리 엉망진창이더라도 세상이 지금 어떤 모습인지를 정직하게 묘사할 수 있으며 그러면서도 세상이 마땅히 그러해야 할 모습으로 바뀔 수 있는 가능성을 믿는 힘이다.

경기가 좋을 때, 다른 사람에게 뒤처지지 않기 위해서 소비는 점점 더 늘어나야 한다. 즉, 가지지 않은 돈으로 필요없는 물건을 더 많이 사야 한다. 그러나 다른 사람의 월급이 깎이고 근무 시간이 줄어든다면 어떻게 될까? 학자금 저축이 날아가 버리거나 은행이 파산해 은퇴 연금이 사라져 버린다면 어떻게 되겠는가? 이웃이 과소비를 하면 우리도 과소비를 하는 것처럼, 결국 이웃이 검소한 삶을 살면 우리도 검소하게 살게 된다.

과시적 소비는 우리에게 그럴 여유가 있을 때만 유행할 수 있다.

"뉴욕 타임즈"와의 인터뷰에서 테일러 여사라는 사람은 "우리 모두 지나치게 사치한 것 같다. 이제 우리는 있어야 할 곳으로 돌아가려고 노력하고 있다"라고 말했다. 같은 기사에서 교사인 맥신 프랭클은 "나는 이번 불황이 강박적인 쇼핑 습관을 고칠 좋은 기회라고 생각한다.···우스운 말이지만, 가족의 행복처럼 돈으로 살 수 없는 것들에서 훨씬 더 큰 만족을 얻는다. 더 이상 물질적인 것에서 행복을 구하지 않는다"라고 말했다.[7]

맥신의 이야기는 미국의 현실을 반영한다. 자기 동네에서 휴가를 보내는 '스테이케이션'(staycation)을 택하는 사람들이 늘고 있다. 값비싼 여행 대신, 집에 머물며 속한 공동체에서 서로의 유대를 확인하고 또 많은 돈을 절약할 수 있다. 한때 필수적인 것처럼 보였던 것이 이제는 그 힘을 잃었고, 불필요한 사치품은 정말로 중요한 것을 가로막는 걸림돌일 뿐임이 증명됐다.

조지아 대학교의 법학교수인 캐럴 모건은 과도한 지출을 줄여야겠다고 느낀 까닭에 관해 이렇게 말했다. "예전에 우리는 낭비와 풍요를 열망했다. 만약 이런 열망을 더 단순하게 살고자 하는 욕망으로 대체하게 된다면, 그것을 가족과 함께 보내는 시간이나 우리 영혼의 안녕을 위한 시간으로 대체할 수 있다면, 매우 부정적인 상황에서 긍정적인 결과를 얻는 셈이다."[8]

초대 교부들의 지혜

단순한 삶으로 돌아가자는 말은, 비참하게 가난한 삶을 살자는 것이 아니라 우선순위와 삶의 태도를 바꾸자는 것이다. 나는 그것이 더 잘 사는 법이라고 생각한다. 초대 교부인 알렉산드리아의 클레멘스(Clemens of Alexandria)는, 예수의

단순함은 빈약한 삶이 아니라 풍성한 삶을 사는 것이다.

가르침은 "자신에게 속한 물질로부터 도피하고 재산을 버리라는 명령이 아니라 재물에 관한 태도, 그에 대한 집착과 욕망, 병적인 열광, 지나친 관심, 즉 참된 삶의 씨앗을 질식시키는 현세적 실존의 가치들로부터 영혼을 떼어놓으라는 명령"이라고 말했다.9) 단순하게 산다는 것은 빈약한 삶을 살라는 말이 아니다. 오히려 더 풍성한 삶을 살라는 것이다. 우리로 하여금 풍성한 삶을 누리지 못하게 하는 장애물을 제거하라는 말이다.

성 아우구스티누스는 이렇게 말했다. "탐욕은…금 자체가 지닌 문제점이 아니다. 잘못은, 뒤틀린 방식으로 금을 사랑하고 금보다 훨씬 소중하게 여겨야 할 의를 버리는 사람에게 있다. 우리 자신도 기본적으로 필요한 것을 갖고 있지 못하다면…어떻게 가난한 이들을 먹이고, 목마른 이들에게 마실 것을 주며, 헐벗은 이들을 입히고, 집 없는 이들을 환대할 수 있겠는가?"10)

주후 398년-404년 콘스탄티노플의 대주교였던 요한 크리소스톰(St. John Chrysostom)은 초대교회의 그리스도인들이 가지고 있던 부에 관해 염려하며 그들에게 이같이 도전했다. "태초에 하나님은 어떤 사람은 부유하게 어떤 사람은 가난하게 만들지 않으셨다.…그분은 세상을 모두에게 똑같이 거저 주셨다. 그런데 왜 어떤 사람은 그렇게 넓은 땅을 가지고 어떤 사람은 한 뙈기도 가지지 못한 것일까?"11) 그의 말을 캠페인 표어로 사용하기에는 적합하지 않을지 모르지만, 분명 우리에게 중대한 도전이다.

> 물건 하나를 살 때마다, 우리가 어떤 종류의 인간이 되는지에 관해 자문해 볼 필요가 있다.

초대 그리스도인들에 대한 펠라기우스(Pelagius)의 권면은 초대교회에서 삶에 관한 지침으로 사용되었다. "어떤 사람들이 지나치게 사치스럽게 산다는 바로 그 이유 때문에 다른 사람들은 궁핍하게 산다. 부자를 없애 보라. 그러면 가난한 사람도 없어질 것이다. 아무도 필요한 것 이상을 소유해서는 안 되며, 모두가 필요한 것을 가져야 한다. 가난한 사람이 이렇게 많은 까닭은 바로 몇 사람이 부자이기 때문이다."[12]

이런 글은 거의 1,500년 전에 쓰였지만, 여전히 우리가 오늘 스스로에게 물어야 할 물음이다. 좋은 집을 갖는 것이 나쁜가? 그렇지 않다. 하지만 우리는 손님을 대접하기 위해 그 집을 사용하는가? 좋은 음식을 먹는 것이 나쁜가? 그렇지 않다. 하지만 우리가 더 후하게 남을 돕는 데 좋은 음식이 도움이 되는가? 옷을 사는 것이 나쁜가? 텔레비전을 사는 것은? 컴퓨터를 사는 것은? 아니다. 아니다. 아니다. 하지만 그로 인해, 우리 주위의 세상에 대해 더 관심을 기울이고 더 긍휼한 마음을 갖게 되는가?

물건 하나를 살 때마다, 우리는 그것이 필요한 것인지, 그것을 살 때 우리가 어떤 종류의 인간이 되는지에 관해 자문해 볼 필요가 있다. 우리는 우리가 되고 싶어 하고, 마땅히 되어야 할 그런 종류의 인간이 되고 있는가? 아니면 소비가 우리를 다른 방향으로 이끄는가?

빌리 '목사'의 쇼핑 금지 교회

2007년 11월, 신학자 월터 브루그먼(Walter Brueggemann)은 "소저너

스"지에 길거리 공연가이자 항의자, 설교자인 빌리 '목사'의 예언자적 행위와 메시지에 관한 글을 실었다. 빌리 목사는 안수를 받은 목회자도 아니고 그리스도인임을 자처하지도 않지만, 그는 쇼핑 금지 '교회'(Church of Stop Shopping)를 세웠다. 이 교회는, 창의적인 공연을 통해 소비 문화와 그에 의해 유지되는 대기업에 대해 문제를 제기하는 활동가와 배우들의 모임이다. 이 단체에서는 자신들의 주장을 펼치기 위해 길거리 극장을 활용해, 상점의 출납원에게서 귀신을 '내쫓기도' 했다. 이런 식의 과감한 행위를 통해 그동안 거의 관심을 받지 못한 사회적 병폐에 대해 주의를 환기시키는 그를, 브루그먼은 "이스라엘의 고대 예언자와 직접적인 연속선상에 서 있는 신실한 예언자적 인물"이라고 불렀다.

빌리 목사는 "월 스트리트 저널"의 데이비드 웨이드너(David Weidner)와의 인터뷰에서 구제 금융에 관한 자신의 생각을 밝혔다. 그는 거대 금융기관에 대한 구제 금융을 중단하고 지역 은행과 중소기업을 돕는 데 관심을 기울여야 한다고 말했다.

위기는 모두에게 현재의 상황을 재고하고 더 나은 질문을 던지기 시작할 기회를 주었다.

이 기자는 "티모시 가이스너(Timothy Geithner: 오바마 행정부의 재무장관—역주)가 로만 칼라에 흰색 정장을 입고 엘비스 풍의 머리를 한 이 비판자의 충고를 들을 것 같지는 않다. 그러나 빌리 목사의 말이 맞을지도 모른다"라고 썼다. 동네 상점에서는 1달러를 쓸 때마다 95센트가 그 지역으로 돌아간다. 그러나 대규모 체인에 속한 상점에서는 50센트만이 그 지역으로 돌아간다.

빌리 목사는 흔히 말하는 주류는 아니다. 그의 메시지가 주류 언론, 특히 미국의 주요 금융 신문에서 다룰 법한 이야기도 아니다. 그러나 세계경제포럼에서 내가 자본주의 가치의 위기를 이야기했듯이, 빌리 목사 역시 "월 스트리트 저널"과의 인터뷰에서 그와 동일한 위기에 관해 이야기했다. "빌리 목사가 매우 특이하기는 하지만 그의 목소리는 더 이상 비주류가 아니다. 10년 전 타임스퀘어 한 쪽에서 설교를 시작한 이후 빌리 목사와 소비주의에 반대하는 그의 메시지는 주류의 관심을 끌어 왔다."[13] 위기는 모두에게 현재의 상황을 재고하고 더 나은 질문을 던지기 시작할 기회를 주었다.

도시락을 움켜쥐지 말자

영화 "월 스트리트"에서 게코가 했던 말은 맞는가? 이것은 정말 제로섬 게임인가? 누군가는 이기고 누군가는 질 수밖에 없는가? 우리는 현실이 그러니까 그래야만 한다고 착각한다. 이웃이 가진 물건이 자신에게는 필요 없는 것이며, 행복을 가져다준다고 약속한 물건은 사실 필요 없는 것임을 깨닫는 사람들이 날마다 늘고 있다. 우리가 주일학교에서 배웠던 경제 위기에 관한 또 다른 이야기가 있다. 마을에서 멀리 떨어진 곳에서 예수께서 말씀을 전하셨다. 5천 명이나 되는 남자들과 그보다 더 많은 수의 여자와 아이들이 그분의 말씀을 듣기 위해 모였다. 제자들은 이들을 먹일 음식이 없음을 깨달았다. 식료품 시장에서 현금 유동성이 얼어붙었으며, 모든 사람이 한번에 채무불이행을 선언해 신용 부도 스와프조차도 별 도움이 되지 않는 상황이라 말할 수 있다. "수천 명의 사람들이 배고파하던 그때, 한 어린아이가 나와서 자기가 가진 전부인 보리떡 다섯 개와 물고기 두 마리를 내놓았다."

이 이야기를 들을 때면 나는 제자들의 반응이 어땠을지 상상해 본다. 그들은 이 아이가 내놓은 도시락을 익살맞은 농담처럼 여겼을 것이다. 그들은 이 문제를 해결할 수 없다며 체념했고 예수께서 사람들을 집으로 돌려보내시기를 바랐다. 사실상 그들은 "사람들이 너무 많아서 우리는 감당할 수 없습니다"라고 말하는 셈이었다.

그러나 하나님의 경제는 우리의 경제와 다르다. 하나님의 현실은 우리의 현실과 다르다. 예수께서는 이 어린아이가 내놓은 것을 진지하게 받으셨다. 그분은 음식을 들고 축사하셨다. 제자들이 그 음식을 나눠주자 모든 사람이 배불리 먹고도 남았다. 남은 떡을 모으니 열두 광주리에 가득 찼다.

이것은 기적이다! 그렇다. 하지만 자기 도시락을 혼자 먹는 대신 기꺼이 나누고자 했던 이 어린아이가 기적을 가능케 했다. 그의 나눔 덕분에 예수께서는 기적을 행하실 무언가를 얻으셨다.

우리가 배워야 할 중요한 교훈은 여기에 있다. 경제 위기에서 우리는 모두 웅크리고 앉아 자기 도시락을 움켜쥔다. 자기 것을 내놓으면 가지고 있던 다른 것마저 빼앗길 것이라는 두려움 때문에 가진 것을 어떻게든 지키고 싶어 한다. 그러나 하나님의 경제에서는 우리가 서로 나눌 때 더욱더 넉넉해진다. 또한 하나님의 경제에서는, 우리가 아는 세상의 모습이 마땅히 그래야 하는 세상의 모습이 아니라는 것을 배운다.

하나님의 경제에서는 우리가 서로 나눌 때 더욱더 넉넉해진다.

왜 이 이야기에서 이 아이가 필요했을까? 하나님은 음식이 그냥 '뚝딱' 하고 나타나게 하실 수는 없으셨을까? 물론 하나님은 그렇게 하실 수도 있었다. 하지만 이제 나는 이 아이와 그의 넉넉한 나눔이 얼마나 중요한 역할을 했는지 이해할 수 있다. 이 넉넉한 나눔 덕분에 예수는 기적을 일으키실 무언가를 얻으셨다. 지금의 위기 상황에서 하나님이 활동하시려면 그분이 일하실 무언가, 즉 하나님의 백성의 아쉬움 없는 나눔과 긍휼이 필요할지도 모른다.

놀라운 사실이 있다. 물가 상승률을 감안할 때, 미국 역사상 교회와 가난한 사람에 대한 기부가 가장 많았던 해는 언제일까? 바로 대공황이 한창이던 1993년이다! 그렇게 기부가 많았던 때는 그 후로도, 경제가 가장 호황을 이루던 시기에도 없었다. 어려울 때 우리는 자신의 가장 좋은 모습, 가장 너그러운 모습을 보여 줄 수 있다.

하나님의 경제에는 두 가지 기본 원리가 있다.

1. 충분하다.
2. 우리가 나누기만 한다면.

가난한 이들이 더 너그럽다

"매클래치 뉴스"(*McClatchy News*)에 실린 한 기사가 내 눈을 사로잡았다. 이 기사는 조디 리처즈라는 한 남자의 이야기로 시작했다. 조디는 워싱턴 시내 한 맥도널드 매장 바깥에서 구걸하던 한 노숙자를 보았다. 이 도시에서는 너무나 흔한 광경이어서 대개는 다시 쳐다보는 일이 없다. 그러나 조디는 가던 길을 멈추고 그 남자에게 99센트짜리 치즈버거를 사 주었다. 분명 친절한 행동이었지만, 조디 역시 노숙자였기 때문에 훨씬 더 의미가 컸다. 그가 하루 종일 구걸해서 얻은 9달러 50센트의 10퍼센트를 그 남자를 위해 사용한 것이다.

이 기사를 쓴 사람은 이렇게 말했다. "사람들이 잘 모르고 있지만 이처럼 가난한 사람들이 아까워하지 않고 나누는 경우가 적지 않다. 사실 자선 기부에 관한 통계를 보면, 미국에서 가난한 사람들보다 소득이 높은 사람들이 더 많이 기부한다는 것을 알 수 있다. 그뿐만 아니라 불황 속에서도 가난한 사람들의 기부액은 부자들의 기부액보다 덜 줄어들었다."[14]

인디펜던트 섹터(Independent Sector)에서 실시한 연구에 따르면, 미국인 중 가장 가난한 5분의 1은 언제나 자신의 능력보다 더 많이 기부하고 있으며, 그 다음 5분의 2는 자신의 능력만큼 기부하고 있는 반면, 가장 부유한 5분의 1은 대체로 지금의 기부액보다 2-3배 더 기부할 능력이 있는 것으로 나타났다. 경제 불황 속에서 미국인의 상위 5분의 4는 기부액을 32-45퍼센트까지 줄였지만, 하위 5분의 1의 경우는 단 23퍼센트만 줄였다.[15] 미국 노동통계국에서 실시한 소비자 지출 조사에 따르면, 미국의 가정 중 가장 가난한 5분의 1은 수입의 평균 4.3퍼센트를 자선 기관에 기부했다. 그러나 가장 부유한 5분의 1은 그 절반에도 미치지 못하는 2.1퍼센트를 기부했다.[16]

"매클래치"에 실린 기사는 계속해서 가난하지만 너그러운 기부자들의 말을 인용한다. 기부가 왜 이런 모습을 띠는지에 관한 분석은 시사하는 바가 크다.

매달 장애인 보조금으로 받는 1,010달러 중 10퍼센트를 기부하는 허버트 스미스는 이렇게 말한다. "우리는 부자들처럼 가난을 두려워하지 않는다. 우리는 전기요금을 내지 못할 때 어떻게 하면 다시 불이 들어오는지 안다." 워싱턴 남동부의 락 크리스천 처치(The Rock Christian Church)의 콜

레타 존즈(Coletta Jones) 목사는 "조금 가졌을 때 우리는 가진 것에 감사한다. 그러나 성공의 사다리를 한 계단씩 오를 때마다 돈이 당신의 생각을 흐리게 하며 당신을 결코 만족할 줄 모르는 상태로 이끈다"라고 말한다.

해고당한 전직 경비원인 테이니 데이비스는 이렇게 말한다. "대개 돈이 있는 사람들은 어려운 사람들의 처지를 모른다.…나는 더 많이 줄수록 더 많이 받는다고 믿는다. 그리고 하나님은 기꺼이 베푸는 사람을 사랑하신다고 믿는다. 뿐만 아니라 나도 전에 그들과 같은 처지였고, 언제라도 다시 그런 상황에 처할 수 있다." 이것이 중요하다. 실제로 가난한 사람과 사귀고 그들의 처지를 알게 되면, 당신은 그들을 정형화하거나 그들의 상황을 외면할 수 없다. 어려움에 처한 사람들을 보고, 느끼고, 알 때 우리는 그들과 공감할 수 있다.

미국인 중 가장 가난한 5분의 1은 언제나 자신의 능력보다 더 많이 기부하고 있다.

그만하면 충분하다는 것을 알지 못하고 탐욕을 선한 것이라고 생각할 때, 우리 삶은 긴장의 연속일 수밖에 없다. 언제나 사야 할 장난감은 많고, 쌓아 두어야 할 물건은 더 많으며, 걱정거리는 훨씬 더 많다. 많이 쌓아 둘수록 이 모든 것을 잃을지도 모른다는 두려움과 걱정도 더 커진다. 우리가 가진 것에 만족하는 법을 배울 때, 그만하면 충분하다고 생각할 수 있을 때, 우리는 비로소 가정과 친구, 나아가 하나님처럼 우리 삶의 중요한 요소에 투자할 시간과 공간을 얻는다. "탐욕이 선이다"라는 옛 경구는 "그만하면 충분하다"라는 새로운, 오랜 덕목으로 바뀌어야 한다. 마찬가지로 "중요한 것은 나다"를 대신할 말도 찾아야 한다. 대안은 이렇다. "우리는 한 배를 탔다."

9
우리는 한 배를 탔다

이제는 고전이 된 1946년 영화 "멋진 인생"(*It's a Wonderful Life*)에는 미국의 이상적 공동체의 모습을 나타낸 이미지로 오래 기억될 한 장면이 있다. 제임스 스튜어트(James Stewart)가 연기한 조지 베일리와 그의 아내 도나 리드, 그리고 그들의 다섯 자녀가 거실 한가운데서 기뻐하고 있다. 그들을 둘러싸고 그가 운영하는 신용조합에서 돈을 빌린 사람들이 서 있다. 이제는 이들이 곤경에 빠진 **그를 돕는다**. 이 장면은 우리 마음속 깊이 간직한 가치, 즉 우리가 한 배를 탔다는 생각을 감상적으로 표현한다. 이 영화를 볼 때마다 우리는 이 가치에 대해 다시 한 번 생각하게 된다. 우리는 복음서의 '잔치 비유'에서도 이 가치를 배운다. 우리 모두가 이 잔치에 초대받았으며, 특별히 가난한 사람과 낯선 사람들도 초대받았음을 상기시켜 준다. 가난한 이들을 위해 밭의 가장자리를 남겨두어 그들이 "이삭을 주울" 수 있게 하라는 성경의 명령 역시 같은 교훈을 가르친다.

지금의 위기 가운데서 우리가 배울 수 있는 교훈은, 관계가 정말로 중요하다는 것이다. 부자와 가난한 이들 사이의 간격이 너무 커질 때, 관계는 약화되고 오랜 사회적 언약은 더 이상 유지될 수 없다. 선한 사마리아인에 관한 복음서의 이야기는, 우리 스스로가 참된 인간이 되기 위해서는 어려움에 처한 다른 사람들에게 다가가야 하며, 그렇게 하기 위해서는 전통적인 사회적 경계선을 넘어야 할 때도 있음을 가르쳐 준다.

특히나 그 사람이 '다른' 집단에 속해 있다 하더라도, 어려움에 처한 사람을 '우리의 이웃'으로 여길 줄 아는 것은, 지금 같은 위기의 때에 더욱더 철저히 회복해야 할 근본적인 종교적·도덕적 가치다. 공동체 의식은 한 나라, 나아가 우리가 살고 있는 지구촌의 기반이다. 현재의 경제 위기 속에서 가난한 사람들은 더 이상 다른 집단에 속한 '타자'가 아니라, 우리 동네에 사는 사람들, 교회에서 우리 옆자리에 앉아 있는 사람들이다. 그리고 이러한 사실로부터 우리는 중요한 교훈을 배울 수 있다.

지구촌 세계는 우리가 이제껏 생각하지 못했던 방식으로 평평해졌으며, 우리는 우리가 얼마나 긴밀하게 연결되어 있는지를 배우고 있다. 우리가 인종적 다양성을 추구하는 것은, 죄책감이나 정치적 올바름 때문이 아니라 우리가 다른 사람과 함께 있을 때에야 비로소 인간이란 어떤 존재인지, 개인은 진정으로 어떤 존재인지를 더 잘 알 수 있기 때문이다. 가로막은 장벽은 안에서 일어나는 일로부터도, 바깥에서 일어나는 일로부터도 우리를 보호해 주지 못한다. 극단주의와 폭력이 낳은 폭력, 유행병, 환경 파괴, 지구 온난화 이 모든 것은 우리가 스스로를 보호하기 위해 세운 모든 장벽을 통과하거나 우회하거나 뛰어넘었다. 지금 우리는 그 어느 때보다도 부자와 나사로의 비유가 주는 교훈을 절실히 깨닫는다. 가난한 사람, 즉 자기 집 문 밖에 앉아 있던 나사로를 무시했던 그 부자는 부자여서가 아니라, 인간성을 무시하고 가난한 사람이 존재한다는 사실을 외면했기 때문에 지옥에 떨어졌다.

우리 스스로가 참된 인간이 되기 위해서는 어려움에 처한 다른 사람들에게 다가가야 한다.

돌멩이 수프

우리가 지녔던 오래된 최선의 가치로 되돌아가는 길은 생각보다 훨씬 가깝다. 이 가치는 우리의 삶과 경험, 이야기와 동떨어진 것이 아니다. 그저 우리 삶에서 밀려났을 뿐이다. 우리는 이 가치가 가장 분명히 드러날 수 있는 곳에서도 이 가치를 적용해야 한다는 사실을 잊어버렸다.

'돌멩이 수프' 이야기를 기억하는 사람이 많을 것이다. 한 낯선 사람이 아무것도 없이 큰 솥과 돌멩이 하나만 들고, 먹을 것이 부족해 굶주린 아이들로 넘쳐나는 마을에 찾아왔다. 마을 사람들은 걱정스러운 눈으로 이곳에는 먹을 것이 없으니 다른 마을로 가라고 말한다. 하지만 그는 개의치 않은 채 자신은 필요한 것이 다 있으며 돌멩이 하나로 수프를 만들 것이라고 말한다. 그러고는 물을 끓이고 국자로 솥을 휘젓기 시작했다. 그러면서 감자 몇 알만 있으면 수프가 완성될 것이라고 크게 외친다. 곧 마을 사람 중 한 명이 감자 몇 알을 가져와 솥에 넣는다. 그런 다음 이 남자가 양파만 있으면 정말로 스튜가 완성될 것이라고 말하자 또 다른 마을 사람이 양파를 가져온다. 이윽고 저마다 가져올 수 있는 모든 것을 솥에 넣자, 크고 작은 건더기들이 넘치도록 채워졌다. 수프가 다 준비되었고 모두 배부르게 먹었다.

단순하지만 중요한 이야기다. 어렸을 때 들어 보았고, 오늘날 우리 자

저마다 가져올 수 있는 것을 솥에 넣자, 크고 작은 건더기들이 넘치도록 채워졌다. 그리고 모두가 배불리 먹었다.

녀들에게 들려주고 있는 이야기다. 얼마 안 되는 자원이 흩어져 있는 마을과 나눌 수 있는 것은 모두 나누는 마을 중 하나를 택하라고 한다면, 어떤 마을을 택하겠는가? 이것은 우리가 꿈꾸는 공동체의 이야기다.

그 많던 조지 베일리들은 다 어디로 갔을까?

가장 정교한 금융 도구, 역사상 가장 많은 급여를 받는 경영자들, 가장 명석한 두뇌를 가진 사람들, 바로 이들이 이제는 무너져 버린 거대한 기계를 만들어 냈다. 규모가 작고, 지역에 기반하고, 대개는 '별로 재미없는' 더 건전한 은행들은 살아남았다. 왜 그럴까? 동네 은행은 대출을 받은 사람들, 예금을 한 사람들을 알고 있다. 대출과 예금에 어떤 책임이 따르는지 이해하고 있으며, 그렇기에 불건전한 거래를 피할 수 있다. 동네 은행에서 일하는 사람들과 은행과 거래하는 사람들이 한 동네에 살기 때문에, 그들은 고액 연봉을 받는 경영자나 아이비리그 졸업자들보다 더 현명한 결정을 할 수 있다.

영화 "멋진 인생"은 미국의 정신에 깊이 뿌리를 내렸다. 젊은 사람이든 나이든 사람이든 "종이 울릴 때마다 천사가 날개를 얻는다"(영화 결말부의 유명한 대사—역주)는 것을 안다. 어떻게 베드포드 폴즈(영화의 배경이 되는 가상의 도시—역주) 사람들이 서로를 도와 어려움을 극복했는지 우리 모두 기억하고 있다. 이것은 미국을 상징하는 이야기다. 이 나라가 지닌 최선의 덕목을 실천하는 평범한 사람들의 이야기다. 그러나 오래전에 사라져 버린 나라의 이야기처럼 느껴지는데, 특히, 그때의 은행과 지금의 은행을 생각해 보면 그렇다.

그때의 모습은 오래전에 사라진 것처럼 보이지만, 모두가 잊은 것은 아니다. 최근에 나는 지금도 이 원칙을 지키고 있는 한 사람을 만났다. 그는 이 원칙을 지킬 때 은행이 이윤을 낼 뿐만 아니라 좋은 일도 할 수 있다는 것을 보여 주고 있다. 로널드 허먼스 주니어(Ronald Hermance Jr.)는 140년 전에 설립된 뉴저지 주 패러머스에 있는 허드슨 시티 뱅크(Hudson City Bank)의 회장이다. 미국 전역의 은행들이 위험 부담이 큰 주택담보 대출에 매달리고 그것을 한데 묶어 월 스트리트에 헐값으로 팔아 넘길 때, 허먼스는 기본 원칙을 고수했다. 즉, 고객을 알아가고, 예금을 받고, 집을 사고 싶어 하는 사람들에게 대출을 해주었다. 미국 곳곳에서 대출금을 상환하지 못해 주택을 압류당하는 경우가 늘어나는 중에도, 허드슨 시티 뱅크는 주택 융자에 대한 채무불이행 비율이 단 1.05퍼센트로 놀라울 정도로 낮았다.

은행마다 이윤이 급격히 증가하는 것을 보며 은행의 정책이나 대출 관행을 바꾸고 싶은 유혹도 분명히 있었을 것이다. 그러나 허드슨 시티 뱅크는 기존의 원칙을 고수했다. 이제 로널드 허먼스는 2008년에 "인스티튜셔널 인베스터"(Institutional Investor) 지에 의해 "최고의 중형 금융기업 회장"(Best Mid-Cap CEO)으로 선정되었고, 2009년에는 외교정책협회로부터 기업의 사회적 책임상을 수상했으며, 그의 은행은 2007년과 2008년 연속 "포브스" 지에 의해 최우수 경영 은행으로 선정되었고, 다른 사람도 아닌 짐 크레이머가 수여하는 올해 '조지 베일리' 은행가상을 최초로 수상했다![11]

허드슨 시티는 미국에서 스물네 번째로 큰 은행이지만 여전히 소도시 중심 금융 원칙에 충실하고 있다. 큰 은행들은 '너무 커서 망하게 내버려둘 수 없다'는 생각 때문에 연방 자금 지원이 필요했지만, 허드슨 시티는 연방 자금을 단 한 푼도 받지 않고 건전성을 유지할 수 있었다. 사람들이 자신을 "헤이, 조지!"라고 부른다며 자랑스럽게 이야기하는 모습을 보면서, 우리는 이 은행이 성공한 비결을 너무나도 분명히 이해할 수 있다. 그는 나에게 "단지 돈을 벌기 위한 관계가 아니라 평생 이어질 관계를 맺고자 노력한다"라고 말했다. 그의 은행은 고객들에게 돈을 빌려준 다음 그것을 팔아버려 다른 회사가 그 대출금으로 다른 금융상품을 만들게 하지 않고 자기 은행 안에서 직접 관리한다.

미국 전역에서 영업의 핵심 가치에 충실했던 소규모 은행들 다수는 이번 불황을 상당히 잘 견뎌 낼 수 있었다. 허드슨 시티와 같은 은행들은 그 어느 때보다 좋은 실적을 거두고 있다. 파괴적인 위험으로 거대 금융업체들이 문을 닫거나 심각한 타격을 받는 와중에도 어떻게 소규모 은행들이 그런 위험을 피할 수 있었는지 분석한 한 신문 기사에 따르면, 이들이 위기를 이겨 낼 수 있었던 것은 이웃을 중요시하는 기본 신념 덕분이었다. 큰 은행의 부유한 의사 결정자들은 모든 위험을 감안해 처리했다고 판단했지만, 작은 은행들은 자신들이 당황스런 일을 겪을까 봐 염려했다. "이 은행들은 그 마을에서 자란 사람들에 의해 운영된다. 그들이 가장 두려워하는 것은, 금융 문제로 자기 이웃들 앞에서 부끄러움을 당하는 상황이다."[2]

누군가에게 주택 대출을 해주고 서류에 서명하기가 무섭게 투자자에게 그것을 팔아버리는 관행은 공동체의 근본적인 관계를 무너뜨렸으며,

지금 우리는 그 결과로 인해 고통당하고 있다. 동네 사람이 집을 구매하도록 도와주는 것과 주택 구입자를 계약서에 쓰인 숫자에 불과한 존재로 여기는 것 사이에는 엄청난 차이가 있다. 수많은 선한 사람들이 나쁜 관행 때문에 고통을 당하는 것은 이 관계가 무너졌기 때문이다.

> 주택 대출을 해주고 서류에 서명하자마자 투자자에게 그것을 팔아버리는 관행은 공동체의 근본적인 관계를 무너뜨렸다.

샤리아 은행과 느헤미야 주택

주택 임대자가 순식간에 몰락하고 세계 최대의 은행들이 미국 정부의 구제 금융을 받아야 할 지경에 이를 정도로 혼란스러운 시장 상황에서, 미시건 주 앤아버의 유니버시티 뱅크(University Bank)는 역대 최고의 실적을 기록했다. 이 은행을 성장으로 이끈 상품은 '샤리아'를 준수하는 주택담보대출이다. 이슬람 율법인 샤리아에서는 이자를 받고 돈을 빌려주거나 이자를 내고 돈을 빌리는 것을 금지한다. 유니버시티 뱅크에서는 그 지역 이슬람 공동체와 더불어 이러한 요구 조건을 준수하는 주택담보대출을 개발했다. 은행으로부터 돈을 빌린 다음 이자와 함께 원금을 상환하는 대신, 은행이 집을 구매하고 수수료를 더한 다음 주택 구매자로 하여금 매월 할부금을 납부하게 하는 제도다. 이런 방식으로 집을 구입한 파리즈 후자이르는 "내 마음속에 나를 창조하신 분이 그렇게 명령했기 때문에 그렇게 해야 한다는 생각이 들었다"라고 말했다.

은행측에서 이 제도를 시행하려 했을 때 처음에는 큰 어려움을 겪었지만(샤리아 학자들로 구성된 위원회를 통해 이 대출 제도가 '할랄'인지, 즉 이슬람 율법에 부합하는지를 인증받아야 했다), 채무 불이행이 발생한 경우는 극히 드물었다. 총 주택 구입 비용을 처음부터 분명히 제시해야 하기 때문에, 너무나도 많은 사람들로 하여금 구입할 능력도 없는 집을 사도록 부추겼던 변동이자율, 숨은 비용, 추가 비용 등이 끼어들 여지가 없다. 미국 전역에서 할랄 인증을 받은 투자 신탁이 큰 인기를 끌고 있다. 이런 상품은 불량 주택저당증권에 투자할 수 없기 때문에 상대적으로 안전하다. 이슬람 금융 전문가인 이삼 살라(Isam Salah)는 "이것은 이슬람뿐만 아니라 많은 종교에서 일어나고 있는 종교적 부흥, 즉 근본으로의 회귀를 반영하는 현상이다"라고 말했다.[3]

일부 비판자들은 허드슨 시티 같은 은행을 가리키며 이런 은행들이 성공하는 이유는 부유한 고객에게만 돈을 빌려 주었기 때문이라고 주장한다. 이들은 이 위기의 근본 원인이, 저소득층의 가난한 사람들이 감당하지도 못할 빚을 내어 주택을 사려 했기 때문이라고 말한다. 그러나 이스트 브루클린 협의회(East Brooklyn Congregations)라는 지역 협의체에서 설립한 느헤미야 주택(Nehemiah Homes)은 이러한 주장을 반증한다.

느헤미야 주택은, 1980년대에 브루클린에서 가난하고 버려진 동네를 재건하고, 사람들이 빠져나가 황폐해진 구역을 활기찬 지역으로 바꾸어 놓겠다는 비전을 품은 일군의 목회자와 지역 지도자들에 의해 시작된 프로젝트다. 느헤미야 주택 조합에서는 가난한 노동 계급 가정에게만 주택을 판매하면서도 1퍼센트에 불과한 주택 차압률을 자랑한다. 그들은 혁신적인 건설 기법을 도입해 비용을 낮출 수 있었다. 그리고 교단에서 보유한 풍부한 적립금을 활용해, 재정적으로 주택을 구입할 능력이 없어 보이는 사람들에게도 주택 자금을 대출해 줄 수 있었다.

포트럭 정신

전래 동화 '돌멩이 수프' 이야기처럼, 우리에게는 그와 똑같은 가치를 상기시켜 주는 또다른 익숙한 풍습이 있다. 교회에서 하는 포트럭(potluck: 각자 음식을 조금씩 마

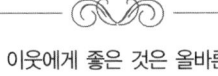

이웃에게 좋은 것은 올바른 일일 뿐만 아니라 대개는 우리에게도 좋은 일이다.

련해 와 함께 나누는 파티―역주)은 오래되고 소중한 이 나라의 전통이다. 교파와 배경을 막론하고 교회마다 교인들이 한 가지 음식을 마련해 와 모두가 함께 나눠 먹는 파티를 연다. 각 사람이나 가정은 샐러드나 주요리, 디저트를 하나씩 가져와 식탁에 차려 놓고 모두 함께 먹는다.

물론 아무것도 가져오지 않으면서 가장 많이 먹는 것처럼 보이는 사람들이 언제나 있게 마련이다. 정성껏 요리한 닭 한 마리를 가져오는 사람이 있는가 하면, 오는 길에 가게에 들러 그저 빵 한 덩이를 사 오는 사람도 있다. 아무도 손을 대지 않으려 하는 맛없어 보이는 찜요리를 20년 동안 계속 가져오는 여자도 있고, 가끔은 모두가 디저트만 가져오기도 한다.

교회에서 하는 포트럭은 거의 언제나 '불공평'하다. 사람들은 가져온 것보다 더 많이 먹거나 가져온 것보다 더 좋은 음식을 먹는다. 아무것도 가져오지 않으면서도 배부르게 먹고 갈 생각으로 오는 사람들도 있다. 그러나 이 전통은 여러 세대가 지난 후에도 지속되고 있고 20대의 젊은 세대 사이에서도 여전히 이어지고 있다.

교회의 포트럭은 미국식 경제가 아니다. 경제를 이런 식으로 운영해

야 한다고 주장하는 게 아니다. 단지 이 단순한 전통이 우리에게 몇 가지 교훈을 준다고 말하는 것이다. **첫째**, 삶의 모든 영역에서 무언가 약간 불공평해 보이는 때가 있기 마련이고, 무슨 수를 써서라도 자기 책임을 회피하려는 사람들이 언제나 있기 마련이다. **둘째**, 대부분의 사람들은 각자의 방식대로 공동선에 기여하고 싶어 한다. 그리고 그렇게 하면 언제나 우리 모두가 충분히 쓰고도 남는다. 이웃에게 좋은 것은 올바른 일일 뿐만 아니라 대개는 우리에게도 좋은 일임을 배울 수 있다.

이웃의 최악의 모습을 예상하며 마치 그들이 기회만 있으며 우리가 남긴 것을 빼앗으려 한다는 생각은 우리 모두에게 상처를 입힌다. 우리 자신을 다른 사람들로부터 분리시키고 고립된 개인처럼 행동하며 이기적인 이익만을 추구한다면 그것은 경제 불황이라는 불에 기름을 끼얹는 격이다. 그러나 포트럭이나 설교를 통해 교회에서 배우는 교훈은 우리에게 더 나은 길이 있음을 보여 준다.

전 지구적 영향

최근 국제 기독교 구호 단체인 월드비전에서는, 우리에게 악영향을 미치는 불황이 전 세계의 수많은 사람들에게도 고통을 주고 있음을 지적했다.

전 세계에서 1억 2,600만 명의 어린이가 위험한 상황 속에서 일하고 있다. 게다가 해마다 120만 명의 아동이 강제 노동에 인신매매를 당하고 있다. 이렇게 팔려간 아이들은 성노리개나 소년병이 되기도 한다. 세계 전역의 월드비전 활동가들은 자신들이 활동하는 나라에서 아동 노동이 증가하고 있다고 보고한다. 수출이 줄고 공동의 일자리가 사라지는 상황에서, 무슨 일이든 마다하지 않고 하려는 사람들이 점점 늘고 있다. '모집원'들은 가난한 마을로 들어가 아이들에게 좋은 일자리를 구해 주겠다고 부모와 약속한 다음 그 아이들을 사실상 문자 그대로 노예처럼 부린다. 어떤 가정은 식량, 연료, 의료비를 지불하지 못해 진 빚 때문에 그럴 수밖에 없는 경우도 있다.

월드비전의 아동 정책 자문인 제시 이브스(Jesse Eaves)는 "가난은 사람들을 극단적인 선택의 기로에 서게 한다. 비참한 상황 속에서 아동은 둘 중 하나다. 즉, 수입의 원천이거나 수입을 소모하는 원천이다"라고 말한다. 실제로 캄보디아의 한 벽

> '모집원'들은 가난한 마을로 들어가 아이들에게 좋은 일자리를 구해 주겠다고 부모와 약속한 다음 그 아이들을 사실상 문자 그대로 노예처럼 부린다.

돌 공장에서 면접을 본 아동의 72퍼센트는 부모가 식량을 살 돈이 없어 그곳에 오게 되었다고 말했으며, 22퍼센트는 부모가 진 빚을 갚기 위해 그들에게 일을 시켰다고 말했다.

이런 통계 수치는 정말로 끔찍하지만, 좋은 소식은 수요를 줄이기만 한다면 인신매매도 분명히 줄 것이라는 사실이다. 이브스는 "아동 노동을 이해하는 데 핵심적인 사실은, 그것이 당신과 나로부터 시작되고 끝난다는 점이다. 중요한 것은 수요다. 우리는 문제의 일부인 동시에 해결책의 일부다"라고 말한다.[4]

가톨릭 뉴스 서비스(Catholic News Service)에서는 2008년 10월 16일 세계 식량의 날에 관한 교황 베네딕트의 논평을 보도했다. 교황은, 아무리 궁핍할 때라도 세상의 모든 사람들을 먹이기에 충분한 식량이 있으며,

부족한 것은 그렇게 하고자 하지 않는 우리의 도덕적 신념이라고 주장했다. 어떻게 풍요와 극단적인 결핍이 나란히 공존할 수 있을까? 궁핍의 한복판에서도 우리가 여전히 재고하지 않았던 '소비 경쟁' 때문이다. 또한 "각 나라의 이기심을 억제하거나 가격 결정과 소비에 영향을 미치는 무제한적인 억측을 종식시키지" 못했기 때문이기도 하다.[5]

"우리는 한 배를 탔다"라는 대안을 가지고 "중요한 건 나"라는 자기 도취의 문화에 맞서야 한다. '중요한 건 당신이 아니다'라는 말은 릭 워렌의 「목적이 이끄는 삶」(The Purpose Drivien Life, 디모데)의 첫 구절이며, 바로 지금 우리가 되새겨야 할 단순한 지혜이기도 하다. 모든 사람에게는 좋은 이웃이 필요하며, 바꿔 말해 우리도 좋은 이웃이 되어야 할 책임이 있다. 이 나라의 몇몇 은행이 대불황을 일으킨 원인이 된 위험한 투자를 하지 않을 수 있었던 것은 바로 이런 책임감 덕분이었다. 몇몇 지역 사회가 재건되고 그들의 친구와 이웃들이 어려운 시간을 헤쳐나갈 수 있도록 도울 수 있었던 것은 바로 이웃을 돌아본 덕분이다. 우리의 행동이 우리에게 미칠 영향뿐만 아니라 우리 주변의 사람들에게 미칠 영향에 대해서도 생각할 수 있을 때, 우리의 행동은 우리 자신과 이웃 모두에게 더 좋은 영향을 미칠 것이다. 그러나 단기적으로 볼 때는 항상 그럴 것 같지가 않다. 이 때문에 우리는 '나는 그것을 지금 원한다'라는 태도를 갈음할 만한 것을 찾아야 한다. 그 대안은 다음 세대, 앞으로 일곱 세대 이후까지의 유익에 관심을 기울이는 것과 밀접한 관련이 있다.

10
다음 세대를 위한 배려

미국의 원주민들은 중요한 결정에 앞서 그 결정이 다음 세대의 사람들과 땅에 어떤 영향을 줄지를 따져 보았다. 이것은 분기마다 이익과 손실 보고서를 작성하고, 주주의 이익을 유일한 최종 목표로 삼는 것과는 전혀 다른 태도다. 어떤 결정을 할 때, 다양한 관점에서 그 결정이 미칠 영향을 따져 보아야 한다. 즉각적인 이윤만을 따지기보다는 장기적인 관점에서 공동체와 생태계에 미칠 영향을 가늠해 보아야 한다. 그리고 다수의 이해 당사자를 고려해야 한다. 주주뿐만 아니라 노동자, 소비자, 공동체, 환경, 미래 세대―앞으로 일곱 세대 이후까지 생각해야 한다.

우리는 **지속가능한 경제**와 지속가능한 공동체를 만들어 내고, 우리 자녀에게 이러한 윤리를 가르치는 것을 목표로 삼아야 한다. 기독교와 유대교 전통으로부터 우리는 안식일의 중요성을 배운다. 안식일은 우리 자신과 우리 가족, 땅, 공동체에 쉴 공간과 시간을 제공한다. 이 사회는 일 중독을 긍정하고 부추기지만, 이것은 건강한 사람과 가정, 관계를 약화시키는 습관을 만들어 낸다. 정말이지 새로운 형태의 중독이다. 이제는 경제적 중독의 치유를 이야기하자.

소너저스의 블로그인 www.godspolitics.com에 쓴 글에서 엘리자베스 팜버그는 "그때 되면 난 없을 거야"(I'll be gone)라는 뜻의 "악명 높은 I.B.G."(유명한 래퍼인 Notorious B.I.G.의 패러디-역주)를 언급했다. 이것은 월 스트리트에 있는 증권 회사와 은행원의 입에서 자주 들을 수 있는 말이다.[1] 단기적으로는 이익이 있겠지만 결국에는 위험성이 큰 거래나 시장 흐름을 바라보며 그들은 장기적인 상황 따위는 중요하지 않다는 식의 사고 방식에 빠져든다. 재앙이 닥칠 시점에 이르면 "나는 없을 것"이기 때문이다.

> 선한 사람이 악한 제도 속에서 살아갈 때 선한 사람조차 나쁜 결정을 내리기 시작한다.

경제학자들은 이처럼 '앞면이 나오면 내가 이기고, 뒷면이 나오면 내가 지는 게 아니라 다른 누군가가 그 대가를 치른다'는 식의 태도를 두고 '도덕적 해이'라고 말한다. 만약 좋은 결정을 내렸을 때는 언제나 그 혜택을 누리지만 나쁜 결정을 했을 때 그로 인한 부정적인 영향을 거의 혹은 전혀 받지 않는다면, 우리는 굳이 더 나은 결정을 위해 노력하지 않아도 될 것이다. 선한 사람이 악한 제도 속에서 살아갈 때 선한 사람조차 나쁜 결정을 내리기 시작한다.

월 스트리트에서 일하는 많은 사람들은 단기적인 투기에 성공해 큰 수익을 얻었다. 기업의 임원과 회장들은 다음 분기의 순익 보고서가 큰 이익을 나타낼 것이라고 생각하며 더욱 부추겼다. 잊고 있던 것은, 다음 번 순익 보고서를 멋지게 보이게 해주거나 심지어 향후 몇 년 동안의 순익 보고서를 호황처럼 보이게 해줄 결정이, 반드시 10년, 20년, 50년이 지난 후 우리 모두가 원하는 그런 결과를 만들어 낼 결정인 것은 아니라는 점이다.

앞서 존 스튜어트가 짐 크레이머에게 무엇 때문에 화를 냈는지 이야기했다. 수백만 명의 미국인은 장기적인 계획을 세우고 자신의 돈을 다른 사람들의 손에 믿고 맡겼다. 그 사람들 역시 장기적인 관점에서 생각할 것이라고 믿었다. 하지만 노후 자금을 맡았던 수많은 사람들은 우리가 은퇴할 수십 년 후의 시점은 생각하지 않고 그저 다음 날의 거래에 관해서만 생각했다. 이제는 아이콘이 되어 버린 엔론(Enron)의 몰락으로부터 리먼 브라더스(Lehman Brothers)의 파산까지, 우리는 이런 식의 사고 방식을 단속하지 못하면 얼마나 파괴적인 결과를 맞게 되는지를 직접 보았다.

> 노후 자금을 맡았던 수많은 사람들은 우리가 은퇴할 수십 년 후의 시점은 생각하지 않고 그저 다음 날의 거래에 관해서만 생각했다.

시장은 활황과 불황을 오가기 마련이다. 거품이 일어나기도 했다가 꺼지기도 한다. 경기는 오르기도 했다가 내려가기도 하며 순환한다. 사회를 무너뜨리고 자신마저 파괴해 버리는 시장의 위험성에 대해 경고했던 슘페터는 이런 자연적인 순환이 혁신을 자극하고 새로운 경제 부문을 만들어 내기도 한다고 말했다. 즉, 경기 순환은 유익한 점도 있다. 누구를 구제하고 구제의 대상은 누구여야 하는지, 경기 순환의 본질은 무엇인지와 같은 어려운 주제는 이 책의 목적을 벗어난다. 그럼에도 "그때 되면 난 없을 거야"라는 식의 태도에 관해서는 이의를 계속 제기해야만 한다.

안식

> 노동을 그치고 당신이 행한 일을 누리고 감상하는 것은 결핍이 아니라 충만함의 증거다.

안식하는 것, 노동과 수고를 멈추고 쉬는 것은 우리가 나약하다는 증거가 아니다. 오히려 그것은 하나님의 본성을 반영한다. 창세기의 창조 이야기에서는 이를 분명히 한다. "하나님은 하시던 일을 엿샛날까지 다 마치시고, 이렛날에는 하시던 모든 일에서 손을 떼고 쉬셨다. 이렛날에 하나님이 창조하시던 모든 일에서 손을 떼고 쉬셨으므로, 하나님은 그 날을 복되게 하시고 거룩하게 하셨다."[2]

우리 문화에서는 쉼이 필요한 사람을 약한 사람, 계속 일할 힘이 없는 사람으로 묘사하는 경우가 너무 많다. 토라와 기독교의 구약 성경에 대한 머리말에 해당하는 이 아름다운 시에서는, 안식이란 약함이 아니라 강함에서 나온다는 것을 보여 준다. 노동을 그치고 당신이 행한 일을 누리고 감상하는 것은 결핍이 아니라 충만함의 증거다.

기술 때문에 삶의 속도가 무척 빨라졌다. 효율성이 주는 유익은 분명하다. 그러나 그런 변화가 우리 삶의 안식에 미친 영향을 따져 봐야 한다. 문자 메시지, 이메일, 시도 때도 없이 울리는 전화 벨소리 때문에 예전처럼 가족과의 저녁 식사를 온전히 즐길 수나 있는가? 사무실에 남겨 둔 일은 쉬는 시간에도 당신을 방해하지 않는가? 과연 우리에게 휴식의 시간, 재창조의 시간이 있기는 한가?

섬기고 보존하라

주위의 자연 자원을 이용하는 것에 관해 우리는 흔히 "그것이 가능하고 이익이 되는가?"라고 묻는다. 이런 물음은 우리에게 도움이 되지 않는다. 이런 물음은 자원을 대량으로 소비하였고 더불어 다른 많은 것까지 파괴시켰다. 한 역사가에 따르면, 지구의 역사상 다섯 차례의 대멸종 시기가 있었으며, 지금은 여섯 번째 시기로 진입하고 있다고 한다.[3] 현재 동식물의 멸종 속도는 지구의 역사적 평균보다 천 배나 더 빠르다. 이런 통계 수치를 보면서 칼럼니스트이자 작가인 토머스 프리드먼(Thomas Friedman)은 묻는다. "2008년의 극심한 위기가 더 근본적인 무언가를 상징하는 것은 아닐까? 지난 50년 동안 우리가 만들어 낸 성장 모형 전체는 경제적·생태적으로 지속 불가능한 것이었으며 드디어 그 한계에 부딪힌 것임을 2008년도는 말해 주는 것이 아닐까? 어머니인 대자연과 시장이 모두 '더 이상은 안 돼'라고 말한 것은 아닐까?"[4] 나는 이 말이 그저 평범한 칼럼이 아닌 예언처럼 들린다.

지구는 이전에도 '더 이상은 안 돼'라고 말했다. 사실상 인간 문명의 역사는, 자연 자원을 활용하면서 앞을 내다보지 못한 문화와 제국의 부침으로 요약할 수 있다. 고대의 수렵 사회는 매머드를 죽이는 법을 알게 된 후 부족민들을 먹일 수 있었다. 같은 노력을 들여 매머드 두 마리를 죽이는 법을 배웠을 때 그 부족은 성장을 이룰 수 있었다. 그러나 매머드를 벼랑 끝으로 몰아 한 번에 수백 마리를 죽이는 법을 배웠을 때 그 부족은 잠시 동안 급속한 성장을 이루었지만 식량 자원이 고갈되어 곧 몰락하고 말았다는 것을 고고학적 증거는 말해 준다.

산업 사회가 오염을 규제하고 과잉 소비를 제한하지 못했을 때 세계에서 가장 가난하고 약한 사람들 수십억 명이 기아와 식수 부족, 홍수, 질병 등으로 위험에 처하게 되었다. 그리스도인들이 창세기 2:15의 말씀처럼 "맡아서 돌보라"는 명령, 즉 지구를 섬기고 보존하며 하나님이 주신 자원에 대해 선한 청지기가 되라는 명령을 제대로 지키지 못했기 때문에, 가난한 사람들을 돌보라는 하나님의 또 다른 명령까지도 지킬 수 없었다. 이웃의 생존에 필수적인 가장 기본적인 자원을 파괴한 우리의 잘못을 외면하면서, 가난한 사람들을 돌본다고 감히 주장할 수 없다. 우리 이웃에 대한 사랑과 그들이 살고 있는 지구에 대한 사랑은 분리될 수 없다.

우리 이웃에 대한 사랑과 그들이 살고 있는 지구에 대한 사랑은 분리될 수 없다.

이 문제에 관해 세계에서 가장 권위 있는 단체인 '기후변화에 관한 정부간 협의체'(IPCC:Intergovernmental Panel on Climate Change)에 따르면, 기아와 영양실조의 위험에 처한 사람들이 21세기에만 4천만에서 1억 7천만 명 가량으로 늘었다. 이미 가난한 지역의 사람들 중 10억에서 20억 명에 이르는 사람들은 더욱 심각해진 식수 부족으로 고통당하고 있다. 해안 지역의 홍수 위험에 노출된 사람은 1억 명 이상이다. 그리고 이런 위험은 머지않아 현실화될 것으로 예측된다. 아프리카는 2020년까지 7,500만에서 2억 5천만 명이 식수 부족으로 어려움을 겪을 것이며, 일부 지역에서는 작물 수확량이 50퍼센트 이하로 줄 수도 있다. 이 모든 변화는 난민 문제를 야기해 2050년에 이르면 무려 2억 명이 이상이 삶의 터전을 잃을 것으로 예상된다.[5]

리버풀의 성공회 주교인 제임스 존스(James Jones) 신부는 영국의 교회 지도자일 뿐만 아니라 그리스도인으로서 지구를 섬기고 보존하는 문제에 관해 세계적인 지도자이기도 하다. 최근 한 강연에서 그는 이렇게 말했다.

지금 우리가 예전의 사람들이, 특히 신자들이 어떻게 노예 무역과 노예 제도를 용인할 뿐만 아니라 지지할 수 있었는지 놀라워하며 믿을 수 없어 하는 것과 마찬가지로, 시간이 흐른 후 지구가 무한한 저장고가 아님을 자각하며 살아갈 다음 세대의 사람들은, 어떻게 우리가 이토록 무비판적으로 자신을 '소비자'로 여기며 살아갈 수 있었는지 이해하기 어려울 것이다.[6]

처음에는 존스 주교도 기후 변화에 관해 회의적이었으며, 기독교 신앙이 창조 세계를 돌보는 것을 그토록 강조한다는 점에 대해 확신하지 못했다. 그러나 생각을 바꾼 사람은 그뿐만이 아니다. 복음주의 환경 네트워크(Evangelical Environment Network)의 창립자인 짐 볼(Jim Ball)은 그리스도인들이 환경에 관심을 기울이게 하기 위해, 교회에서 얼마나 힘겨운 싸움을 해야만 했는지 말했다. 그는, 지난 몇 년 사이에 상황이 크게 바뀌어 이제는 '피조물을 돌보아야' 하며 지구에 대한 돌봄이 가난한 이들에 대한 돌봄과 직접적으로 연결되어 있다는 메시지가 널리 수용되고 있다고 말한다.

신앙과 공공(Faith in Public Life)과 옥스팜 아메리카(Oxfam America)에서 후원한 최근의 한 여론 조사에 따르면, 71퍼센트의 가톨릭 교인과 거의 3분의 2에 달하는 백인 복음주의자들이 지구가 점점 더워지고 있다는 증거가 확실하다고 믿는다. 미국인 열 명 중 거의 여덟 명, 그리고 거의 같은 비율의 그리스도인들이 더 엄격한 환경 관련 법률과 규제를 통해 하나님이 창조하신 세계를 책임 있게 돌보아야 한다고 믿는다. 미국인 열 명 중 거의 일곱 명, 그리고 비슷한 수의 가톨릭 교인과 백인 복음주의자들은 기후 변화가 가뭄과 기아, 흉작을 야기하여 세계에서 가장 가난한 이들의 삶을 더욱더 힘들게 만들고 있다고 믿는다. 그리고 세계에서 가장 가난한 사람들이 이러한 변화에 적응할 수 있도록 돕는 노력을 지지한다고 밝힌 사람은 그보다 더 많아 거의 4분의 3에 달한다.[7]

세계 전역의 기독교 공동체에서 이런 변화가 일어나고 있다는 사실은 전혀 놀라울 것이 없다. 구약 성경에서 제시된 고대의 율법에서는 생태적으로 지속가능한 경제의 중요성을 분명히 밝히고 있다.

토지

1년에 한 번 아내 조이와 나는 아이들을 차에 태우고 옷 가방을 실은 채 워싱턴 D.C.에서 나의 고향인 디트로이트까지 운전해 간다. D.C.를 빠져나올 즈음 버지니아와 펜실베이니아 주까지 뻗어 있는 애팔래치아 산맥을 지난다. 서서히 구릉이 낮아져 평평해지면 중서부의 평원이 시작된다. 디트로이트에 이르기까지 수 킬로미터에 걸쳐 펼쳐진 들판길을 달린다. 늘어선 나무 사이에 곡식이 자라는 넓은 들판도 있으며, 곡식이 자랄 수 있도록 가운데에서부터 물을 뿌려주는 거대한 원형 관개 시설도 자리잡고 있다.

우리는 밀, 콩, 옥수수가 자라는 밭을 지난다. 모두 땅에서 많은 양분을 흡수하는 작물들이다. 같은 땅에서 몇 년 동안 계속 작물을 길러내면 이런 양분은 고갈되고 만다. 그러므로 장차 몇 년 동안 땅이 작물을 계속해서 길러낼 수 있게 하기 위해 농부들은 땅에 심을 작물들을 바꾼다.

한 해는 땅에서 많은 질소를 끌어올릴 옥수수를 심었다가, 이듬해에는 반대로 질소를 돌려주는 '풋거름'인 자주개자리를 심기도 한다. 몇 년 동안은 땅에게 기운을 되찾을 시간을 주기 위해 그냥 잡초가 자라도록 내버려두기도 한다. 그래서 우리는 별로 자라는 것이 보이지 않는 들판을 지나기도 한다. 놀라운 것은, 이런 생각에는 그저 진보적인 농업 이론이 아니라 올바른 토지의 사용과 돌봄에 관한 성경의 가르침이 반영된다는 사실이다.

농부들은 농사에 매우 복잡한 화학과 기술을 활용한다. 그러나 땅으로 하여금 회복할 시간을 갖도록 한다는 생각, 언제나 받을 수만은 없으며 땅이 항상 줄 것이라고 기대할 수 없다는 생각은 농업의 시작만큼이나 오래되었다.

단지 지금 확실한 유익이 있다고 해서 그 선택이 좋은 선택임을 의미하지는 않는다.

실제로 수천 년 전 이스라엘 사람들은 농업에 관한 엄격한 법률을 가지고 있었다. 레위기 25:3-4에서는 "여섯 해 동안은 너희가 너희 밭에 씨를 뿌려라. 여섯 해 동안은 너희가 포도원을 가꾸어 그 소출을 거두어라. 그러나 일곱째 해에는 나 주가 쉬므로, 땅도 반드시 쉬게 하여야 한다. 그 해에는, 밭에 씨를 뿌려도 안 되며, 포도원을 가꾸어도 안 된다"라고 말한다.

당장 올해만 생각한다면, 전혀 말도 안 되는 규정이다! 사실 터무니없는 소리처럼 들린다! 전 세계에서 식량을 배로 실어 나를 수는 없었던 고대 사회에서, 땅에 작물을 심지 않고 1년 내내 땅을 놀리는 것은 재앙을 불러올 생각처럼 들린다. 하지만 장기적인 관점을 취할 때, 당장 여기만 생각하지 않고 미래를 내다볼 때, 이것은 결코 터무니없는 소리가 아니었다. 사실, 터무니없는 짓이 전혀 아니다. 농부들은 땅에 휴식을 주고 양분을 재충전할 시간을 주지 않은 채 해마다 최대한의 작물을 재배하면 재앙이 일어나고 만다는 사실을 잘 안다! 해마다 양분이 줄어 작물은 비실거리고 수확도 줄 것이다. 땅에 쉴 시간을 주지 않으면, 땅의 장기적인 건강을 고려하지 않으면, 결국 아무것도 기를 수 없게 된다.

그리고 땅에 관한 이러한 원리는 경제의 다른 영역에도 똑같이 적용된다. 자연 자원의 사용에 관한 어떤 선택에 앞서, 우리의 선택이 가능하다고 해서 그것이 반드시 옳은 것은 아님을 명심해야 한다. 단지 지금 확실한 유익이 있다고 해서 그 선택이 좋은 선택임을 의미하지는 않는다. 우리가 무언가를 할 수 있다고 해서 그것을 해야만 한다는 뜻은 아니다.

다음 세대

우리의 시간과 관심을 즉각적으로 요구하는 환경에서, 미래 세대는커녕 며칠 앞의 일도 생각하기란 쉽지 않을 수 있다. 그럼에도 불구하고 우리 모두가 이를 위해 노력해야 한다. 성인이 된 후 나는 그리스도인들로 하여금 예수의 복음과 삶, 사역의 핵심이었던 사회 정의의 메시지에 관심을 기울이게 하는 일에 힘써 왔다. 내가 속한 소저너스에서는 그것을 단 몇 단어로 요약한다. "사회 정의를 위해 행동하는 신앙." 내 시간과 관심의 상당 부분을 차지하는 것은 이 단체의 일일 계획과 월간 계획, 사명과 목표다. 그러나 나는 미래 세대에게 일어날 일에 대해서도 관심을 기울이기 위해 노력한다.

몇 년 전 나는 크리스 라톤드레스라는 청년을 고용했다. 크리스를 처음 만났을 때 그는 베델 칼리지(Bethel College)의 학생으로서 빈곤과 정의의 문제를 다루는 학생 단체를 조직하고 있었다. 크리스는 나와 함께 미국 전역을 여행했다. 비행기와 차를 타고 먼 거리를 여행하며 이야기를 나누었다. 그는 자신의 생각을, 특히 젊은 세대의 생각과 관점을 들려주었다. 우리가 함께 일했던 시간을 통해 그는 나에게 매우 큰 힘이 되었으며, 그 역시 훈련을 받고 경험을 쌓아 지금은 중동 지역의 개발 업무를 담당하는 미국 비영리단체의 책임자로 일하고 있다.

예수께서도 공생애의 바쁜 삶 속에서 그분의 일을 이어받을 다음 세대의 지도자들과 시간을 함께 보내셨다. 우리 중 누군가—목회자, 기업인, 정치인들—에게는 즉각적인 업무를 처리하는 것 외에도 시간을 내어 우리가 사라진 후 이곳을 책임질 다음 세대의 지도자들에 관해 생각해 보는 일이 몹시 중요하다. 비록 그로 인해 지금 당장은 '더 많은 일을 하지 못하더라도' 우리가 지금 그들에게 더 많이 투자할수록, 그들에게 경험을 쌓을 수 있는 기회를 더 많이 줄수록, 그들과 우리 모두의 미래는 밝아진다. 앞으로 일곱 번째 세대까지 생각한다면, 단지 지금 당장 우리가 무엇을 이룰 수 있는가가 아니라 미래를 위해 어떤 지도자를 길러내야 하는지를 판단의 기준으로 삼아야 한다.

영웅이 필요한 시대

내 마음에 가장 와 닿는 다음 세대는 내 두 아들, 열한 살인 루크와 여섯 살인 잭의 세대다. 자녀가 있기에 나는 미래에 대해, 내가 죽고 나서 오랜 시간이 지난 후 세계가 어떤 모습일지에 대해 생각해 볼 수밖에 없다. 나는 우리가 어떤 종류의 세계를 물려줄지 궁금하다. 또 우리 자녀들이 우리 세대와 남긴 유산에 관해 어떻게 생각할지도 궁금하다. 악당이야 언제나 있기 마련이지만, 나는 자녀들의 세대에도 따르고 싶은 영웅들이 많았으면 좋겠다.

아들 루크가 5학년 때, 자신이 영웅이라고 생각하는 사람을 찾아보고 왜 그렇게 생각하는지 조사하라는 숙제가 있었다. 구글 검색을 통해 영웅 몇 사람을 찾아 사진을 인쇄하고 그 사진을 배지로 만들어 날마다 메고 다니는 책가방에 붙였다. 그리하여 이 열 살 소년은 넬슨 만델라, 마틴 루터 킹, 도로시 데이(Dorothy Day), 존 루이스(John Lewis), 제인 구달(Jane Goodall), 빌 게이츠, 재키 로빈슨(Jackie Robinson), 소저너 트루스(Sojourner Truth), 데스몬드 투투(Desmond Tutu), 마하트마 간디, 윌리엄 셰익스피어, 버락 오바마, 농구선수 르브론 제임스(LeBron James)의 사진으로 만든 배지를 달고 다니게 되었다. 유치원에 다니는 둘째 아들에게도 영웅이 있다. 그 아이는 스파이더맨, 슈퍼맨, 배트맨과 로빈훗으로 벽을 도배했다. 그리고 자신도 언젠가는 그들처럼 세계를 구할 날을 꿈꾼다.

아이들이 누구를 존경하는가는 중요하다. 특정한 가치를 재확인하고 형성하게 되기 때문이다. 우리는 그들이 이기심과 자기 방어가 아니라 긍휼과 용기, 봉사와 희생을 대변하는 사람들을 영웅으로 삼기를 원한다. 좋든 나쁘든 유명인들은 역할 모델이다. 그렇기 때문에 우리는 그들 중에 그저 유명인이 아니라 영웅이 더 많아지기를 바란다.

나는 열 살짜리 아들이 리틀 야구팀 소속인 다른 아이들과 나누는 대화를 우연히 엿듣게 되었다. 아이들은 각자의 야구 영웅들의 윤리를 평가하고 있었다. 이 어린 선수들이 유명 운동 선수의 기록만을 중요

아이들이 누구를 존경하는가는 중요하다. 특정한 가치를 재확인하고 형성하게 되기 때문이다.

하게 생각하지 않는다는 점이 무척 고무적이었다. 그들은 구장이나 코트에서 어떻게 행동하고 살아가는지도 중요하게 생각했다. 내 아들과 그의 친구들은 경기력을 향상시켜 주는 약물을 복용하는 유명 선수들은 가차 없이 '사기꾼'으로 취급했다(솔직히, 나도 동의한다). 그들이 가장 좋아하는 스타가 다른 사람을 돕기 위해 어떤 일을 했는가는 그들이 홈런을 몇 개나 치고 슬램덩크를 몇 개나 성공했는가만큼이나 중요하게 여겨졌다. 나는 이들에게 영웅을 어떻게 정의할 것인지 과제를 내주신 5학년 때의 선생님께 언제나 감사하고 있다.

REDISCOVERING VALUES

5부

새로운 마음의 습관

11
청정 에너지로의 경제적 회심

좋든 나쁘든 미국은 세계를 이끄는 나라다. 전 세계의 많은 나라들이 이 나라를 따르고 모방하려 한다. 그러나 전 세계가 지금 미국인들이 소비하는 속도로 소비하기 시작한다면 지구는 더 이상 우리를 견뎌낼 수 없을 것이다. 지금 지구는 우리의 소비 규모 때문에 이미 신음하고 있으며, 만약 세계의 다른 나라들이 이 나라를 뒤따른다면 결과는 처참할 것이다. 이것은 나쁜 소식이다.

그러나 좋은 소식도 있다. 새로운 '친환경' 혹은 청정 에너지의 경제로 전환함으로써 동시에 세 가지를 달성할 수 있다. (1) 기후 변화를 완화시킬 뿐만 아니라 그 추세를 역전시킴으로써 지구를 보호할 수 있다. (2) 새롭고 더 나은 일자리(다른 지역으로 사라지지 않는 일자리)를 창출할 수 있다. (3) 미국이 끝없이 전쟁을 벌이는 단 한 가지 요소—즉, 석유 의존—를 변화시킴으로써 국가 안보 상황을 개선할 수 있다.

그러나 화석 연료 중심의 경제와 사회, 문화로부터 새로운 청정 에너지 경제로 전환하기 위해서는 근본적인 변화가 필요하다. 에너지 정책의 변화뿐만 아니라 우리 자신의 변화가 필요하다. 에너지 정책의 변화 이상이 필요하다. 바로 **마음의 변화**다. 이 같은 변화를 위해서는 새로운 청정 에너지 자원에 대한 연구와 투자 이상의 것이 필요하다. 오래된 습관과 생활 방식을 바꾸고 완전히 새로운 방향으로 새로운 사고 방식과 행동 양식을 만들어 가야 한다. 그야말로 **회심**이 필요하다.

경제적 **회심**(an economic conversion)은 변화를 이야기할 때 경제학자들도 사용하는 말이다. 이 말은 마음과 생각의 개인적인 회심을 요구한다. 이것은 너무나 중대하고 큰 변화를 불러일으킬 수 있기 때문에 이런 회심은 경제적인 동시에 **영적**인 것이어야만 한다.

또 다른 좋은 소식은 이미 그런 변화가 일어나고 있다는 사실이다. 특히 새로운 젊은 세대 사이에서 일어나고 있다. 다시 말해, 우리에게 필요한 회심은 구조적인 동시에 정신적인 것이지만, 이런 중요한 변화를 이뤄 내기 원한다면 **세대적**인 회심도 수반되어야 한다.

> 우리에게 필요한 청정 에너지로의 전환을 이루기 위해서는 그야말로 **회심**이 필요하다.

도시의 아이들

여기서 잠시 개인적인 이야기를 하고자 한다. 나는 디트로이트에서 나고 자란 도시 아이였다. 대학 교육은 이스트 랜싱에 있는 미시건 주립 대학교에서 받았으며, 시카고에 있는 신학교를 다닐 때는 가장 가난한 동네에서 살았다. 30년 넘게 워싱턴 D.C.에서 살고 있으며, 그 대부분은 거의 매일 밤마다 총소리가 들리는 도심에서 살았다. 아내 조이는 아버지가 성공회 사제로 섬기던 사우스 런던의 험한 도심지에서 자랐으며, 아름다운 도시 더럼에서 신학교를 마친 후 그곳으로 돌아가 역시 도심에서 사역하는 사제가 되었다. 두 아들 또한 D.C. 도심에서 나고 자란 도시 아이들로서 그 도시에서 인종적, 문화적으로 가장 다양한 학생들이 다니는 초등학교와 중학교를 다니며 이 수도 한복판에서 야구와 축구를 하며 논다.

나는 지금 로드아일랜드 해안의 블록 아일랜드(Block Island)에서 이 글을 쓰고 있다. 예전에 나는, 하버드 법대를 졸업한 후 변호사로 일하던 윌리엄 스트링펠로(William Stringfellow)를 방문하기 위해 이곳에 왔었다. 그는 몸이 몹시 아파 뉴욕 시에서 이곳으로 이사했다. 그는 미국 최초의 도심 기독교 공동체인 동부 할렘 개신교구(East Harlem Protestant Parish)의 일원이었다. 도시 출신의 젊은 활동가였던 내가 이곳에 처음 왔을 때를 기억한다. 그때 나는 도시에서 내가 경험했던 것과는 전혀 다른 삶을 경험했다. 거의 수도원에 들어온 기분이었고, 전혀 다른 섬 생활에 내 삶의 속도를 완전히 재조정해야만 했다. 나는 또 이곳에 대니얼 베리건(Daniel Berrigan)을 만나러 오기도 했다. 그는 베트남전 항의 시위 때문에 이곳 스트링펠로의 집에서 방문객으로 위장한 FBI 요원들에게 체포되었다. 자연을 사랑하고 관찰하는 사람처럼 꾸미는 것은, 이곳에서 FBI 요원들이 눈에 띄지 않을 수 있는 유일한 방법이었다.

신앙과 정치에 관해 탁월한 글을 쓰는 변호사이자 평신도 신학자였던 스트링펠로는 이 섬의 정치에도 참여해 면장이 되기도 했다. 특히 그는 이 섬의 삶을 위협하는 개발업자들에 맞서 싸우는 데 초점을 맞추었으며, 지금은 이 지역 환경 운동의 대부로 인정받고 있다. 이 지역 환경 운동은 이곳의 아름다운 동식물 서식지의 43퍼센트가 훼손되는 것을 막아내는 데 성공했다.

나는 조이 캐럴을 이곳으로 데려와 데이트를 하고, 마침내 세계에서 석양이 가장 아름다운 곳 중 하나인 노스 라이트의 해변에서 그녀에게 청혼했다. 감사하게도 그녀는 승낙했고, 이제 우리 가족은 여름이면 이곳에 와서 대서양이 마주보이는 모히칸 언덕에 있는 '베리건 별장'에서 두 주를 보낸다. 댄 베리건은 이 별장을 이렇게 말했다. "땅의 끝에 감히 서 있는 집. 바다가 무겁게 잠들어 우리를 위협하는 곳. 우리 영혼이 땅을 향해, 바다를 향해 곤두박질치는 곳…." 이 시는 지금도 별장의 벽을 장식하고 있다.

이곳에 오면 우리는 두 아이를 자연보호협회에서 후원하는 아침 야외 활동에 보낸다. 이 활동을 통해 아이들은 등산을 하고 진귀한 것들을 찾아헤매기도 한다. '갯벌 탐사'를 하며 숨어 있는 집게와 꽃발게, 투구게와 온갖 종류의 조개를 발견하기도 하고, 새를 관찰하고 새에게 밴드를 달기도 한다(철새의 다리에 밴드를 부착해 이동 경로를 파악하는 조류 관찰 연구를 가리킨다—역주). 절벽을 따라 동굴에 들어가 보기도 하고 마법에 걸린 듯한 숲 속에도 들어가 본다. 심지어 한 번은 제왕나비가 고치를 벗어나 세상 밖으로 나오는 것을 지켜보며 오랫동안 숨죽여 나란히 앉아 있기도 했다. 도시의 아이들인 우리에게 이것은 정신과 마음, 생활 방식과 삶의 속도, 그리고 의식을 변화시키는 경험이다.

나는 두 아이들이 이 활동에 얼마나 쉽게 빠져드는지를 느낄 수 있었다. 아이들은 우리를 아침마다 안내해 주는 대학생 또래의 가이드가 들려주는 모든 말을 흡수했으며, 정보와 사실을 나보다 훨씬 더 잘 기억했다. 그리고 워싱턴 D.C.에 있는 집으로 돌아온 후에도 도시인 부모보다 훨씬 더 나은 환경 의식을 보였다. 재활용에도 열심이고, 쓰레기 줍기에도 열성적이며, 매연을 많이 내뿜는 자동차에 대해서도 매우 비판적이고, 환경 보존이 옳은 일이라고 믿고 있다. 그리고 아들의 친구들 역시 대부분 그렇다. 도시에 있는 아이들도 마찬가지다. 내가 코치로 뛰는 루크와 잭의 리틀 야구팀에서 연습하던 어느 날은 아이들이 환경 문제에 관해 이야기하는 것을 우연히 듣기도 했다.

우리 아이들은 도시인 부모보다 훨씬 더 나은 환경 의식을 보인다.

열한 살인 루크는 환경에 대한 책임에 관해 자주 이야기한다. 이 아이는 이 문제를 심각하게 다루지 않는 사람들과 정치인들을 도무지 이해할 수 없다고 말한다. 얼마 전에 여섯 살인 잭은 이다음에 환경을 도울 수 있는 무언가를 발명하겠다고 말했다. (그 당시 아이와 엄마는 집 바깥에 퇴비 더미를 만드는 일을 하고 있었다.) 차를 한 대만 갖는 것, 휘발유를 더 적게 사용하는 것, 에너지 절약형 전구를 다는 것, "환경이 다치지 않게 하는 것", 아이들에게는 이 모든 것이 너무도 당연하다. 또한 아이들은 하나님이 환경을 돌보시므로 우리도 그렇게 해야 한다고 생각한다.

친환경적 삶

다행히도 이 나라와 세계 전역에서, 특히 젊은이들 사이에서 환경 의식이 높아졌다. 경제 위기는 환경에 대한 관심을 더욱 가속화시킬 것으로 보인다. 이미 사람들이 휘발유 사용을 줄이고 자동차 함께 타기에 더 많이 참여하고 있다. 2008년 한 해 동안 휘발유 소비가 6퍼센트 줄었다.[1] 미국 일부 지역의 경우 온실 가스의 무려 50퍼센트가 승용차에서 배출되는 현실을 감안할 때 이것은 중요한 변화다.[2] 이런 변화는 상당 부분 경제 사정 때문이었지만, 그렇다고 해서 반드시 일시적인 현상으로 취급할 필요는 없다. 일단 사람들이 운전을 적게 하고 자동차 함께 타기를 더 많이 하며 살아갈 수 있음을 배웠으므로 경제적인 어려움이 끝나도 그렇게 할 것이다.

독일의 마을들은 한 가지 큰 규칙을 만들어 가고 있다. 바로 동네에서는 자동차를 운전할 수 없다는 규칙이다. 독일의 파우분(Vaubun)에서는 70퍼센트의 가정이 차를 보유하지 않으며 57퍼센트는 그곳에 살기 위해 차를 팔았다. 이 동네 주민인 하이드룬 발터는 "차가 있을 때는 항상 긴장했다. 지금이 훨씬 더 행복하다"라고 말했다.[3] 미국의 많은 교외 거주지들은 차를 두 대 이상 보유한 가정을 염두에 두고 설계되어 상업 및 업무 지구가 주택 지구로부터 멀리 떨어져 있지만, 미국과 유럽에서는 새로 개발되는 도시를 '자동차를 적게 사용하는 생활'을 염두에 두고 설계하는 경우가 점점 더 많아지고 있다. 이곳 미국 내의 주택 지구들 역시 공용 구역, 공용 수영장, 공용 잔디 깎는 기계, 정기적인 포트럭을 고려하여 건설되는 경우가 많다. 젊은 신앙인들이 좀더 '단순한 삶'에 기초한 새로운 마을들을 세우고 있다.

많은 사람이 운전을 완전히 포기하기란 불가능하다고 생각할지 모른다. 그러나 자동차를 포기하는 사람들이 점점 늘고 있다. 전국 자동차 공유 서비스인 집카(Zipcar)는 도시 주민들로 하여금 필요할 때만 차를 사용할 수 있게 해준다. 회원들은 연회비를 낸 후 온라인으로 자기 동네와 도시 전역에 주차된 자동차를 사용하겠다고 신청한다. 연회비에는 휘발유와 보험까지 포함되어 있다.

집카는 세 아이의 어머니인 42세의 로빈 체이스(Robin Chase)에 의해 시작되었다. "뉴욕 타임즈 매거진"의 기사에 따르면, "체이스는 자동차 공유는 모든 사람의 유익을 위해 '이기심이라는 엔진을 제어하는' 이상적인 방법이라고 생각했다." 그는 이 모델이 사람들에게 필요한 서비스—'필요할 때 차를 쓰는 것'—를 제공하는 동시에 자신이 믿는 목표를 이룰, 즉 길 위에 다니는 차를 줄일 훌륭한 방법임을 깨달았다. 그는 "나는 자본주의라는 엔진을 무척 좋아하지만, 거기에는 매우 부정적이며 파괴적인 측면도 있다. 지금 우리는 그것을 주변에서 목도한다. 바로 극단적인 탐욕이다. 깜짝 놀랄 정도의 오만함이다"이라고 말했다. 집카는 영업을 시작한 이후 해마다 거의 두 배씩 규모가 커지고 있다.[4]

녹색 경제를 말할 때면, 일자리와 자녀의 경제적 행복 또는 손자 손녀들을 위한 지구의 생존 사이에서 하나를 선택해야만 한다는 말을 흔히 듣는다. 그러나 이번 위기는 그것이 사실이 아님을 보여 주었다. 세계의 거대 산업과 일자리를 창출할 차세

미국과 유럽에서는 새로 개발되는 도시를 '자동차를 적게 사용하는 생활'을 염두에 두고 설계하는 경우가 점점 더 많아지고 있다.

대 분야는 우리가 환경에 미칠 악영향을 최소화하는 일이라는 점이 점점 더 분명해지고 있다.

작가이며 활동가인 밴 존스(Van Jones)는 자신의 책 「그린칼라 이코노미」(*Green Collar Economy*, 페이퍼로드)에서 환경 관련 일자리가 세계의 가

장 심각한 두 가지 문제, 즉 빈곤과 환경 문제를 해결할 수 있다고 말한다. 건물의 내후성(耐候性)을 강화해 에너지 효율을 높임으로써 기업체와 주택 보유자 모두가 돈을 절약할 수 있으며, 수출할 수 없는 일자리를 창출할 수 있다. 태양 전지판과 녹색 옥상(green roof)을 설치함으로써 불필요한 폐기물을 줄일 수 있으며, 여기에서 시작해서 여기에 머무는 일자리를 만들어 낼 수 있다. 시카고에서는 출소한 전과자들이 컴퓨터 수리 훈련을 받은 후 낡은 컴퓨터를 고쳐 저소득 가정의 학생들이 학교에서 사용할 수 있게 했다. 도시에 사는 농부들은 유독한 흙을 제거하고 빈 땅에 작물을 재배한 뒤 그것을 농산물 직거래 장터에 내다 판다. 주택을 한 번에 무너뜨리는 대신 해체시켜 각 부분을 되판다.

"소저너스"지에 기고한 지니 초이(Jeannie Choi)의 글에서는 한물간 공업 도시 피츠버그에서 일어난 변화에 관해 이렇게 이야기한다. "부둣가의 버려진 공장들과 판자로 막은 예배당들은 폐허처럼 남아 주민들에게 이곳의 옛 영화를 그리워하게 할 뿐이다. 오늘날 이 도시에는 1만 4천 곳 이상의 부지가 비어 있다."[5] 그러나 이야기는 여기서 끝이 아니다. GTECH(Growth Through Energy and Community Health)라는 한 신생 기업은 이 텅빈 부지에 해바라기를 심고 거기에서 바이오 연료를 생산하는 변화를 일으켰다. 도시는 아름다워졌고, 대체 연료의 개발로 우리 모두가 그 혜택을 누린다.

1973년 원유 파동 때 변화를 이룰 기회가 있었다. 당시 미국은 불과 몇 년간이기는 했지만 연료 효율을 높이고 대체 에너지를 개발하는 데 관심을 기울였다. 의회에서는 자동차 제조업체로 하여금 연비가 리터당 7.3킬로미터 이상이 되도록 하는 연료 효율화 법안을 통과시켜 1985년에 전면 시행할 예정이었다. 그러나 1986년 레이건 대통령은 연비 기준을 리터당 6.9킬로미터로 개정해 이 법안을 후퇴시켰다. 또한 이미 시작된 대체 에너지 프로그램에 대한 예산을 대폭 삭감하고, 태양에너지연구소에 대한 자금 지원을 대부분 중단했다. 그 당시 민주당이 장악했던 의회 역시 태양력, 풍력 관련 기업에 대한 조세 혜택이 소멸되는 상황을 방치했다. 이후 공공 부문의 투자와 세액 공제에 고무되어 이 산업에 뛰어든 많은 미국 기업이 일본과 유럽의 회사들에게 팔려 넘어갔다. 1979년 카터 대통령은 백악관 대통령 집무실의 지붕에 태양열 난방 패널을 본보기 삼아 설치하라는 지시를 내렸다. 1986년 레이건 대통령은 이 패널을 제거했다.[6]

2009년 오바마 대통령은 연료 효율성에 관한 규제안에 서명했다. 그러나 새로운 기준을 적용해도 미국은 여전히 다른 선진국에 비해 뒤처져 있다. 2016년까지 미국에서 생산되는 자동차는 연비를 리터당 9.4킬로미터로 지금보다 40퍼센트 이상 높여야 한다. 그러나 현재 일본의 기준은 리터당 11.3킬로미터이며, 유럽은 11.4킬로미터다.[7] 분명 미국은 아직도 가야 할 길이 멀다.

이런 변화는 쉽지 않을 것이며, 때로는 희생이 필요할 수도 있다. 환경 정책의 변화는 먼저 가난한 사람들의 살림살이에 타격을 줄 것이며, 책임 있는 정책을 만들어 가기 위해서는 언제나 이 점을 고려해 저소득층이 겪을 어려움을 덜어 주어야 한다. 회심이 어렵다고 해서 시도할 만한 가치가 없다는 뜻은 아니며, 나중에도 아무런 유익이 없다는 말은 아니다. 오랫동안 복음주의권의 지도자였으며 새로운 복음주의자들(New Evangelicals)의 회장인 리치 사이직(Rich Cizik)은 "우리가 죽었을 때, 하나님은 우리에게 그분이 이 지구를 어떻게 만드셨는지, 지구를 만드시는 데 시간이 얼마나 걸렸는지에 관해서 묻지 않으실 것이다. 대신 청지기로서의 우리의 의무에 관해 이렇게 물으실 것이다. '내가 만든 곳으로 너는 무엇을 했느냐?'"라고 말했다.[8]

사람들은 단기적인 경제적 필요성 때문에 나누는 법을 배우는 중이다. 나는 사람들이 장기적인 지속가능성을 위해 계속해서 나눌 수 있기를 바란다. 어려운 때에 혹은 필요 때문에라도 형성된 새로운 마음의 습관은 평생 가는 습관으로 자리잡을 수도 있다. 녹색 경제로의 변화는 다른 모든 것을 변화시키는 중대한 변화들 중 하나가 될 것이다. 이것이 곧 회심이다.

12

가정을 중시하는 문화

우리의 가정을 상대로 전쟁이 벌어지고 있다. 그러나 이 전쟁은 어떤 장소에서 사람들과 벌이는 것이 아니다. 이 전쟁은 더 길어진 노동 시간, 줄어든 임금, 왜곡된 성공의 수단, 남에게 뒤처지지 말고 살라는 무자비한 압력, 부정적인 가치를 조장함으로써 우리 자녀들을 문화적으로 살육하는 행위들로 인한 전쟁이다.

우리는 이런 물음을 던질 필요가 있다. 건강한 가정은 어떻게 만들어지는가? 최신의 것, 가장 대단한 것은 가정과 친구의 적이 될 가능성이 있다. 부모들은 원하는 것과 필요한 것, 모니터와 책을 들여다보는 시간, 상상력을 자극하는 것과 그저 오락거리를 제공하는 것 사이에서 갈등한다.

당신이 배우자와 자녀들과 보내는 시간은, 우리가 물려줄 유산에 대한 가장 핵심적인 투자다. 예를 들어, 어떻게 하면 교회나 봉사 단체, 리틀 야구팀에서 가장 잘 배울 수 있는 가치들이 자녀들에게 평생 동안 좋은 영향을 끼치겠는가? 어떻게 우리는 자녀들에게 긍휼과 정의와 평등,

인간의 존엄성, 사회 정의, 공동체 등의 가치를 가르칠 수 있을까? 이보다 더 중요한 문제는 거의 없다.

리틀 야구팀

> 내 아들은 나를 올려다보더니 "아빠, 사랑해요"라고 말했다. 그 순간, 온 세상이 완벽해지는 것 같았다.

나는 두 아들이 소속된 리틀 야구팀에서 코치로 뛰는 것을 가족에 대한 가장 중요한 의무로 생각한다.

"아빠, 운동장에 가서 투구 연습 조금 더 할 수 있을까요?" 우리가 속한 애스트로스 팀은 트리플 에이 결승전 마지막 회에서 노스웨스트 워싱턴 D.C. 팀에게 승리를 거뒀다. 아이들과 부모 모두가 흥분했다. 우리 집에서 트로피와 피자를 건네며 시즌을 우승으로 마무리한 것을 축하하는 성대한 파티를 막 끝낸 때였다. 다른 사람들은 다 집에 갔지만, 믿을 만한 4번 타자이자 마무리 투수인 루크는 야구를 더 하고 싶어 했다. 나는 미소를 지으며 "그래, 가자"라고 말했다. 코치이자 아빠인 내가 다른 무슨 말을 할 수 있겠는가?

집에서 조금만 걸어가면 터틀 공원의 프렌드십 구장에 도착한다. 이 집으로 이사 온 것도 공원이 가깝기 때문이었다. 나는 네 개의 야구장을 갖춘 이 꿈의 구장이 이 도시 최고의 구장이라고 생각한다. 우리처럼 야구를 좋아하는 가족에게 이것은 마치 바닷가에 사는 것과 같다. 내 아들 루크와 잭은 앞으로 몇 년 동안 이곳에서 많은 시간을 보낼 것이다.

네 개의 야구장에 다른 사람은 아무도 없었다. 벌써 해질 무렵이었기 때문이다. 우리는 결승전에서 승리한 구장을 택했다. 루크는 마운드로 걸어갔고 나는 포수 자세를 취했다. 그러나 몇 차례 공을 던지다 이내 나는 "루크, 이렇게 어두운데 계속 공을 던지다가는 둘 중 하나는 머리에 공을 맞을 거야. 아마도 나일 테지. 그냥 구장 주위를 걸으며 오늘 경기에 관해 이야기할까?"라고 말했다. 루크는 좋은 생각이라고 했다.

그래서 두 남자, 아버지와 아들은 어둠 속에서 네 구장의 본루를 빠짐없이 밟아가며 터틀 공원 주위를 천천히 걸었다. 우리는 야구와 다른 것에 관해서도 이야기했다. 산책을 끝내고 집을 향해 어두운 길을 걷다가 내 아들은 나를 올려다보더니 "아빠, 사랑해요"라고 말했다. 그 순간, 온 세상이 완벽해지는 것 같았다. 집에 돌아왔을 때 어린 잭이 아직도 깨어 있었다. 들어오는 우리를 보더니 그 아이는 "아빠, 내일 나랑 투구 연습해요. 저 실력이 꽤 늘었어요!"라고 말했다. 다음 날 아침 계획이 바로 잡힌것이다.

가족의 가치

정치적 입장을 막론하고 가족의 가치를 갈망하는 새로운 흐름이 나타나고 있다. 어떤 통계 자료를 보든지, 가정이 건강해질 때 사회의 행복을 나타내는 모든 지표도 개선된다는 것을 알 수 있다. 가정이 튼튼해지면 수많은 사회 문제가 해결된다. 가족 유대감은 우리에게 가장 큰 만족을 주는 요소 중 하나다. 시장의 가치보다 가정을 지탱하는 윤리를 더 중시하는 가정 중심의 문화는 우리 마음의 습관에 엄청난 변화를 가져올 것이다. 이것은 또 하나의 회심이다.

우리 자녀들에게 일어나고 있는 일에 관한 심각한 우려는 우리 모두에게—부자와 중산층, 가난한 사람들 모두에게, 인종과 종교, 정치적 입장까지도 막론하고 모든 사람들에게—거의 보편적인 문제가 된 듯하다. 자신의 삶에서 적극적으로 가치를 실천하지 않는 사람이라 해도, 부모가 되면 자기 자녀는 다르기를 바란다. 수감자들에게도 자녀에 대한 관심은 거의 보편적인 듯하다. 이들이 자녀와 지속적인 관계를 유지하는지의 여부는 수감 태도와 석방 이후 재범률을 예측하게 해주는 가장 정확한 척도다. 수감자들과 그 자녀들을 연결시키는 일을 하는 단체들은 너무나도 인상적이며 감동적이고 매우 현실적인 성과를 거두고 있다.

경제적 안정성, 일자리, 미래를 위해 투자했던 돈을 잃게 되면 사람들은 이러한 손실이 자녀들에게 미칠 영향에 대해 우려한다. 물론 사람들은 자녀의 건강, 안전, 미래에 관해서도 걱정한다. 그러나 질주하는 소비와 부채, 이기심의 사회 속에서 자녀들이 어떤 **가치**를 지니게 될지 걱정하는 사람들이 늘고 있다. 부모들은 우리 사회가 영적인 문제, 혹은 인간의 문제보다도 물질적인 것에 훨씬 더 높은 가치를 부여한다고 걱정한다. 특히, 시장의 가치와 경제적 압박 때문에 가족이 함께 보내는 시간이 점점 없어지고 있다고 걱정한다.

나는 자녀들의 의식주를 해결하기 위해 하루에 긴 시간 여러 일을 해야만 하는 저소득층 어머니들과 대화를 많이 나눴다. 이들은 고된 하루 일과 중 가장 고통스러운 점에 관해 이야기하면서 눈물을 흘리곤 한다. 그들에게 가장 힘든 것은, 바로 아이들이 잠자리에 들 때 곁에 있어 주지 못한다는 사실이다.

하지만 대부분의 중산층과 심지어는 중상류층 가정 역시 시간과 돈이 부족하다고 느낀다. 부모가 모두 있는 가정도 마찬가지다. 부모는 집 밖에서 두 가지 일을 해야 한다. 직장과 학교, 방과 후 활동, 운동 경기와 연습, 생일파티, 가족 식사를 비롯해 가족이 함께하는 시간을 빠짐없이 다 챙기기란 점점 더 힘들다. 극단적인 경제적 압박으로 가장 고통받는 것은, 자녀 양육을 삶의 중심에 두는 오래된 전통적 가족의 가치다. 경제적으로 어떤 처지에 있든지 누구나 그 가치를 잃어 가고 있음을 느끼고 있다.

오락과 교육

이 책을 쓰기 위해 자료 조사를 하면서 나는 전에는 몰랐던 몇 가지를 깨달았다. 그중 하나는, 너무나도 많은 소비재들, 특히 전자 산업과 오락 산업에서 만드는 제품은 가격이 꾸준히 떨어지는 반면, 교육비는 급격히 상승하고 있다는 사실이다.

1950년대에 컬러 텔레비전이 처음 등장했을 때, 평균 가격은 2000년 달러 가치를 기준으로 2,227달러였다. 그러던 것이 1960년대 말에는 가격이 절반으로 떨어졌고, 2000년에는 175달러에 불과했다. 지금도 조금만 찾아보면 작은 LCD 평면 텔레비전은 200달러면 살 수 있고, 구형은 거의 거저라 할 수 있다. 전자레인지는 1955년 당시 2000년 달러 가치를 기준으로 1,300달러였지만, 1960년대 말에는 495달러에 불과했다. 오늘날 미국 전역의 대학교 기숙사에서 흔히 볼 수 있는 모델은 50달러 이하로 팔린다. 한 사람의 일생보다도 짧은 기간 동안, 방 하나를 가득 메울 만큼 거대한 기계로 대기업과 정부, 소수의 엘리트 대학교에서만 사용할 수 있었던 컴퓨터는 이제 어느 곳에서나 볼 수 있게 되었고 너무나도 평범한 물건이 되었다. (인터넷 전용으로 설계된 작은 휴대용 컴퓨터인) 넷북은 불과 몇 십 년 전에는 상상조차 할 수 없었던 방식으로 컴퓨터를 활용할 수 있게 해 주지만, 300달러도 안 되는 값에 팔린다. 비영리단체들은 제조원가가 100달러 이하인 휴대용 컴퓨터를 만들어 세계의 가장 가난한 마을에 나눠 주고 있다.

어떤 비용은 계속 떨어지는 반면, 다른 비용은 계속 올라간다. 2007-2008학년도에 학위를 수여하는 공립 교육기관의 평균 등록금과 기숙사비는 1만 1,600달러였으며, 사립 교육기관은 2만 9,900달러였다. 딱 30년 전 이 학생들의 부모들이 학교를 다닐 때였던 1977-1978학년도에 그 비용은 현재의 달러 가치로 환산하면 공립학교가 1,900달러, 사립학교가 4,200달러 정도다. 자녀들이 앞으로 더 많은 돈을 벌 것이므로 이런 비용을 지출할 만한 가치는 있겠지만, 현재 대학 졸업생들이 평균 2만 1,900달러의 학자금 대출을 빚으로 안고 있다는 사실은 여전히 놀랍다.

생각해 보라. 값이 점점 내려가는 것은 화면으로 보는 것들—평면 텔레비전, 컴퓨터, 휴대전화, 스마트폰—이나 아이팟과 다른 휴대용 재생장치처럼 음악을 듣는 것들이다. 보고, 듣고, 문자 메시지와 이메일을 보내고, 휴대전화로 통화하는 것, 이 모든 것은 우리를 점점 더 바쁘게 만들 뿐만 아니라 가족으로부터, 서로에게서부터 점차 멀어지게 한다. 대학생 자녀를 둔 부모들이 자녀들이 어떻게 지내는지 궁금해서 페이스북에 가입한다는 이야기를 들었다. 왜냐하면 자녀들이 휴대전화가 있어도 집에 자주 전화하지 않기 때문이라고 한다.

그밖에, 부모들이 가장 중요하게 생각하는 문제 중 하나인 자녀 교육은 그 비용이 날마다 오르고 있다. 그로 인해 우리와 우리 자녀들은 별다른 선택의 여지도 없이 엄청난 빚더미에 오를 수밖에 없다. 학부모와 학생들이 치솟는 교육비로 어려움을 겪고 있지만, 주 정부는 재정 지출에서 교육을 우선순위에 두지 않는다. 지난 20년 동안 각 주는 교정 시설에 대한 지출을 127퍼센트 늘렸지만,

생각해 보라. 값이 점점 내려가는 것은 화면으로 보는 것들이나 아이팟과 다른 휴대용 재생장치처럼 음악을 듣는 것들이다.

고등 교육에 대한 지출은 고작 21퍼센트밖에 늘지 않았다. 이 나라의 일부 지역에서는 지역 주민을 위한 2년제 대학에 대한 재정 지출의 증가율이 물가인상폭에도 미치지 못하는 경우가 많다. 2년제 대학은 비싼 등록금을 내지 않고도 대학 교육을 받고 싶은 사람들과 저소득층에게 귀중한 직업 훈련과 고등 교육을 제공하기 위한 것임에도 말이다.

거대한 착취

2009년 3월 나는 펜실베니아 주 윌크스배리에서 일어난 스캔들을 바라보며 마음이 찢어지는 듯했다. 소년법원의 판사 두 명이 아이들을 수감시키는 대가로 6년에 걸쳐 뇌물을 받은 혐의로 체포되었다. 도대체 어떻게 이런 일이 일어났을까? 펜실베니아 아동보호 유한회사와 그 자매회사인 서부 펜실베니아 아동보호 유한회사는 이 청소년들이 수감된 교도소를 운영하는 사기업이다. 펜실베니아 주에서 청소년 범죄율이 감소하거나 청소년들이 감호시설에서 더 적은 시간을 보내게 되면, 이 회사는 적자를 보게 된다. 그러나 수감되는 청소년들이 많아지면, 이 회사는 더 많은 이익을 내게 된다.

시장은 이 나라의 아이들을 가둠으로써 이윤을 만들어 내는 방법을 발견한 셈이다.

한때 미국은 중산층이 늘어나고 많은 사람이 중산층이 될 수 있는 기회를 누릴 수 있었기에 전 세계의 부러움을 샀다. 그러나 이제 중산층 중심의 미국 경제는 모래시계형 경제로 변하고 말았다. 최상위의 부자들은 더 부유해지고, 가운데의 중산층은 더 심한 압박을 받고, 밑바닥에 있는 사람들은 모든 무거운 짐에 짓눌린다. 이 새로운 경제의 작동 방식은 이러하다. 맨 꼭대기의 높은 소비 수준, 중산층의 돈과 시간을 쥐어짜는 높은 소비 압력, 밑바닥의 일자리와 소득 감소. 이런 상황에서 하층 계급은 점점 더 가난해지고, 범죄 행위로 수감되는 사람들 역시 늘어난다. 또한 영리를 목적으로 하는 교도소의 수요도 증가한다. 결국 이 모든 것이 잘 맞아들어간다!

이러한 압박은 이야기의 일부에 불과하다. 가정의 우선순위를 회복하려 노력하는 부모들도 있지만, 시장의 관점에서 이런 선택은 타당성이 없다. 내가 강연 중에 부모로서 아이를 키우는 것은 반문화적인 활동이라고 말하자마자 대부분의 부모들은 고개를 끄덕인다. 조이는 우리가 학교와 축구팀, 야구팀에서 만나는 가족들을 '마을'이라고 부른다. 그녀는 이 사람들과의 관계에서 '마을 사제'가 되었다. 그녀는 아이들의 학교에 적극적으로 참여하며, 학교에서 열리는 자선 경매를 위해 친구들에게 물품을 기부해 달라고 부탁하기도 한다. (가장 최근에는 두 장의 학교 티셔츠에 그룹 U2의 리더 보노의 자필 사인을 받아 내기도 했다!) 최근에는 인디애나 주 고센 칼리지(Goshen College)에서 멋진 졸업식 연설을 통해 젊은 졸업생들에게 정말로 가치 있는 삶을 살라고 격려하기도 했다.

나는 믿음과 정의에 대해, 어떻게 하면 풍성하고 인간적이며 선한 삶을 살아갈 수 있을지에 대해 같은 비전을 품은 아내를 만난 축복을 누리고 있다. 밤에 우리는 포

시장은 이 나라의 아이들을 가둠으로써 이윤을 만들어 내는 방법을 발견했다.

도주 한 잔을 놓고 우리가 품은 그 비전에 관해 한참 이야기를 나누곤 한다. 만약 사제인 나의 아내가 목회자로 다시 부름을 받는다면, 그 교회는 분명 은총의 교회라 불릴 것이다. 그녀는 내가 아는 그 누구보다 심오한 은총의 신학을 가지고 있기 때문이다. 나처럼 자주 은총의 축복이 필요한 남편을 둔 사람에게 이것은 매우 유익한 은사다.

좋은 기업 정책과 공공 정책 역시 많은 가족에게 긍정적인 변화를 가져다 줄 수 있다. 휴가 정책을 예로 들어 보자. 최근 경제정책연구소(CEPR: Center for Economic and Policy Research)에서 실시한 미국의 기업과 노동자에 대한 연구에 따르면, 1년에 평균 9일의 유급휴가에 6일의 공휴일을 더해 총 15일을 쉰다고 한다. 또한 미국 노동자 네 명 중 거의 한 명은 유급휴가를 전혀 받지 못한다고 추정된다. 반면에, 다른 나라들의 인적자원 컨설팅 회사에서 실시한 조사를 보면 훨씬 더 관대한 휴가 정책을 실시하고 있음을 알 수 있다. 유럽연합의 모든 회원국에서는 노동자에게 공휴일 외에 1년에 최소한 20일 이상의 유급휴가를 제공해야 한다. 프랑스의 노동자들은 1년에 총 40일, 오스트리아에서는 38일, 독일에서는 34일의 유급휴가를 받는다.[1]

또 다른 정책 사례는 출산휴가다. 즉, 산모는 얼마나 많은 유급휴가를 받아야 하는가? 미국의 가정 및 의료 휴가법(Family and Medical Leave Act)에서는, 공공 기관과 50인 이상을 고용한 사기업은 총 12주까지의 무

급 휴가를 제공해야 한다고 규정한다.[2] 이 경우에도 다른 많은 나라들이 훨씬 더 너그러운 정책을 실시한다. 프랑스는 16주, 영국은 39주의 휴가를 준다.[3] 가족을 위한 또 다른 중요한 변화는, 일하는 부모들에게 더 유연한 노동 시간과 업무 스케줄을 허용하는 것일 테다. 가정에서 일을 할 수 있게 하고 사무실 근무 시간에 융통성을 준다면 자녀와 가정을 더 잘 돌볼 수 있을 것이다.

이처럼 가정을 중시하고 투자를 아끼지 않는 공공 및 기업 정책은, 힘겨워하는 가족들에게 매우 중대한 변화를 일으킬 것이다. 가정 친화적인 여유와 휴식을 지원하고, 출산과 같이 삶의 중요한 단계에 꼭 필요한 지원을 제공할 수 있을 것이다. 가족과 보내는 시간이 얼마나 중요한지 우리는 모두 잘 알고 있다. 이 소중한 원칙을 지킬 수 있도록 기업과 정부 모두 더 많은 노력을 기울여야 한다.

야구에서 배운 인생의 교훈

리틀 야구팀의 부모들은 코치로서 내가 아이들에게 자주 하는 말이 사실은 '인생의 교훈'이라며 나를 놀리곤 한다. 예를 들어, 나는 야구장에서 아이들에게 이렇게 외친다. "공이 네 쪽으로 오고 있다고 생각해!" "경기가 시작하기 전에 뭘 해야 할지 생각해 봐!" "스윙을 하지 않을 때도 공이 오면 칠 수 있도록 준비를 하고 있어!" "공을 칠 때마다 뛰어!" 혹은, 내가 가장 좋아하는 말인 "거기 힘내자!"

우리 야구팀에서는 세 가지 목표를 세웠다. 첫째, 즐기자. 둘째, 좋은 팀원이 되자. (우리 팀에 엄격한 규칙이 하나 있다면 바로 이것이다. 특히, 누군가 실수했을 때 부정적인 말을 하지 말자. 코치를 포함해서 우리 모두가 실수한 것이기 때문이다.) 셋째, 야구를 배우고 사랑하자. 나중에 커서 아이들은 리틀 야구 리그에서 몇 점을 냈는가나 몇 등을 했는가보다는 어떤 경험을 했는지를 더 기억하게 될 것이다. (내 아들을 포함해) 우리 팀 선수들은 메이저 리그 선수가 되는 꿈을 꾸기도 하지만 그럴 가능성은 별로 없어 보인다. 그러나 리틀 야구 선수로서 그들이 배운 교훈은 그들에게 평생 남을 것이다.

야구를 통해 아이들이 배울 수 있는 가장 중요한 교훈은 좋은 성적과 사랑을 분리하는 법이다. 팀의 4번 타자인 루크는 중견수 머리를 넘기는 안타를 쳐 결승전을 승리로 이끌었을 때 코치가 얼마나 기뻐하고 자랑스러워했는지 느낄 수 있었다. 그러나 주자가 있는 상태에서 너무 높은 공에 헛스윙을 해 아웃당했을 때도 아빠가 자신을 사랑하고 지지한다는 것을 절대로 의심하지 말아야 한다.

이번 리그의 결승전에서 내가 왜 리틀 야구팀 코치를 하는지를 다시 한 번 깨닫게 해준 사건이 있었다. 6회초 우리는 3대 2로 앞서고 있었다. 상대팀은 1아웃 상태에 2루에 주자가 있었다. 다음 타석에서 우

> 야구를 통해 아이들이 배울 수 있는 가장 중요한 교훈은 좋은 성적과 사랑을 분리하는 법이다.

리 팀 3루수 티미가 자신 쪽으로 굴러오던 땅볼을 놓치는 바람에 동점 주자가 3루까지 진루했다. 관중의 한숨 소리를 들을 수 있었고, 티미가 얼마나 절망했는지를 눈으로 볼 수 있을 정도였다. 그러고는 다음 타석에서 뜬 공이 바로 그 아이에게로 날아갔다! 티미는 공을 놓쳤고, 주자는 홈을 밟아 동점을 만들었다. 이 아홉 살짜리 소년은 급기야 울음을 터뜨렸다.

나는 작전 시간을 요청하고 3루로 갔다. 아이는 흐느껴 울며 경기에서 자신을 빼 달라고 애원했다. "코치님, 그냥 벤치에 앉아 있게 해주세요. 더 이상 경기를 할 수 없어요!" 나는 그 아이에게 심호흡을 하고 나를 바라보라고 말했다. 나는 "티미, 네가 여기 있는 건 내가 너를 믿기 때문이야. 너를 경기에서 빼지 않을 거야. 티미, 넌 좋은 선수야. 그리고 좋은 선수도 가끔은 공을 놓쳐. 나는 3루에 네가 필요해. 이것만 기억해. 지난 타석보다 다음 타석이 훨씬 더 중요해. 넌 할 수 있어"라고 말했다.

나는 그 아이가 얼마나 힘들어하는지 느낄 수 있었다. 이런 경험이 오랫동안 상처로 남을 수도 있다는 것을 알고 있을, 관중석에 있던 그의 부모 역시 너무나도 괴로웠을 것이다. 심판은 "경기 시작!"이라고 외쳤다. 우리는 다음 타자를 아웃시켰다. 놀랍게도 다시 한 번 뜬 공이 3루 쪽으로 솟아올랐다. 나는 작지만 힘있는 목소리가 "내가 잡을게!"라고 외치는 것을 들었다. 그리고 티미가 공을 잡아 냈다. 이닝이 끝났다. 마지막 타석에서 우리 팀은 극적인 홈 스틸 이후 결승타를 쳐 리그 우승을 차지했다. 경기가 끝난 후 나는 모든 선수를 잔디밭으로 불러 모아 이렇게 말했다. "우리 중 한 명이 어려운 순간을 맞기도 했지만…결국 멋진 수비로 경기를 승리로 이끌었다. 티미에게 박수를 보내자!" 모두들 두 번째(혹은 세 번째) 기회가 필요했던 그 아이에게 박수갈채를 보냈다. 나중에 티미는 트로피를 가장 처음 받아든 선수가 되었다. 그 다음 주 그의 부모는 나에게 이메일을 보내 아들이 벌써 다음 시즌에 등록했다고 알려 왔다.

영적 훈련과 잠자리 기도

남들보다 조금 늦게 아버지가 된 후 나는 많은 것을 배웠다. 사실, 내 삶에서 가장 중요한 교훈은 아빠가 된 후에 배웠다고 말해도 과언이 아니다. 나에게 두 아들

아빠 노릇을 하는 것은 바쁜 내 삶 속에서 유일한 관조적 훈련이나 다름없다.

은 영적인 닻이었으며, 그들에게 아빠 노릇을 하는 것은 바쁜 내 삶 속에서 유일한 관조적 훈련이나 다름없다. 나는 리틀 야구 리그나 심지어는 밤에 아이들을 재워 주는 시간을 중심으로 연설이나 출장 계획을 세우기 시작했다. 오래 지나지 않아 나는 아이들을 위해서가 아니라 사실은 나 자신을 위해서 이렇게 한다는 것을 깨달았다. 나는 아이들이 학교에서나 방과 후에 친구들과 어떻게 지냈는지를 꼭 들어야만 한다. 아이들과 잠들기 전에 함께 드리는 기도는 나에게 결코 놓쳐서는 안 되는 시간이다. 이제는 아이들이 나의 신학을 빚어 가도록 도와준다.

요즘 잭이 가장 빛나는 순간은 기도할 때다. 언제나처럼 먼저 엄마와 아빠, 형, 사촌들, 반 친구들을 위해서 기도한다. 그런 다음 두 아이는 '가난한 사람들'을 위해 기도하기도 한다. 그런데 잭은 이렇게 덧붙인다. "그리고 하나님, 가난한 사람, 배고픈 사람, 집이 없는 사람들이 너무 많아요. 무슨 하실 말씀이나 질문 없으세요?…아멘." 쌍방향 수업에 익숙한 잭은, 가난한 사람들이 이다지도 많은 현실에 관해 하나님이 어떻게 생각하시는지 알고 싶어 했다!

몇 달 전에 나는 루크에게, 기도하면서 날마다 전 세계에서 거의 30만 명의 아이들이 기아와 질병으로 죽어가는 현실에 관해 하나님이 뭐라고

말씀하시는지 들어 보라고 이야기했다. 그는 "하나님, 내일 또 그렇게 많은 아이들이 죽지 않기를 기도합니다.…(한숨 쉬며) 하지만 그럴 거 같지는 않습니다. 하나님, 그래서 내일은 그 아이들에게 최고의 날이 되기를 기도합니다.…하지만 바보 같은 소리네요. 그러니 하나님…이런 일이 더 이상 일어나지 않게 할 수 있도록 우리를 도와주세요." 나는 어둠 속에서 조용히 눈물을 흘리며 아멘이라고 말할 뿐이었다. 어떻게 이런 기도를 놓칠 수 있단 말인가?

나는 "예산안은 도덕과 직결된 문서다"라는 말을 만들어 냈다. 일부 정치인과 언론인들 덕분에 이는 워싱턴에서 흔히 사용하는 말이 되었다. 루크와 잭의 아버지가 된 후 나는 이렇게 말한다. "일정은 도덕과 직결된 문서다."

일정은 너무나도 중요하다. 한때 나는 예산안이 가정, 교회, 시, 주, 국가가 무엇을 혹은 누구를 가장 중요하게 생각하는지를 말해 준다고 이야기했다. 이 말은 일정에도 그대로 적용된다. 일정은 우리가 누구를, 혹은 무엇을 가장 중요하게 생각하는지 말해 준다.

토머스 머튼(Thomas Merton)은 "결국 모든 것을 구원하는 것은 인격적 관계다"라고 말했다.[4] 나에게 가장 큰 축복은 조이, 루크, 잭과 한 가족을 이룬 것, 그리고 지금은 세상을 떠난 부모들이 우리에게 남겨 준 사랑의 유산을 생생히 기억하는 형제와 자매, 사촌들과 한 가족을 이루고 있다는 것이다. 거기에 가장 좋은 친구와 동료를 만난 축복, 그리고 신앙과 정의를 결합하는 이 새로운 운동을 통해 깊은 연대감과 동지 의식을 표현하는 많은 사람들, 특히 새로운 세대의 젊은이들을 만날 수 있는 축복을 덧붙이고 싶다. 이런 것들이 나에게 희망을 준다.

13

일의 의미와 봉사의 윤리

이번 경제 불황의 핵심 관심사는 일자리였으며, 실업률은 경제 사정을 판단하는 척도였다. 집과 일자리를 잃으면서 사람들은 가장 피부에 와 닿는 경제적 손실을 경험했다. 지금의 불황이 찾아오기 전 몇 십 년 동안, 피라미드의 꼭대기에 자리한 사람들의 수입은 급상승할 때에도 저소득 가정과 심지어는 중산층 가정의 임금은 정체 상태에 있었다. 실질 임금이 줄어들 뿐만 아니라 임금 외 수당도 줄었다.

일자리가 다시 생겨나고 임금이 올라가고 수당이 회복되기를 바란다면 더 많은 것이 필요하다고 생각한다. 나는 우리가 **일자리**의 수뿐만 아니라 **일**의 질에 초점을

사람들에게는 좋은 일자리도 필요하지만, 좋은 일이 필요하다.

맞추어야 한다고 믿는다. 단순한 직업이 아니라 소명에 관해 이야기해야 한다. 그저 무엇으로 시간을 채울 것인가가 아니라 무엇으로 우리 시간을 의미 있게 할 것인가에 관해 이야기해야 한다. 지금의 불황은

우리로 하여금 더 심층적인 물음, 즉 일자리뿐만 아니라 노동에 관해 생각할 기회를 제공한다. 사람들에게는 좋은 일자리도 필요하지만, 좋은 일이 필요하다.

일의 새로운 정의

많은 종교 전통에서 일은 매우 중요하다. 우리는 '하나님의 일'에 관해 이야기한다. 그리고 그 일을 우리의 일로 삼아야 한다고 말한다. 위대한 종교 전통들은 하나님이 일하신다고 가르친다. 그분의 형상으로 창조되었기에 우리는 일하시는 하나님의 능력을 반영할 뿐만 아니라, 그 일이 우리의 정체성을 이루는 주요 요소가 되어야 하며 그 일을 통해 하나님의 형상을 반영해야 한다. 우리 손으로 행하는 일은 하나님을 예배하는 한 가지 방식이다. 실로 우리는 우리 자신을 하나님과 더불어 일하는 사람이자 세상을 향한 하나님의 목적을 이루어 가시도록 돕는 존재로 이해해야 한다.

그러나 너무나도 많은 사람들에게, 일의 문제는 좋은 임금과 수당을 받지 못하는 것에 그치지 않는다. 노동의 목적과 의미를 상실한 사람들이 많다. 지금이야말로 월급과 수당뿐만 아니라 일의 목적과 의미도 중요하다는 것을 다시 한 번 기억할 때다. 현실주의자들의 주장처럼 이것은 사치가 아니다. 일을 통해 하나님과 그분의 피조물을 섬기는 것이 하나님의 뜻이었다. 우리의 일은 하나님의 창조 세계를 돌보는 선한 청지기의 역할을 수행하는 데 매우 중요한 구성 요소이며, 이웃에 대한 섬김의 일부다. 다시 말해, 우리의 일은 창조 세계와 이웃, 우리 자신의 유익을 위한 것이 되어야 한다.

다시 말하지만 이번 위기는, 우리에게 일에 관한 중요한 질문을 다시 생각해 볼 기회를 제공한다. 경제 위기가 오기 전에는 안정적인 직업을 가진 사람들이 일하지 않는 사람들을 그저 게으르다고 경멸하는 경우가 많았다. 물론 일하고 싶어 하지 않는 사람들이 언제나 있기 마련이지만, 이번 불황을 통해 복지 수혜 계층은 일하려 하지 않는 사람들이라는 신화는 거짓말이라는 것이 밝혀졌다. 현실은 열심히 일하는 부지런한 사람들도 직업을 얻지 못하는 경우가 많다.

그러나 우리는 단지 일을 통해 돈을 버는 것뿐만 아니라 우리가 하는 일의 의미에 관해 논의를 시작해야 한다. 모든 사람들로 하여금 인간의 존엄성을 증진하는 일에 참여할 수 있게 하는 것은 언제나 어려운 문제다. 히브리 성서에서, 룻은 보조금을 지급하는 노동이라 할 수 있는 이삭줍기에 관한 율법 덕분에 창조적으로 경제에 참여할 수 있었다. 좋은 사회에 관한 이사야의 비전은, 사람들이 "수고하여 번 것을 오래오래 누리고" "헛되이 수고하지 않는" 것이었다.[1] 그리고 축복의 시편 중 하나에서는 "네 손으로 일한 만큼 네가 먹으니, 이것이 복이요, 은혜다"라고 약속한다.[2]

하버드 졸업생으로서 런던 정경대(London School of Economics)에서 석사 학위를 받은 스티븐 스미스는 한때 노숙자였던 사람들과 장애인들을 고용하는 빵집을 운영하고 있다. 그의 부인인 새러 휘태커는 가족 중에 처음으로 대학을 졸업했다. 그녀는 노스웨스턴 법대생이던 시절 남는 시간을 이용해 어린 여고생들이 자기 가족 중 처음으로 대학생이 될 수 있도록 돕는 비영리단체를 시작했다. 스티븐과 새러는, 자신이 하는 일에 그저 월급을 받는 것보다 더 중요한 의미가 있다고 믿는 새로운 세대의 젊은이들과 모든 연령대의 사람들을 대변한다.

「모터사이클 필로소피」(Shop Class as Soulcraft, 이음)에서는 정치철학 박사학위를 받은 한 젊은이가 자신의 열정이 사무실에 앉아 서류를 작성하는 직업이 아니라 오토바이를 수리하는 일에 있음을 깨닫게 된 이야기를 들려준다. 물론 고등 교육의 중요성을 결코 무시해서는 안 된다. 하지만 우리는 특정한 형태의 일만 지나치게 강조하고 손으로 하는 노동의 중요성과 가치를 무시해 왔다. 영화 "파이트 클럽"(Fight Club), "뛰는 백수 나는 건달"(Office Space), 시트콤 "오피스"(The Office)가 큰 성공을 거둔 것은 근본적인 진실에 관해 이야기했기 때문이다. 즉, 사람마다 자기에게 맞는 직업이 있으며, 사무실에서 일하는 직업이 언제나 만족스러울 수는 없다. 2009년 여름에 가장 인기 있었던 인턴 과정 중에는 유기농 농장이나 가족 농장에서 일하는 것도 있었다.

> 우리는 단지 일을 통해 돈을 버는 것뿐만 아니라 우리가 하는 일의 의미에 관해 논의를 시작해야 한다.

사람들은 대부분 창의력을 더 많이 발휘할 수 있는 일자리를 원한다. 그리고 이번 위기가 우리 안에 있는 창의적인 불꽃을 다시 한 번 불태울 수 있는 기회가 될 수도 있다. 우리는 지금 일터에서 소명, 즉 '부르심'에 대해 새롭게 초점을 맞출 수 있는 기회를 얻었다. 조너선 색스는 「차이의 존중」에서 이에 관해 잘 말해 주고 있다. "일은 영적인 가치를 지닌다. 노동은 사람을 고양시킨다. 그것을 통해 먹을 것을 얻을 수 있기 때문이다. 이 랍비들은 일하지 않고 얻는 수입이 아니라 노동으로부터 오는 자존감에 관심이 있었다.…동물들은 먹을 것을 찾는다. 사람만이 먹을 것을 만들어 낸다."[3]

마약 밀매

정보통신 관련주의 주가가 폭락하기 직전인 2000년에 개봉한 영화 "보일러 룸"(*The Boiler Room*)은 주인공인 세스 데이비스(Seth Davis)의 인상적인 독백으로 시작된다.

얼마 전 나는 마이크로소프트 사가 세계에서 연봉 백만 달러 이상의 임원을 가장 많이 고용한 회사라는 기사를 읽었다. 이들은 성탄절 상여금으로 스톡옵션을 받았다. 그 회사의 건물 관리인 중 한 사람이 자신의 페라리 옆에 서 있는 사진을 본 적도 있다. 나는 혼란스러웠다. 어떻게 이런 말도 안 되는 경우가 있을까? 하지만 이런 경우가 점점 더 많아지면, 당신에게도 그런 일이 일어날 수도 있다고, 심지어는 그런 일이 쉽게 일어나기도 한다고 생각한다. 그리고 텔레비전을 켜 보면 상황은 훨씬 더하다. 8,700만 달러짜리 복권에 당첨된 사람도 있고, 영화 한 편으로 2천만 달러를 번 아역 배우도 있으며, IT 관련 주가가 폭등한다. 그 분야에 일찍 투자했다면 수백만 달러를 벌 수도 있을 것이다. 바로 내가 원한 것이었다. 한몫 잡는 것. 나는 더 이상 혁신자가 되기를 원치 않았다. 그저 빨리 쉽게 돈을 벌고 싶었을 뿐이다. 나도 한몫 잡고 싶었을 뿐이다. 노토리어스 비아이지(Notorious B.I.G.: 미국의 유명한 래퍼―역주)의 말은 정확하다. "마약 중개상이 되든지, 아니면 환상적인 점프 슛을 할 줄 아는 농구 선수가 되든지." 아무도 더 이상 열심히 노력해 성공을 거둘 수 있다고 생각하지 않는다. 마이키 디(Mickey Dee's: 맥도널드의 속칭―역주)에서 일해서는 존경을 받을 수 없다. 돈이 있어야 존경을 받는 거다. 그래서 나는 백인들의 마약 밀매에 뛰어들었다. 나는 주식 중개인이 되었다.

아직도 30억 명(지구상에 있는 하나님의 자녀의 거의 절반)이 여전히 하루에 2달러도 되지 않는 돈으로 살아가고 있다.

여러 해 동안 그의 독백은 미국에서 가장 머리 좋은 사람들이 지닌 사고 방식과 꿈을 잘 대변하는 듯했다. 졸업 후 바로 취업한 하버드의 2007년 졸업생에 대한 설문 조사에 따르면 "58퍼센트 이상은 금융이나 컨설팅 분야에 진출했으며, 20퍼센트는 급여가 가장 높다는 투자 은행에 취직했다"고 한다.[4]

애덤 스미스는 우리 사회의 영웅을 거북하지만 놀라울 정도로 정직하게 평가했다. "부자와 권력자를 존경하고 거의 숭배하는 반면, 가난하고 힘없는 사람들을 경멸하거나 무시하는 경향은 도덕 의식을 타락시키는 가장 중요하고 보편적인 원인이다."[5]

극단적인 빈곤 상태에서 살아가는 사람들의 비율이 계속 줄고 있기는 하지만, 아직도 30억 명(지구상에 있는 하나님의 자녀의 거의 절반)이 여전히 하루에 2달러도 되지 않는 돈으로 살아가고 있다. 이것이 오늘날 세계 경제의 **도덕적 현실**이다. 우리가 시장에 관해 이야기할 때 이러한 사실을 거의 언급하지 않는 까닭은 우리의 '도덕 의식'이 타락했기 때문이다. 그러나 도덕 의식을 회복하고자 한다면, 이런 현실을 가장 중요하고 시급한 문제로 다루어야 한다. 그리고 이번 경제 불황의 도덕적 회복 역시 이 문제를 해결하는 것에서 시작되어야 한다.

소명으로서의 봉사

그러나 좋은 소식도 들려온다. 2009년 여름 티치 포 아메리카(Teach

For America)의 설립자 웬디 코프(Wendy Kopp)가 나를 방문했다. 급성장하고 있는 그의 프로그램은 가장 똑똑하고 훌륭한 미국 대학생들로 하여금 미국에서 가장 살기 어려운 동네, 가장 좋지 않은 학교에 가서 가장 가난하고 성적이 좋지 않은 학생들을 가르치게 한다. 얼마나 좋은 기회인가! 그러나 나는 웬디에게서 지난 해 티치 포 아메리카에서는 3만 5천 명의 지원자 중 15퍼센트밖에 받지 못했다는 말을 들었다. 가장 재능 있는 대학 졸업생들을 미국의 가장 절망적인 학교에 보내는 이 프로그램에 참여하는 것은 이제 아이비리그 대학교에 입학하기보다 더 어려워졌다.

이 두 가지 진로, 즉 투자 전문가가 되려는 바람과 티치 포 아메리카에 참여하고자 하는 바람이 미국 젊은이들의 도덕적 전망을 보여 준다. 이 사회는 그들에게 성공의 척도, 인생의 척도는 부―얼마나 돈을 많이 벌었는가―라는 문화적 메시지를 그야말로 고함치듯 선전한다. 동시에 새로운 메시지가 등장하고 있다. 곧, 이웃과 공동선을 위한 봉사는 끝없이 개인적인 이익을 추구하는 것보다 훨씬 더 보람 있고 값지다는 메시지다. 대불황 이전에도 봉사를 요청하는 목소리는 커지고 있었지만, 이제는 이 위기를 통해 나타난 가장 중요한 변화들 중 하나라고 할 수 있다.

새로운 메시지가 등장하고 있다. 곧, 이웃과 공동선을 위한 봉사는 끝없이 개인적인 이익을 추구하는 것보다 훨씬 더 보람 있고 값지다는 메시지다.

미국봉사단(AmeriCorps)과 평화봉사단(Peace Corps) 역시 빠르게 성장하고 있다. 수많은 종교 시민 단체들 역시 탁월한 실력을 지닌 젊은 신자들을 인턴으로 고용해 미국의 가장 가난하고 살기 어려운 지역과 개발도상국의 가장 어려운 빈민가에서 봉사한다. 나는 이런 단체 중 하나인 예수회 자원봉사단(Jesuit Volunteer Corps)의 표어를 좋아한다. "생명을 위해 망가지자"(Ruined for Life: 관용적으로 '일생을 망치다'라는 뜻으로 쓰이지만 '다른 이들을 살리기 위해 자신을 희생하다'는 뜻으로 해석할 수도 있다—역주). 사실 이것이야말로 가장 좋은 **목적**이다. 즉, 삶의 궤도를 바꾸는 것, 봉사자로 하여금 앞으로 다른 종류의 교사, 의사, 간호사, 변호사, 지역사회 운동가, 기업가, 예술가, 건축가, 기술자, 과학자, 목회자가 되게 하는 것, 그리고 다른 종류의 부모, 교인, 시민이 되게 하는 것, 이것이 바로 이들 프로그램이 궁극적으로 지향하는 바다.

물론 자원 봉사는 자발적으로 하는 것이지만, 좋은 공공 정책을 수립한다면 더 많은 사람들의 봉사를 유도할 수 있고, 그들이 봉사할 수 있도록 도울 수 있다. 현재 많은 고등학교에서는 졸업하기 전 일정 시간의 봉사 활동을 요구한다. 많은 공립학교에서는 고학년 학생이 저학년 학생을 도와주는 멘토나 튜터 프로그램을 실시하기도 한다. 2009년 봄 미국 의회는 에드워드 케네디 미국 봉사법(Edward M. Kennedy Serve America Act)이라는 중요한 법안을 통과시켰다. 미국 봉사법은 1993년 창설된 연방정부 산하의 국가 및 지역 봉사단(Corporation for National and Community Service)을 재인준하고 그 조직을 확대했다. "봉사단에는 7만 5천 명의 미국봉사단원과 49만 2천 명의 노인 봉사단원(Senior Corps members), 110만 명의 학생 봉사단원(Learn and Serve America), 220만 명의 여타 지역 봉사자들을 비롯해 400만 명의 미국인들이 참여한다." 이 법은 기존의 프로그램을 확대하고 새로운 프로그램을 개발하는 데 기여할 것이다.[6]

요즘 젊은 세대는 대공황과 1960년대의 사회 운동 이래로 시민 사회와 봉사 활동에 가장 활발하게 참여하는 세대다. 열정과 헌신, 새로운 생각으로 무장한 젊은 자원 봉사자들이 비영리기구에 대거 참여하고 있다. 그리고 많은 사람들이 직업보다는 소명에 대해, 재산보다는 재능에 대해, 시장에서의 위치보다는 부르심에 대해 더 많이 생각하고 있다.

요즘 젊은 세대는 대공황과 1960년대의 사회 운동 이래로 시민 사회와 봉사 활동에 가장 활발하게 참여하는 세대다.

공동선의 문화

탐욕의 문화는 틀렸을 뿐만 아니라 실패하고 말았다. 이제는 그것을 공동선의 문화로 대체할 때다. 그러나 공동선의 문화를 바라는 데 그쳐서는 안 된다. 오래되었지만 새로운 가치로 이 나라를 이끌어줄 새로운 경제 단체, 시민 단체를 만들어 감으로써 그런 문화를 건설해야 한다. 우리는 노벨상 수상자인 무하마드 유누스(Muhammad Yunus)가 꿈꾸는 것처럼 '사회적 자본주의'의 새로운 모형을 만드는 동시에, 사회적 봉사를 제공하는 데서 더 나아가 역동적인 역할을 담당할 비영리단체도 조직해야 한다. 티치 포 아메리카와 같은 단체들의 활동이 보여 주는 것처럼, 흔히 자선 단체나 비영리기구라고 불리는 조직체들은 이미 존재하는 필요의 단순한 충족을 넘어서 우리 사회의 가장 심각한 문제들을 해결하기 위해 노력해야 한다.

우리가 전 세계, 한 나라, 심지어는 지역 사회를 한 번에 바꿀 수는 없다. 대신 '교구'라는 오래된 개념을 되살려 볼 수 있다. 즉, 우리가 살아가고, 일하고, 배우고, 예배하는 곳부터 변화시키자는 뜻이다. 우리 동네,

강력한 시민 사회라는 생각은 자유주의적이지도 않고 보수주의적이지도 않다. 그것은 급진적이다.

우리 지역 사회부터 성장을 꾀하고 변화시키고 더 나은 삶의 질을 만들어 가기 위해 노력하자는 말이다.

강력한 시민 사회라는 생각은 자유주의적이지도 않고 보수주의적이지도 않다. 그것은 급진적이다. 시민 사회의 퇴조는 우리가 처한 경제 위기의 근본 요인이며, 이를 재건하는 것이 지속성 있는 회복을 이루기 위한 핵심 요소다. 사회적 자본을 건설하며 신뢰를 창조하고 공동체를 개발하며 사회의 도덕성을 강화할 수 있는 주체는 바로 자발적 단체들이다. 시장과 국가의 성공과 건전성은, 이들 '제3의 영역'에서 가장 잘 기를 수 있는 가치와 미덕, 헌신에 달려 있다.

모든 지역에 가장 널리 퍼져 있는 교회는 이에 관해 핵심적인 역할을 담당할 수 있다. 지금은 성경적 경제와 도덕적 회복, 그리고 사회 봉사와 사회 정의에 대한 종교적 요청을 가르치는 완전히 새로운 성인 주일학교 과정을 만들어야 할 때다. 5천 명을 먹인 복음서의 이야기는, 우리 각자가 가지고 있는 '떡과 물고기'를 나눌 때 먹을 것이 더 많아질 것임을 가르쳐 주는 비유일지도 모른다. 빚, 일자리, 주택, 의료, 에너지 등의 문제를 해결하기 위해 서로 돕고 함께 힘을 합치려는 노력은 지역 차원에서 시범적으로 실시한 후 그 규모를 확대해 갈 수 있다. 경제 불황에 대한 최선의 대응 전략은 창의적인 아이디어를 적극적으로 활용하는 것이다.

새로운 사회적 언약

우리는 새로운 사회적 계약, 더 나아가 사회적 언약을 만들어 갈 방법을 모색해야 한다. 계약은 당사자 간의 합의로서 부나 권력의 이전을 요구한다. 그러나 언약은 그보다 더 심층적이며 더 근본적이다. 언약은 관계를 정의한다. 미국 독립선언서는 미국인과 모국의 영국인 사이에, 그리고 미국인 자신들 사이에 새로운 관계가 수립되었다고 선언하는 언약이었다. 또한 신생국인 미국을 이끌어갈 가치와 원칙도 선언되었다. 미국 헌법은 법적 의무를 규정한 계약에 더 가깝다. 그러나 독립선언서의 언약이 없었다면 헌법의 계약은 미완성처럼 보였을 것이고, 심지어는 공허하게 보였을 것이다.

이제 봉사는 가치 있는 사회적 활동, 우리를 한데 묶어 주는 방법으로 인정받고 있다. 미국은 서서히 봉사의 나라로 변화하고 있다. 다음 단계는 '기회의 나라'가 되는 것이다. 즉, 이 나라와 전 세계의 수많은 사람들을 가난으로부터 구해 내는 활동과 정책을 지지하는 나라가 되는 것이다. 전 지구적인 빈곤을 해결하고자 하는 새로운 결의와 세계에서 가장 부유한 이 나라 안의 가난을 극복하고자 하는 다짐은, 우리 시대의 사회 운동, 흔히들 영적이지만 종교적이지는 않다고 자처하는 새로운 세대를 위한 새로운 '결신 초대'(altar call)라 할 수 있다. 그리고 그것은 곧 새로운 **회심**이다.

REDISCOVERING VALUES

6부

공동선의 회복

14

균형 회복

 미국사 개론이나 사회 과목을 배운 우리 자녀들 모두가 알고 있는 대로, 미국 정부는 견제와 균형의 원리에 기초해 세워졌다. 정부의 각 부처는 그 자체의 목적을 이루는 동시에 다른 부서들도 그렇게 하도록 도와야 한다. 각 부서가 제대로 기능을 하려면 서로 지원하고 때로는 경쟁도 해야 한다. 물론 언제나 완벽할 수는 없으며 제대로 기능하지 않을 때도 있다. 그러나 상황이 나빠질 때마다 우리는 견제와 균형의 원리를 되새기며 적절한 '균형'을 회복하기 위해 무엇을 해야 하는지 토론한다.

 우리 사회 역시 마찬가지다. 사회는 **공공 부문**(정부)과 **사적 부문**(시장), **시민 사회 부문**(신앙 공동체를 비롯해 자발적 비영리 단체들)으로 구성된다. 이 중에서 어느 하나가 나머지를 압도하거나 하나가 약해져 제 기능을 하지 못할 때, 모든 부문에 문제가 생긴다. 지금이 바로 그런 상황이다. 균형을 잃어버렸다는 것, 즉 지난 몇 십 년 동안 시장이 거의 전적인 지배력을 행사하고 부문 간의 상호 비판 기능이 크게 약화되었다는 데

의심의 여지가 있는가? 과도한 시장 지배를 견제해야 할 공공 부문의 역할은 거의 사라져 버렸다. 시장의 욕망과 주장을 조절해야 할 시민사회의 목소리는 약해지거나 거의 들리지 않을 지경에 이르렀다.

대불황은 우리 사회의 거대한 불균형을 드러냈으며, 사실 이 불균형이 위기를 초래한 주요 요인이다. 세 부문의 관계를 삼발이에 비유하기도 한다. 우리는 지금 그중 시장이라는 다리가 비대해져 다른 모든 것을 지배할 때 사회가 넘어지는 상황을 제대로 목격하고 있다. 경제 자체가 그 유명한 카드로 만든 집처럼 무너지기 시작했다. 지난 30년 동안 공공 부문이 제 역할을 하지 못했으므로 시민 사회 부문은 이 거대한 불균형이 초래한 혼란을 정리해야만 한다.

사적 부문(즉 시장)에서 나타난 개인적·사회적 무책임은 이 위기를 불러온 주요 요인이다. 현재의 위기가 발생한 까닭은, 수십 년에 걸쳐 사회적 규제를 철폐함으로써 대기업과 은행으로 하여금 공동선뿐만 아니라 그들 자신의 장기적 이익까지도 갉아먹는 '단기적 이기심'을 추구하도록 허용했기 때문이다. 그리고 우리가 보고 있듯이 좋은 가치가 약화되면, 문화적으로는 사회의 도덕성이 약화되고 우리 자녀의 미래를 비롯해서 우리에게 가장 소중한 것들이 위협받는 결과를 낸다. 실패―가르치고 격려하고 기대하는 것에서의 실패―의 시기를 지난 후에 우리의 개인적·사회적 책임감은 **다시** 강화된다. 그러므로 위기가 끝난 다음에는 기업과 시민 사회, 정부가 완전히 새로운 윤리로 무장하고 지금까지와는 다른 개인적·사회적 행동을 보여 주어야 한다. 실로 이것은 이번 위기가 주는 위대한 구원의 약속이다.

새로운 사회적 책임의 윤리를 위해서는, 성찰적인 기업 활동이 가장

잘 이루어질 수 있는 새로운 사회적 규제
의 틀이 필요하다. 그리고 심층적 차원에
서 우리는 예산안 자체가 우리가 무엇과
누구를 중요하게 생각하는지를 보여 주는
도덕적 문서임을 명심해야 한다. 그러나

대불황은 우리 사회의 거대한 불균형을 드러냈으며, 사실 이 불균형이 위기를 초래한 주요 요인이다.

이 위기는 구조적인 동시에 영적이다. 정부에 의한 새로운 규제와 책임 규정이 반드시 필요하기는 하지만, 고용인과 피고용인, 시민 사회 지도자와 정부 관리, 부모와 자녀 모두가 새로운 자기 규제와 책임 의식을 갖추지 않는다면 정부의 규제가 제대로 작동하지도 못할 것이다.

이 장에서는, 이미 넘어져 버린 삼발이의 균형을 다시 맞추고, 시장의 적절한 위치, 정부의 필수 역할, 비영리 부문의 창조적인 기여를 회복하는 방법에 관해 논의할 것이다.

공유지의 힘

보스턴 주민은 완전히 합법적으로 보스턴 코먼(Boston Common: 보스턴 시내 중심에 위치한 공원-역주)에 자기 소를 풀어놓고 풀을 뜯어먹게 할 수 있다는 말은, 관광 가이드들을 통해 전해지는 도시의 전설일 뿐일지도 모른다. 그렇지만 나는 오늘날까지도 그런 이야기를 듣는다. '공유지'는 더 이상 들어 보기 힘든 유행이 지난 말이다. 중세 이래로 보스턴을 세울 때까지 일정한 땅을 공동으로 사용할 목적으로 떼어두는 것이 관례였다. 주민 누구든지, 가난하든 부유하든 자기 가축을 공유지로 데려가 풀을 뜯거나 먹이를 먹일 수 있었다. 농경 사회에서는 이런 방식으로 마을 모든 사람이 최소한 가축 몇 마리를 키우는 데 필요한 자원을 확보할 수 있게 함으로써 불평등과 직접 맞서 싸웠다.

1968년에 쓴 글 "공유지의 비극"에서 개럿 하딘(Garrett Hardin)은 왜 사람들이 가축으로 하여금 공유지의 풀을 너무 많이 뜯어먹게 해서 결국 공유지를 망치게 되는지를 설명했다. 마을 사람들이 가축을 데려와 풀을 먹일 때, 각 사람은 자기 가축을 배불리 먹이고 건강하게 만드는 데 관심이 있다. 물론 공유지를 잘 유지해 해마다 그곳에서 자기 가축이 먹을 수 있게 하는 데도 관심이 있다. 그러나 사람들이 저마다 **올해** 자기 가축을 건강하게 만드는 데 갖는 관심이 앞으로 5년, 10년 동안 공유지를 잘 유지하는 데 갖는 관심보다 훨씬 컸다. 당연히 공유지는 쉽게 소모되고 말았다.

오늘날 우리 사회의 공유지는 가축에게 풀을 먹이는 공간이 아니다. 오히려 우리가 마시는 물, 우리가 숨 쉬는 공기가 바로 우리의 공유지다. 물과 공기 전부를 사유화해서 사고팔 수 있게 해야 한다고 주장하는 사람들이 있다. 이들은 모든 종류의 공유지를 장기적으로 제대로 보존할 수 있는 유일한 방법은 사유화라고 주장한다. 아직도 남아 있는 시장의 한계를 철폐하고 모든 자연 자원까지도 시장의 논리에 맡기는 것이 자연 자원을 보존하는 길이라는 말이다.

그러나 역사를 보면 사기업을 통해서는 자연 자원을 제대로 보존할 수 없음을 알 수 있다. 사실 규제가 없을 때 사기업은 자연 자원을 서둘러 소비할 뿐이다. 이윤을 추구하는 개인의 일차적인 욕구는 장기적으로 자연을 보존하고자 하는 공동체의 욕구보다 훨씬 더 강력하다. 공유지를 보호하기 위한 대안은, 그것을 팔아버리는 것이 아니라 사회적 계약을 만들어 자발적이고 민주적인 방식으로 그 사용을 규제하는 것이다.

'보이지 않는 손'을 믿는 대신 우리는, 단기적으로만 생각해 자원을 남용하는 인

역사를 보면 사기업을 통해서는 자연 자원을 제대로 보존할 수 없음을 알 수 있다.

간의 성향을 솔직히 인정하고 이를 규제해야 한다. 한 국가로서 어떻게 발전하기를 원하는지, 하나님이 주신 좋은 선물을 어떻게 사용하기 원하는지에 관한 장기적인 비전을 위해 우리 자신과 기업이 어떤 책임을 맡아야 하는지를 민주적으로 결정해야 한다. 선출직 공무원들이 어떤 결정을 내리는지에 따라, 우리가 민주적인 절차를 통해 무엇을 우선순위로 삼기 위해 노력하는지에 따라, 경제 성장은 느려질 수도 있고 빨라질 수도 있다. 그리고 우리의 노력은 우리가 가족과 얼마나 많은 시간을 보낼 것인가에도 영향을 미치고, 빈부격차와 자연 자원의 보존에도 영향을 미친다. 이런 것에 신경을 쓰지 않으면 미국의 국내총생산은 급격히 증가할 수도 있다. 그러나 우리는 이 나라 정부가 단순히 경제 성장뿐만 아니라 다른 우선순위들도 중요하게 취급하도록 만들 수 있다.

'시장 무죄'라는 신화

브루킹스 연구소의 노동경제학자이자 그리스도 연합교회(United Church of Christ)의 지도자인 레베카 블랭크(Rebecca Blank)는 그리스도인으로서 자신의 신앙과, 경제학자로서 자신이 하는 일이 어떤 관계가 있는지에 관해 이야기해 왔다. 그는 시장 경제를 이해하기 위한 모형을 만드는 데 자신의 신앙이 얼마나 중요한지를 깨닫게 되었다. 그뿐 아니

라 신앙 덕분에 시장과 세계를 이해함에서 그 모형이 지닌 한계도 깨달을 수 있었다. 그는 "종교적 언어를 사용하자면, 세상에는 죄가 있다. 그리고 종종 사람들은 단기적인 탐욕을 위해 다른 사람들뿐만 아니라 자신에게도 매우 해로운 일을 하기도 한다"라고 말한다.[1]

> 종종 사람들은 단기적인 탐욕을 위해 다른 사람들뿐만 아니라 자신에게도 매우 해로운 일을 하기도 한다

시장에 관한 사람들과 정치인들의 생각에서 흔히 발견할 수 있는 오류가 있다. 애덤 스미스, 케인스, 심지어 자유 시장 경제를 옹호했던 밀턴 프리드먼에 이르기까지 주요한 경제학자들은 시장이 한계를 지니고 있음을 이해했다. 프리드먼은 한때 "나는 정부의 존재 자체를 부정하는 자유주의자가 되고 싶다. 그러나 실현 가능한 구조라고 생각하지 않는다. 역사를 돌아볼 때, 아마도 아이슬란드를 빼고 그런 체제를 개발한 사례를 찾아볼 수 있는가?"라고 말하기도 했다.[2] 그리고 지금 세계에서 가장 제한적인 정부를 지닌 국가였던 아이슬란드는 결국 국가 부도 위기를 맞았으며 국제통화기금(IMF)의 구제금융을 받은 첫 번째 선진국이 되고 말았다.

열광적으로 자유 시장을 지지하는 사람들의 말을 들어 보면, 그들은 마치 아무런 규제도 허용되지 않고, 아무런 제한도 용납되지 않으며, 아무런 제약도 필요 없고, 아무런 책임도 요구되지 않는 무죄한 시장을 신봉한다는 생각이 든다. 달리 말해, 시장은 죄도 없고 단점도 없다는 것이다. 그들은 이러한 논리에 따라, 그 자체의 장치에 맡기고 내버려두면 시장은 완벽하고 순수하게 작동할 것이며, 오직 시장만이 다른 모든 것을 작동시키는 도덕적인 틀을 제공할 수 있다고 주장한다.

대불황을 겪고도 우리가 이렇게 나쁜 신학을 고수해야 할까? 진보적인 자유주의자들뿐만 아니라 진정한 보수주의자들도 이런 나쁜 경제 신학은 받아들일 수 없다. 레베카 블랭크의 말처럼 우리는 시장을 비롯해 무죄한 세계 속에서 살지 않는다. 도덕적·실용적 견지에서 일정한 한계, 제약, 책임, 견제와 균형이 필요하다. 외부의 규제가 필요 없는 시장, 전적으로 자기를 규제할 수 있다는 시장을 신봉하는 것은, 사실상 인간의 어리석음과 오류, 그리고 죄에 영향을 받지 않는 시장을 신봉하는 것과 다름없다. 이미 살펴본 대로, 이것은 매력적인 신념이지만 명백한 우상 숭배다. 오직 하나님께만 속한 속성을 인간이 만든 탑에 투사한 것에 불과하다. 하지만 무죄한 시장이라는 신화는 여전히 계속되고 있다.

앞서 논의했던 "그때 되면 난 없을 거야"식의 정서도 우리에게 놀라운 것은 아니다. 모든 부모가 자녀에게 가르치려 하지만 모범을 보이기가 어려운 덕목은, 만족을 뒤로 미룰 수 있는 능력이다. 우리는 모두 처벌이 없으면 미래의 결과를 고려하지 않고 단기적인 만족을 추구하는 경향이 있다. 이런 경향은 금융 산업의 행태에도 그대로 적용되어 대불황으로 치달았다. 은행가와 투자가들은 장기적인 결과를 제대로 고려하지 않은 채 당장 수지가 맞고 이익이 되는 거래에 뛰어들었다. 실제로 이처럼 위험이 큰 거래를 하지 않은 많은 이들은 유행에 뒤처지고 손실을 입었었다.

주택 경기가 호황일 때 일부 은행은 자산에 대한 증명 서류를 요구하지도 않은 채 대출을 해주기 시작했다. 다른 은행들이 그 뒤를 따랐다. 경쟁이 극단으로 치닫자 은행들은 소득에 대한 증명도 없이 대출을 해주기 시작했다. 곧 다른 은행들 역시 그 뒤를 따랐다. 이런 식으로 영업을 한 은행들은 단기적으로 거대한 수익을 올렸다. 불과 몇 년 전 컨트리와이드 파이낸셜의 회장이 막대한 보너스를 받았던 사실을 떠올려 보라. 마침내 시장은 붕괴했고 이런 실수 때문에 수백만 명의 미국인들이 집을 잃게 되었다. 그 파급 효과가 너무나도 커서 책임이 있는 사람이나 없는 사람 모두가 영향을 받았다. 이 책은 은행이나 헤지펀드를 어떻게 규제하는 것이 가장 좋은가에 관한 논문은 아니다. 단기적인 이윤을 향해 극단적으로 경쟁하는 이런 식의 관행을 제어하기 위해 앞으로 어떤 규제를 가하고 어떤 방식으로 투명성을 요구해야 하는지에 관해 진지하게 논의해 볼 것을 요청하는 것이다.

시장은 스스로를 규제하거나 '죄'를 피하도록 설계되지 않았다. 과잉은 피할 수 없으며, 시장 외부에서 오는 가치와 힘만이 이를 억제할 수 있다. 로버트 라이시(Robert Reich)는 자신의 책「슈퍼 자본주의」(*Supercapitalism*, 김영사)에서 이렇게 설명했다. "그 누구도—적어도 그 어떤 소비자나 투자자도—기업 간부들에게 공동선을 희생하면서까지 이윤을 추구할 권한을 준 적이 없다. 또한 그들에게는 그런 도덕적인 판단 능력이 없다. 바로 이 때문에 우리는, 정부로 하여금 그런 기준을 설정함에 있어서 공중을 대변하게 하는 민주주의를 채택하고 있다."[3]

위를 향한 경주

기업 간부는 주주의 이익을 지켜야 할 법적 의무가 있다. 멀리 내다보는 사업 감각과 좋은 기업 윤리도 중요하지만, 그것만으로는 모든 문제를 해결할 수 없다. 자신이 고용한 노동자들에게 좋은 임금과 의료 혜택을 주기 위해 자기 몫의 이윤을 희생하는 소규모 기업주들이, 대폭 삭감된 임금으로 노동자들을 고용하고 아무런 부가 혜택도 제공하지 않는 대기업과 경쟁해야만 할 때 어떤 일이 벌어지겠는가? 그런 대기업은 이윤을 얻고 유지하기 위해서 노동자들의 복지 수준도 바닥을 향해 내달릴 것이다. 그는 이윤을 계속 내기 위해 무엇이 옳은지에 관한 자신의 성찰을 희생시켜야만 한다. 그러나 민주 사회로서 우리는 적정 임금이 얼마가 되어야 하는지, 의료 보험을 모두에게 제공해야 하는지, 은퇴 연금을 보장해야 하는지를 결정할 수 있다. 그런 기준을 지킨다면 기업주도 올바르고 이윤이 되는 방식으로 자기 회사를 운영할 자유가 있다.

최저 임금 인상 문제는 계속해서 논란이 되고 있다. 기업들은 그로 인해 이윤이 줄게 되며, 의도하지 않은 노동비 상승을 초래하여 노동자를 해고할 수밖에 없을 것이라고 우려한다. 그러나 최저 임금을 연방 기준 이상으로 올린 많은 주들의 사례를 보면 이러한 우려는 사실과 다르다는

민주 사회로서 우리는 적정 임금이 얼마가 되어야 하는지, 의료 보험을 모두에게 제공해야 하는지, 은퇴 연금을 보장해야 하는지를 결정할 수 있다.

것을 알 수 있다. 해마다 물가 상승률에 맞춰 최저 임금을 인상하는 워싱턴 주는 최저 임금이 가장 높지만 경제는 매우 튼튼하다.[4] 임금 수준이 가장 낮은 사람들의 급여를 높여 주면, 그들은 그 돈으로 기본적인 생필품과 소비재를 사게 되므로 그 돈은 곧바로 경제 활동으로 되돌아온다. 하층 계급이 더 많은 돈을 벌면 기업은 더 많은 돈을 벌어들인다. 경기를 부양하는 탁월한 방법이다.

사회 복지 정책이나 최저 임금에 관해 밀턴 프리드먼은 나와 다른

생각을 갖고 있었을 테지만, 그 역시 가난한 사람들이 돈을 벌게 하는 것은 소비 지출을 늘리는 좋은 방법임을 인정했다. 바로 이 때문에 그는 미국의 최저 임금을 높여야 한다고 주장했다. 이러한 이론을 바탕으로 미국의 가난한 노동자들의 수입을 높이기 위한 소득세 환급이 실시되고 있다. 소득세 환급은 초당파적 지지를 받는 성공적인 공공 정책으로 자리잡았다.

의료보험과 같은 혜택은 내가 몸 담고 있는 비영리기구와 같은 소규모 조직에 엄청난 비용 부담이 된다. 그러나 우리 단체로서는 선택의 여지가 거의 없다. 소저너스로서는 직원 모두와 그들의 가족에게 의료보험을 제공하는 것이 큰 부담이 아닐 수 없지만, 우리는 모범을 보이기 위해서라도 이것이 꼭 필요한 일이라고 생각했다. 그러나 사실 이런 비용은 소규모 기업에게 굉장히 큰 부담이 된다. 심지어 이런 비용 부담이 없는 다른 나라의 기업들과 경쟁해야 하는 대기업에게도 부담이다.

기업이 부담해야 하는 의료보험을 제거할 수 있다면 노동 비용이 줄어들어 미국 기업의 경쟁력을 크게 강화할 수 있다. 개인들에게 저렴하고 질 좋은 보험 혜택을 누릴 수 있게 함으로써 노동력의 유연성도 높일 수 있을 것이다. 사람들이 보험 혜택을 상실하거나 보험에 공백이 생겨 나중에 문제가 생길 수도 있음을 염려해, 좋아하지 않거나 만족스럽지 않은데도 일자리를 지키는 경우가 적지 않다. 몸이 아프더라도 파산하지는 않을 것이라고 확신할 수 있을 때, 이 나라의 기업가와 혁신가들은 자유롭게 모험을 하고 새로운 시도를 할 수 있을 것이다.

노동 비용에서 의료보험 비용을 제거한다면 미국 기업의 경쟁력을 크게 강화할 수 있을 것이다.

새로운 균형 상태

　불필요한 제약으로부터의 자유는 인간 번영을 위한 필수 요소다. 그러나 우리의 종교 전통에서 가르치는 대로 때로는 제약에 복종하는 것도 필요하다. 시장 경제에서 너무 많은 규제는 혁신을 저해하고 의도하지 않은 결과를 초래한다. 그러나 날마다 우리 자녀들이 가지고 노는 장난감에 유독 물질이 들어가지 않도록, 우리가 운전하는 자동차가 안전하도록, 우리가 먹는 식료품이 신선하도록 조용히 일하는 규제자들이 있다. 우리는 정말로 그들 모두가 하는 일을 멈추기를 바라는가? 소규모 사업체가 과도한 규제로 어려움을 겪지 않기를 원한다는 명분을 내세워 우리는 규제 철폐라는 가리개로 대기업과 거대 금융업체들의 행동을 덮어 버렸다. 이것은 엄청난 실수였음이 드러났다. 사회적 규제와 심지어는 도덕적 책임에 관한 핵심 척도는 규모의 문제일 것이다. 규모가 작고 설립된 지 얼마 되지 않은 사업체에는 움직일 공간이 더 많이 필요하기 때문에 규제 부담도 더 적어야 할지도 모른다. 반면에 대기업들은 공동선을 보존하기 위한 규제에 대해 훨씬 더 많은 책임을 져야 할 것이다. 그만큼 큰 영향력을 발휘하기 때문이다. 어떤 회사들은 규제가 '너무 커서 망할 수 있다'고 말하는 사람들도 있다. 그러나 어쩌면 그런 회사들은 내실 없이 너무 커진 것인지도 모른다. 시장에는 언제나 호황과 불황이 있게 마련이지만, 이런 불황을 맞이할 때 우리는 공동체와 국가로서 우리의 성격을 시험해 볼 수 있다.

　경제학자들은 연구의 초점을 경제의 기능에 맞추겠지만, 그들 역시 경제가 도덕적·인간적 관점에서도 우리 사회를 판단할 유일한 척도는 아니라는 것을 명심해야 한다. 블랭크는 "각 사회가 직시해야 할 참된 도덕적 물음은 이런 것들이다. 불황이 찾아왔을 때 상처 입은 사람들을 어떻게 대할 것인가? 집과 연금 저축을 잃은 사람들, 고통 가운데 어려움을 이겨내기 위해 애쓰는 사람들을 우리는 어떻게 도울 수 있는가?"라고 말한다.

도덕을 측정하는 나침반은 실제 사람들과 그들의 삶을 다룰 수 있어야 한다. 우리가 이웃과 연결될 때에야 비로소 사회적 균형을 이룰 수 있다. 겸손이 없는 이념은 자기 도취에 빠져 그 자체를 잠식해 버린다. 우리가 올바른 길을 분별하는 데 도움이 되는 핵심 원칙은 언제나 **균형**이다. 1930년대에 미국에서 사회주의, 공산주의 정당들이 나타나 모든 주요 산업을 국유화하며 민간 시장을 폐지하고 임금 체계를 없애자고 주장했다. 오늘날에는 미국 의회의 유일한 사회주의자인 버니 샌더스(Bernie Sanders) 상원의원조차도 이런 주장에 동의하지 않는다. 수많은 논쟁을 통해 정부는 미국 경제를 움직이는 중앙집권 체제의 역할을 할 수도 없고 해서도 안 된다는 주장이 승리를 거두었다. 그런 체제는 파괴적인 불균형을 초래한다. 그러나 지금 일어나는 논쟁은, 자본주의와 사회주의가 아니라 구속받지 않는 시장과 참된 민주주의의 사이의 논쟁이다. 우리는 전능한 시장의 독재를 경험했다. 이제는 민주적 책임이라는 우리의 가장 훌륭하고 가장 근본적인 전통을 재천명할 때다.

우리는 새로운 종류의 균형을 모색해야 한다. 자신들이 일하는 회사와, 물건을 사는 가게들이 자신들에게 관심이 없다고 느끼는 사람들이 점점 늘고 있다. 소규모 기업주들은 자신들이 결코 통제할 수 없는 전 지구적 경기 변동 속에서 무력할 뿐이라고 생각한다. 가정과 공동체들은,

시장이 그들에게 봉사하는 것이 아니라 그들이 시장의 명령에 순응하며 살 수밖에 없다고 느낀다. 정부와의 관계에서도 똑같은 절망감을 느낀다. 선거는 점점 더 리얼리티 쇼 같아진다. 결과가 이미 정해진 상태에서 만드는, 정보를 가장한 광고(infomercial)와 다름없는 듯하다.

정부와 경제에 관해 이런 절망감과 무력감을 느끼는 까닭은, 우리가 삼발이의 세 번째 다리가 얼마나 강력하고 중요한지를 무시했기 때문이다. 우리의 교회와 모스크, 회당이 이 세 번째 다리다. 이 세 번째 다리는 우리가 다른 이들과 더불어 공동선에 관해 이야기하고 그것을 위해 힘을 모으는 자발적 단체, 클럽, 조직으로 이루어진다. 우리는 바로 이런 곳에서 공동의 목적을 달성하기 위해 더불어 일한다. 주변 사람들을 돕기 위해 우리의 시간과 자원을 들여 봉사하는 것을 뜻할 수도 있으며, 집단적인 목소리를 활용해 정부에 영향력을 행사하거나 구매력을 활용해 기업에 영향력을 행사하는 것을 뜻할 수도 있다. 시민 사회 부문의 활성화는 회복의 핵심적이며 필수적인 요소다.

신앙 공동체와 이 나라의 도덕성에 관해 우려하는 모든 사람들이 맡을 수 있는 중요한 역할 중 하나는 **예언자적 역할**이다. 블랭크는 그것을 "정책 입안자들을 찾아가 '이 프로그램의 예산을 삭감해서는 안 된다. 이러이러한 문제를 해결해야만 한다'라고 말하는 것, '신앙 공동체로서 우리는 고아와 과부, 집이 없고 소외된 사람들에게 관심이 있으며…시민 사회 내부의 단체들 역시 이 문제를 해결하기 위해 노력할 것을 요구한다'라고 말하는 것"이라고 설명했다. 그는 "불황의 시기에 안전망을 제공하고 상처 입은 사람들을 돕기 위해 정부가 무엇을 해야 하는가에 관해, 교회들이 우선순위를 어디에 두어야 하는지를 분명히 밝히는 것은 매우 중요하다"라고 말한다.

순서 재조정

겸손, 균형, 우선순위, 한계. 이런 문제에 관해 신앙 공동체는 이 시대의 가장 유력한 경제·정치 지도자들과 논의해야 한다. 윤리와 가치란 좋은 기업이나 잘 작동하는 시장과 대치 관계에 있다고 생각해서는 안 된다. 오히려 전자는 후자에게 꼭 필요한 구성 요소이며 매우 중요한 견제 장치다. 실제적인 결과에 대해 윤리적인 책임을 물어야 한다. 적자냐, 흑자냐에만 관심이 있는 사람들에게는 하나님의 자녀인 모든 이들에 대한 도덕적 책임을 상기시켜 주어야 한다.

이번 대불황을 벗어나기 위해서 우리는 사회적 변화가 필요하다. 나는 이 변화를 통해 정부의 역할도 바뀌기를 바란다. 정부를 폐기하거나 정부의 권력을 이양하라는 말이 아니다. 오히려 민간 기업과 경쟁하거나 통제하는 대신, 협력으로 적극적인 대응을 하는 정부, 민주적 책임을 다하는 정부가 되기를 바란다는 뜻이다.

죄는 일종의 질서 교란이라고 말할 수 있다. 하나님이 창조하신 모든 것에는 특별한 목적, 질서, 용도가 있다. 죄는 인간이 그 목적을 잃어버릴 때, 하나님이 창조하신 것을 잘못 사용하고 우리 주변의 세상 질서를 어지럽힐 때 끼어든다. 이런 무질서, 즉 죄는 오늘날 세계와 미국 경제 안에 사뭇 분명히 드러나 있다. 우리는 죄인이기 때문에, 항상 우리 자신의 이익과 다른 이들의 이익에 부합하게 행동하지는 못한다. 그렇지 않다는 생각은 순진한 것이다. 성경은 정부가 질서를 보존하고 사회적 선을 도

모하는 긍정적인 역할을 한다고 분명히 말한다.

사도 바울은 "치안관들은, 좋은 일을 하는 사람에게는 두려울 것이 없고, 나쁜 일을 하는 사람에게만 두려움이 됩니다. 권세를 행사하는 사람을 두려워하지 않으려거든, 좋은 일을 하십시오. 그러면 그에게서 칭찬을 받을 것입니다. 권세를 행사하는 사람은 여러분 각 사람에게 유익을 주려고 일하는 하나님의 일꾼입니다. 그러나 그대가 나쁜 일을 저지를 때에는 두려워해야 합니다. 그는 공연히 칼을 차고 있는 것이 아닙니다. 그는 하나님의 일꾼으로서, 나쁜 일을 하는 자에게 하나님의 진노를 집행하는 사람입니다"라고 말했다.[5] 이 구절에서 바울은 정부가 마땅히 해야 할 일은 나쁜 행동을 처벌하고 선을 위해 하나님의 종으로서 행동하는 것이라고 주장한다. 이 두 가지는 제 기능을 다하는 정부라면 할 수 있고 해야 하는 일이다.

많은 그리스도인이 국가에 의해 순교 당하던 로마 제국 아래 살던 그리스도인들은, 정부의 권력 남용이 어떤 것인지 뼈아프게 알고 있었다. 요한계시록 13장에서 사도 요한은 로마 제국을 사탄의 도구로 사용되는 일종의 악한 세력으로 묘사했다. 요한이 초대교회에 이 편지를 쓸 당시 그는 복음을 전한다는 죄목으로 밧모 섬에 유배 중이었다. 그가 정부에 대해 화가 난 것은 매우 당연했다! 정부 정책에 대한 비폭력 시위를 하다가 스무 차례 넘게 체포를 당한 사람으로서 나 역시 정부가 언제나 선하지는 않다고 확신한다.

미국이 '더 완벽한 연합'을 추구하는 중에 이런 많은 문제를 놓고 씨름하고 있을 때, 다른 나라들과 다른 나라의 미국 기업체들 역시 그런 문제를 놓고 씨름하고 있음을 알 수 있다. 로버트 라이시는 중국 야후에 관한 이야기를 들려준다. 2005년 야후는 자신의 신분을 감추기 위해 야후의 이메일 계정을 사용한 중국 반체제 인사들의 명단을 중국 정부에 넘겼다. 그로 인해 한 기자는, 중국 정부가 자신의 신문사에 천안문 학살 15주년에 관한 기사를 비중 있게 다루지 말라며 보낸 메시지를 외국인들에게 전달했다는 이유로 징역 10년형을 선고받았다. 야후 측에서는 중국에서 영업을 지속하기 위해서는 중국 정부의 방침에 따라야만 했고, 이는 장기적으로 중국을 서방 세계에 개방시키는 긍정적인 효과가 있을 것이라며 자신들의 행동을 변호했다.

흥미로운 도덕 신학이라고 할 만한 글에서, 그 자신 역시 중국 교도소에서 복역한 바 있는 류 샤오보(Liu Xiaobo)라는 중국 반체제 인사는 이 문제를 다르게 봤다. 야후의 창업자인 제리 양(Jerry Yang)에게 보낸 공개서한에서 그는 "나는 공산주의 정권에 대해 분노하고 경멸하는 만큼 당신과 당신의 회사에 대해서도 분노하고 경멸한다고 말할 수밖에 없습니다.…이윤 때문에 당신의 도덕 감각은 무뎌졌습니다. 고객을 배반한 사람 취급을 받는 것이 얼마나 수치스러운 일인지 한 번도 생각해 보지 않았다는 말입니까?…당신의 영예로운 사회적 지위는 당신의 빈약한 도덕성을 가리는 하찮은 껍데기에 불과하고, 당신의 두둑한 지갑은 당신이 얼마나 비인간적인 사람인지를 말해 줄 뿐입니다"라고 말했다.⁶

입헌 민주주의 사회에서 우리는 정부에 도전하고 영향력을 행사할 특권과 자유를—아니, 의무를—지닌다. 내가 이 나라를 자랑스러워하고 이 나라에 희망을 품고 있는 것도 바로 이 때문이다. 우리는 정부가 선을 위한 일꾼이 될 수도 있고, 거대한 악을 지속하게 할 수도 있음을 언제나 명심해야 한다. 시장이 하나님이 될 위험이 있는 것과 마찬가지로, 정부가 하나님이 될 위험도 존재한다. 두 가지 모두 우상숭배다.

새로운 회심은, 사회주의와 자본주의 사이의 끝없는 이념 논쟁이 아니라 균형을 이루는 것에 관한 것이어야 한다. 우리는 사회의 다양한 부분이 맡아야 할 본연의 역할과 한계를 새롭게 인식해야 하며, 우리 사회의 많은 문제를 공적·사적으로 해결하기 위해 노력하는 새로운 시대를 열어 가야 한다.

15
친환경 산업의 희망

최근 나는 24세인 내 특별 보좌관 팀 킹과 함께 내 고향을 방문해 그곳에서 연설을 했다. 팀은 디트로이트가 겪고 있는 고통을 보며 큰 충격을 받았다. 이 도시의 일부 지역은 이제 제3세계의 가장 열악한 곳처럼 보일 지경이다. 디트로이트는 이미 경제 **공황**을 겪고 있었다. **불황**이 더 악화된다면 미국 전체가 얼마나 비참한 상태로 전락할 것인지를 이 도시를 보면 알 수 있을 정도다. 디트로이트가 호황을 누리던 1950년대와 1960년대에 이곳에서 어린 시절을 보낸 내 경험을 들려주자 팀은 훨씬 더 큰 충격을 받았다.

우리 아버지는 이 지역의 전력 회사인 디트로이트 에디슨(Detroit Edison)에서 일하셨다. 그리고 내 친구의 아버지들은 거의 모두 포드나 제너럴 모터스, 크라이슬러, 에디슨에서 일했다. 그분들은 제2차 세계대전 참전 용사들이었으며, 모두가 한 사람의 수입과 건강보험, 기타 혜택만으로 가족 전체를 부양할 수 있는 일자리를 얻었다. 우리는 모두 신설

된 연방주택보험조합—퇴역 군인의 주택 구입 자금을 지원하는 정부 프로그램—에서 융자 지원하는 방 세 개짜리 주택에서 살았다. 디트로이트는 주택 소유자들의 도시였다. 아이들은 모두 훌륭하고 안전한 공립학교에 다녔으며, 원한다면 아버지가 일하는 곳에서 일자리를 얻을 수 있다는 것을 알고 있었고, 미래는 희망적이었다. 디트로이트는 미국에서 네 번째로 큰 도시였으며, 우리는 모두 이 도시가 뉴욕, 시카고, 로스앤젤레스 다음이라는 것을 알고 있었다! 우리 아버지는 다섯 아이들에게 "우리는 세계에서 가장 좋은 나라에서 가장 좋은 도시에서 살고 있어"라고 말씀하시곤 했다. 디트로이트 자동차 산업의 엔진은 언제나 가동 중이었다. 최근 "타임"지에서 표현한 것처럼, 우리가 사는 이 단일 산업 도시에 "기름이 떨어질 것"이라고는 아무도 예상하지 못했다.

그러나 디트로이트의 흑인 사회에게는 이 도시가 그렇게 훌륭하지 못했다. 십대가 되어 나는, 사실 이 자동차 도시에는 나란히 일하지만 분리된 채 살아가는 두 도시가 존재한다는 것을 깨닫게 되었다. 그리고 1967년 미국 전체에 흑백 분리가 어느 정도인지 드러났을 때 디트로이트 폭동은 온 나라를 충격에 빠뜨렸다. 동네와 학교의 엄격한 인종 분리, 심각한 경제적·교육적 불평등, 거의 백인 일색인 이 도시 경찰들의 잔인한 행동, 디트로이트의 제도적 인종차별이라는 보이지 않는 장벽, 백인 사회의 거의 전적인 무관심. 이 모든 것이 낱낱이 드러났다. 폭동 이후 이미 진행 중이던 교외로의 '백인 이탈'이 가속화되었으며, 흑백 양진영의 수많은 지도자들이 부추긴 인종 분열의 정치로 인해 여기는 인구 다수가 흑인인 도시가 되었다.

우리 부모님은 사실상 우리 가족의 두 번째 집이 된 작은 교회를 시작하는 일을 도우셨다. 아버지는 엔지니어였으며 에디슨에서 출세 가도를 달리던 젊은 간부였다. 그러나 그분이 정말로 사랑했던 일은, 복음주의적인 플리머스 형제단 전통에 속한 '회중'인 레드포드의 더닝 파크 채플의 평신도 목회자로서의 역할이었다. 이곳에서 주일 예배(아침과 저녁), 수요 기도회, 여신도회 집회, 남신도회 집회, 장로회, 청소년부 모임 등을 통해 거대 자동차 산업과 그 위성산업에 종사하는 노동자들이 기독교 공동체를 이루었다. 우리는 모두 기본적으로 중산층이었으며(어떤 이들은 조금 더 낮고 어떤 이들은 조금 더 높았지만), 미국의 번영하던 중서부에 사는 백인 중산층 미국인들이었다. 우리는 모두 세계의 중심에서 자라고 있으며 삶이란 좋은 것이라고 생각했다.

아버지는 종종 회사에서 노동조합과 협상하는 책임을 맡기도 했다. 아버지는 노조의 요구에 반대하기도 했지만, 노동자들의 이익을 보호하고 회사로부터 정당한 대우를 받기 위해서는 노조가 필요하다고 하셨다. 회사측과 노조측 모두 아버지가 공정한 협상가라고 생각했고, 아버지가 협상 과정에 참여하는 것을 환영했다. 아버지는 평판이 좋은 감독관이었으며 다른 간부들보다 자기 부서에 흑인과 여성을 더 많이 고용하는 것으로 유명했다. 아버지는 자신이 책임진 노동자들과 하나인 것처럼 보였다.

그러나 에디슨을 퇴사하기 전 몇 년 동안 아버지는 그 회사의 고위 간부들의 행태에 대해 크게 반발했던 것을 기억한다. 그리고 은퇴 이후 아버지는 기업 회장들과 일반 노동자들의 급여에 엄청난 간격이 있다는 것에 대해 경악하셨다. 이들 모두는 우리의 친구이며, 우리는 함께 같은 교회를 다녔고, 아이들은 모두 함께 놀았다. 우리는 같은 공동체의 일원이었다. 하지만 보수의 격차는 극심히 컸다. 디트로이트에는 사회적 계약이 존재했었지만, 마침내는 깨지고 말았다. 팀은 디트로이트의 과거 이야기가 도무지 믿기지 않는다고 말했다.

오늘날의 디트로이트

오늘날 디트로이트는 미국에서 인구가 열한 번째로 많은 도시지만 그 인구가 급속히 줄어 거의 200만 명이었던 것이 100만 명에도 못 미치는 상황이다. 이 책을 쓰는 지금, 디트로이트의 공식 실업률은 28.9퍼센트에 달하지만, 실제 수치는 그보다 몹시 높다는 것을 모두는 알고 있다. 주택 가격은 몇 만 달러가 떨어져 (우리 가족들을 포함해) 많은 사람들이 주택담보대출로 '언더워터'(underwater)에 빠졌다. 즉, 이들이 보유한 주택의 가치가 주택을 담보로 받은 대출금보다 더 낮다는 뜻이다. 주택소유자들의 도시였던 이곳은 주택을 저당 잡힌 사람들의 도시가 되고 말았다. 나의 형제들은 자기 동네에서 얼마나 많은 집들이 차압을 당하거나 대출금을 체납하고 있는지 알려주었다. 집주인들이 집을 비워야만 했던 곳도 있고, 이미 출입문을 판자로 막아놓은 집도 셀 수 없이 많았다. 상업 지구에는 골목마다 문을 닫은 가게들이 있었다. 어느 곳으로 눈을 돌려도 주택이나 상점을 팔거나 임대한다는 간판을 볼 수 있을 정도여서 이제는 디트로이트 풍경의 일부가 된 듯하다. 디트로이트가 옛 경제의 기반인 제조업의 퇴조로 심각한 타격을 받은 유일한 도시는 아니다. 가까운 클리블랜드나 미국 전역의 수십 개 도시들도 마찬가지다. 기업들이 창의적이지 않은 방식으로 단기적인 생각만 한 나머지 지속가능한 발전을 이룰 수 있는 결정을 하지 못하고, 노조 역시 단기적인 이익을 추구하는 데 급급해 기업으로 하여금 나쁜 선택을 하게 한 곳도 디트로이트만이 아니다. 또한 디트로이트가 지난 수십 년간의 연방 정책에 의해 극적으로 추락한 유일한 도시인 것도 아니다. 그러나 디트로이트는 상징적인 도시다. 즉, 이런 여러 문제에 대한 비유이자 은유가 된 도시다.

지금 디트로이트의 거의 3분의 1이 빈 땅이다. 한때 인구가 밀집해 있던 이 도시는 1980년 이후 30만 명의 주민을 잃었다.[1] 빈 땅에 천막이나 상자, 나무판자로 아무렇게나 세운 임시 거처를 흔히 볼 수 있다. 2009년 8월 "디트로이트 프리 프레스"(*Detroit Free Press*)에서는 이 도시 주민 열 명 중 세 명이 일자리를 찾고 있다고 보도했다.[2] 이 신문사 자체도 2009년 1월 수입이 급감한 이후 예전에 비해 규모가 크게 작아졌으며, 지금은 목요일, 금요일, 일요일에만 신문을 가정으로 배달한다. 나의 고향인 이 도시가 신문 가판대에서 사 볼 수 있고 매일 집 앞 현관으로 배달되는 제대로 된 일간지 하나 운영할 수 없다는 사실이 나는 아직도 믿기지 않는다. 미국의 실업률이 거의 10퍼센트로 치솟았던 2009년 7월, 미시간 주의 실업률은 15퍼센트를 넘어섰다.[3]

내 동생 빌 웰드-월리스(Bill Weld-Wallis)는, 디트로이트에서 가장 큰 비영리 단체로서 이 도시의 가난하고 약한 사람들에게 기본적인 서비스를 제공하는 지역봉사기구(NSO: Neighborhood Service Organization)의 최고운영책임자(COO)다. 동생이 나에게 24시간 쉼터와 무연고 노숙인들을 위한 봉사 센터 등 이 단체에서 운영하는 시설들을 소개해 주었을 때, 나는 세계에서 가장 가난한 나라의 가장 가난한 지역을 보는 듯했다. 말 그대로 수백 명이 거리에 누워 있었다. 대부분의 미국인들에게는 충격적인 광경이었지만 아무도 그들에게 눈길을 주지 않았다. 디트로이트 출신인 나에게 가장 안타까운 이미지는 쓰러져 가는 텅 빈 옛 타이거즈 구장의 모습이었다. 디트로이트의 화려한 과거를 상징했던 이 구장은 최근 철거되었다.

모든 경제적 고통에는 영적 차원이 있다. 2009년 5월 "디트로이트 프리 프레스"에는 "우리는 신앙으로 어려운 시기를 이겨낸다"라는 제목의 기사가 실렸다. 커넥션 교회의 로키 배러 목사는 교인들에게 경제가 "우리의 재정 상태에만 영향을 미치는 것이 아니다. 그것은…정서적 불균형을 초래하는 듯하다. 불안감이 팽배해 있다. 큰 두려움이 존재한다"라고 말했다. 이 지역의 유대인 직업소개소에 따르면, 구직자 수가 지난해에 비해 92퍼센트 증가했다. 그러나 정리 해고를 당한 69세의 독실한 이슬람교인인 에이다 알라완 같은 사람들은 하루에 다섯 번씩 기도하는 습관 덕분에 실직 이후 몇 개월간의 시간을 견딜 수 있다고 말한다. 그는 "꾸준히 기도하는 사람들은 모든 것이 잘 될 것이라는 안정감을 누린다. 시간이 지나면 괜찮아질 것이다"라고 말했다. 꼬박꼬박 교회에 출석하는 교인이자 일자리를 잃어버릴까 걱정하고 있는 GM의 직원인 스캇 젠드런은 "가진 게 더 적을수록, 삶이 덜 안정될수록…신앙으로부터 더 많은 힘을 얻는다.…결국 이런 결론에 이르게 된다. 당신은 무엇을 신뢰하는가? 돈을 신뢰하는가? 아니면 하나님을 신뢰하는가?"라고 말했다. 2008년 성탄절 기간에 디트로이트 지역의 가톨릭 교회들은 교인들에게 "경제 상황이 너무나도 암울한 올해, 어떤 자세로 성탄절을 맞이할 것인가에 관한 목회적 통찰과 제안"을 담은 애덤 메이다(Adam Maida) 추기경의 편지를 보냈다.[4]

푸른 희망의 싹

암울한 통계만으로 상황을 다 설명할 수는 없다. '최악의 시나리오'인 디트로이트에도 새로운 희망이 싹틀 수 있다. 자동차 부품 회사를 다니다 해고당한 해럴드

예전의 명성을 잃어버린 또 다른 도시들이 디트로이트를 뒤따를 것이다.

슈워츠는 "유에스에이 투데이"(*USA Today*)와의 인터뷰에서 "디트로이트는 망하지 않을 것이다. 너무나도 많은 사람들이 이 도시가 다시 살아나기를 바라고 있다."5) 아멘. "소너저스"에 기고한 글에서 빌 윌리-켈러만(Bill Wylie-Kellermann)은 이런 물음을 던졌다. "탈산업화로 녹슬고 텅 빈 도시인 디트로이트를 지속가능한 도시의 가장 모범적인 사례로 만들 수는 없을까? 예전의 명성을 잃어버린 또 다른 도시들이 디트로이트를 뒤따를 것이다. 눈이 있는 사람들은 그것이 실제로 가능하다는 것을 보게 될 것이다."6) 그리고 "프리 프레스"가 일간지로서의 기능을 상실한 사이에 "타임"지의 기자 한 무리는 디트로이트에 무슨 일이 벌어지고 있는지를 보도하기 위해 집 한 채를 사서 1년 동안 거기서 지냈다. 그들도 잿더미 속에서 희망이 솟아오르는 것을 보았다.

세상은 내가 어렸을 때와는 전혀 달라졌다. 그리고 나는 그때의 산업 경제로 되돌아갈 수 있다고 생각할 만큼 순진하지 않다. 그러나 디트로이트와 경제 불황으로 가장 심한 타격을 받은 다른 곳들을 살펴보라. 어쩌면 경제적으로 가장 심각한 타격을 입은 곳에서 역설적이게도 더 창의적인 새로운 해결책을 발견하게 될 수도 있다. 그리고 바로 이런 곳에서 공동체 의식이 가장 먼저 회복될 수도 있다. 왜냐하면 디트로이트 같은

곳에서 우리에게 남은 것은 희망뿐이기 때문이다.

불황의 도시인 디트로이트에서 도심 정원, 심지어는 가축 사육과 같은 새로운 문화가 나타나고 있다. 대부분 몰락한 자동차 산업 지대에 문자 그대로 푸른 싹이 돋아나고 있다. 수입이 없는 사람들은 자신들이 먹을 음식을 기르는 법을 배우고 있다. 이 자동차 도시에서 이제는 닭과 염소, 더불어 소까지 키우기 시작했다고 한다. 고정 수입이 없는 사람들은 물물교환을 하기 시작했다. 역설적이게도, 다른 선택을 할 수 없을 때 비로소 고정관념을 깨고 정말로 새로운 해결책을 찾게 되는 경우가 많다. 궁지에 몰릴 때에야 가장 좋은 생각을 나누기 시작한다. 더 나은 가치와 해결책을 만들어 내는 새로운 사회적 지도력이 나타나기 시작한다.

"유에스에이 투데이"에 실린 디트로이트에 관한 기사에서 주디 킨 기자는 "한때 전성기를 누렸던 산업이 몰락한 후 만성적인 가난에 시달리던 이 도시에 다른 무언가가 존재한다. 바로 희망이다"라고 말했다.[7] 희망은 가장 그럴 법하지 않은 곳에서 자라나고 있다. 도시 전역의 공터에서 아름다운 채소와 꽃이 자라고 있다. 불과 1년 사이에 이 도시에는 세 군데의 농장과 200개의 동네 정원, 400개의 가족 텃밭이 생겨났다. 카푸친 수도사들은 해마다 주민들에게 10만 그루의 나무를 나눠 준다. 정원은 필요한 사람들에게 그 지역에서 키운 먹을거리를 공급할 뿐만 아니라 실직자들에게는 일할 기회를, 주민들에게는 함께 모일 장소를 제공한다.

한때 예술적인 혁신과 모타운(Motown: 유명한 흑인음악 전문 음반회사로서 '모터'와 '타운'을 합친 디트로이트의 애칭이기도 하다—역주) 음악으로 유명했던 이 도시는 다시 한 번 창의적인 예술 도시로 성장할 수도 있다. 복음주의권에서 자란 십대였던 나 역시 주말이면 슈프림스(the Supremes),

템테이션스(the Temptations), 리틀 스티비 원더(Little Stevie Wonder) 같은 모타운 소속 가수들의 노래가 나오는 무도회장을 몰래 찾아가곤 했었다. 나는 걱정하시는 부모님께, 모타운이 있는 도시에서 어떻게 춤을 안 출 수 있느냐고 말하곤 했었다!

이제 다시 디트로이트는 값싼 집을 찾는 예술가들에게 피난처가 되고 있다. 단 100달러로도 집을 구할 수 있다. 2009년에는 평균 집값이 1만 3,638달러에 불과했다.[8] "지금 디트로이트는 무엇을 상상하든 이룰 수 있는 거대한 캔버스와 다름없다."[9] 타이리 가이튼(Tyree Guyton)은 하이델베르크 프로젝트(Heidelberg Project)를 통해 퇴락한 옛 주택가를 오래된 가전제품, 자동차 부품, 쇼핑 카트로 장식한 하나의 거대한 예술 작품으로 바꾸어 놓았다. 이 작품에서 그는 디트로이트의 역사와 이 도시가 지닌 잠재력에 관해 묻는다.

문 닫은 공장들도 다시 열게 될지 모른다. 친환경 산업에 투자할 때 이 공장들은 새로운 에너지 산업의 중심지로 바뀔 수 있다. 자동차를 생산하던 작업 라인에서

"지금 디트로이트는 무엇을 상상하든 이룰 수 있는 거대한 캔버스와 다름없다."

풍력 발전을 위한 풍차, 대중교통 체계를 위한 궤도 차량, 자동차의 피스톤을 대신할 배터리를 만들어 낼 수도 있다. 자동차 도시였던 디트로이트에서 이제는 새로운 전기차, 하이브리드 차를 생산하게 될 것이라고 예상하는 이들도 있다. 새롭게 떠오르는 새로운 경제에 관해 어떤 선택을 하는가에 따라 우리의 미래는 달라질 것이다.

지금은 큰 어려움을 겪고 있지만 디트로이트는 오랫동안 이곳을 지켜 온 사람들의 공동체 의식 그리고 새롭게 이주해 온 사람들의 도전 정

신과 개척 정신을 통해 이 위기를 이겨낼 것이다. 오랫동안 이곳에서 살아 온 사람들의 공동체 의식이 끊임없는 경제적 압력이나 범죄에 대한 두려움, 거듭되는 좌절감으로 마침내 무너지고 말 것인지, 혹은 새로운 에너지와 재능이 특히 젊은 가족들을 통해서 제때 충분히 공급될 것인지에 따라 내 고향의 미래는 달라질 것이다. 그리고 아직 그곳에서 살든지 다른 곳으로 이주했든지, 많은 디트로이트 사람들은 그 희망을 지켜 내기 위해 노력하고 있다.

성벽 재건

구약 성경에는 페르시아 왕의 술잔을 맡은 관원이었던 예언자 느헤미야에 관한 이야기가 있다. 많은 히브리 사람들은 이스라엘을 떠나 포로 생활을 하고 있었고, 무너진 도시 예루살렘에는 소수의 사람들만 남아 있었다. 어느 날 느헤미야는 고향에서 전해 온 소식을 듣고 깊은 시름에 잠긴다. 그는 왕에게 고향으로 돌아가게 해 달라고 간청하며 무너진 도시의 성벽을 재건하는 데 필요한 것을 구했다. 왕은 이를 허락했고, 느헤미야는 예루살렘으로 돌아와 재건을 시작했다.

왕은 느헤미야가 고향으로 돌아가는 데 동의했고, 필요한 것들을 제공했으며, 안전한 통행을 보장했다. 이 모두가 꼭 필요하고 없어서는 안 될 것들이었다. 그러나 이처럼 왕에게 넉넉히 지원은 받았지만 실제로 성벽을 재건하는 데는 부족한 게 많았다. 느헤미야는 낙심한 채 흩어져 있던 사람들을 하나로 모아야 했다. 사람들을 모아 성벽을 다시 세우는 일을 맡겨야 했다. 폐허 속에서 다시 무언가를 새롭게 시작할 수 있다는 것을 믿게 만들어야 했다. 느헤미야는 이렇게 말한다. "이렇게 돌아보고 난 다음에, 나는 비로소 관리들에게 말하였다. '여러분이 아는 바와 같이, 우리는 지금 어려움에 빠져 있습니다. 예루살렘은 폐허가 되고, 성문들은 불탔습니다. 이제 예루살렘 성벽을 다시 쌓읍시다. 남에게 이런 수모를 받는 일이 다시는 없어야 할 것입니다.' 나는 또한 나의 하나님이 선하신 손길로 나를 잘 보살펴 주신 일과, 왕이 나에게 한 말을 그들에게 말하였다. 그랬더니 그들은 공사를 시작하겠다고 나에게 다짐하였고, 힘을 내어, 기꺼이 그 보람 있는 일을 시작하였다."[10]

나는 느헤미야가 예루살렘을 재건했던 예언자였듯이 오늘날 우리를 재건할 예언자이기도 하다고 생각한다. 그는 무너진 성벽을 재건하기 위해 꼭 필요한 두 가지를 이룰 수 있었다. 무너진 우리 경제의 기초를 재건하기 위해서도 이 두 가지가 꼭 필요하다. **첫째**, 그는 정치적 권력을 지닌 왕에게 탄원해 필요한 자원을 확보했으며 재건에 필요한 틀을 마련했다. 왕의 지원이 없었다면 느헤미야는 성벽 재건이라는 목표를 달성할 수 없었을 것이다. **둘째**, 그는 성벽 재건이라는 비전으로 사람들을 하나로 모았다. 왕을 통해 재건에 필요한 모든 자원을 확보할 수 있었더라도, 이 일을 맡을 사람들이 없었다면 아무것도 할 수 없었을 것이다.

그러나 비방하는 사람들도 있었다. 사람들이 '공동선'(common good, NRSV)을 위해 힘을 모으기 시작한 지 얼마 되지 않아, 그들을 비웃고 조롱하고 심지어 왕을 배반하는 반역자라고 모함하는 무리가 나타났다. 예루살렘이 무너진 상태 그대로 남아 있어야 기득권을 유지할 수 있는 사람들이었다. 예루살렘이 재건되면 그들의 권력은 위협받는다. 익숙하게 들리지 않는가? 다시 한 번 느헤미야는 사람들을 모아 놓고 "그들을 두려

위하지 말아라. 위대하고 두려운 주님을 기억하고, 형제자매와 자식과 아내와 가정을 지켜야 하니, 싸워라"라고 말해야 했다.[11]

느헤미야가 예루살렘 성벽 재건에 성공할 수 있었던 까닭은, 왕의 지원을 얻을 수 있었기 때문이며 사람들이 역경과 반대를 이겨내고 공동선을 위해 함께 노력했기 때문이다. 디트로이트와 미국의 각 지역들 역시 정부와 기업, 시민 사회의 지원을 받아야만 재건될 수 있다. 그러나 이를 위해서는 역경을 극복하고 공동선을 위해 노력할 준비가 된 사람들도 필요하다. 도시를 재건하기 위해서는 정치적 회심, 경제적 회심, 공동체적 회심, 그리고 모든 사람들의 개인적 회심이 필요하다. 우리는 도처에서 희망의 푸른 싹을 본다. 새로운 마음의 습관을 통해 불황에 빠진 미국을 재건할 모범과 비전을 제공할 도시가 바로 디트로이트일지도 모른다.

타이거타운

"스포츠 일러스트레이티드"(*Sports Illustrated*)에 실린 놀라운 기사에서 리 젠킨스(Lee Jenkins)는, 내 고향의 야구팀인 타이거즈가 어떻게 이 도시의 희망의 상징이 되었고 심지어 이 도시를 회복시켜 줄 가치를 엿볼 수 있게 해주는지 말한다.[12] 내가 전에 설교를 한 적도 있으며 타이거즈의 새 구장인 코메리카 파크에서 불과 한 블록 떨어진 곳에 자리한 센트럴 감리교회에서 젠킨스는, 전에는 노숙자였지만 지금은 교회에서 자원 봉사를 하고 있는 '파파 스머프'를 만났다. 그는 "이 팀과 이 야구장이 우리 모두에게 밝은 빛"이라며 자랑스러워했다.

젠킨스는 3루수 브랜든 인지에게 경제적으로 어려움을 겪고 있는 디트로이트의 2009년 시즌을 어떻게 예상했는지 물었다. "나는 팀이 119 경기에서 졌던 2003년에도 이 팀에 있었다. 그때는 밤에 경기를 할 때마다 이 구장이 텅 빈 성당처럼 느껴졌다.…올해도 그런 기분을 많이 느낄 것이라고 예상했다."

그러나 환경 친화적인 쉐비(Chevy)의 신차 볼트(Volt)처럼, 2009년에 타이거즈는 이 도시를 깜짝 놀라게 했다. 비록 시범경기 때는 부진했지만 타이거즈는 2009년 시즌에 이 침울한 도시의 희망을 짊어졌다. 경제 전망은 바뀌지 않았지만, 온 도시는 날마다 이 팀에 환호를 보냈다. 코메리카 파크에서 거둔 51승 30패의 경기 기록은, 좋은 소식을 간절히 바라는 홈 팬들에 대한 책임감을 보여 주는 듯했다.

춘계 훈련 기간 중 매니저인 짐 릴랜드는 선수들에게 "사람들은 없는 돈을 쪼개서 우리 경기를 보러 올 것이다. 그러니 그들에게 최선의 경기를 보여 주도록 하자. 올해는 땅볼로 아웃 당하는 해가 되어서는 안 된다"라고 말했다. 고참 선수인 인지도 같은 생각이었다. "관중석에는 집을 지키고 자녀들을 부양하기 위해 애쓰는 가족들도 앉아 있다는 것을 우리는 안다.…이 사실을 진지하게 생각해 보자. 대충대충 하겠다는 마음으로 경기에 임해서는 안 된다. 그들에게 멋진 경기를 보여 줘야만 한다. 정말로 나는 그것이 우리가 바로 여기에 와 있는 이유라고 생각한다." 선수들의 이런 마음가짐 덕분에 타이거즈는 거의 시즌 내내 1위를 차지했다. 아쉽게도 플레이오프에는 진출하지 못했지만 2009년 봄, 여름, 가을 디트로이트가 어려운 시간을 헤쳐가는 데 큰 도움이 된 듯하다.

코메리카 구장이 있는 동네가 얼마나 가난한 곳인지 안다. 메이저 리그에서 가장 어려운 시장일 것이다. 그러나 내 동생은, 경기가 있는 날이면 모두들 흥에 겨워 마치 경기장에서 희망이 뿜어져 나오는 듯하다고 말했다. 타이거즈는 팬들의 어려운 주머니 사정을 감안해 5달러짜리 입장권과 5달러짜리 식사 메뉴를 판매하고 5달러짜리 주차장 두 곳을 신설했다. 그리고 올해 팀에서는 2천 곳 이상의 비영리기구에 8만 장의 입장권을 증정했다. 리틀 야구에서 코치를 하는 한 사람으로서 이것이 이 도시에 얼마나 큰 의미가 있는지 잘 안다.

"스포츠 일러스트레이티드"의 기사에서 가장 인상적인 것은, 타이거즈 선수가 홈런을 칠 때마다 하늘로 큰 물줄기가 솟구쳐 오르는 센터 필드 너머의 유명한 분수에 관한 이야기였다. 놀라울 것도 없이, 이 분수의 광고주는 오랫동안 GM이었다. 그러나 안타깝게도 GM은 어려운 회사 사정 때문에 이 역사적인 광고 후원을 중단할 수밖에 없다고 타이거즈 구단에 알려 왔다. 그러자 다른 두 회사가 이 구장에서 가장 광고 효과가 좋은 이 자리를 차지하겠다고 나섰다. 한 회사는 광고료로 1년에 150만 달러를 제시했다. 디트로이트의 오랜 주민이기도 한 타이거즈의 구단주 마이크 일리치(Mike Ilitch)는 이 수지 좋은 계약에 대해 검토해 보았지만 결국 거절하기로 결정했다. 대신 그는 광고비도 받지 않고 "디트로이트 타이거즈는 우리의 자동차 회사들을 지지합니다"라는 글귀와 함께 그 분수에 GM과 포드, 크라이슬러의 로고를 설치했다. 그런 다음 각 회사의 직원을 한 사람씩 초청해 개막전에서 시구를 하게 했다.

지금은 그 분수를 뭐라고 부르는지 잘 모르겠다. 그러나 한 야구단이 팬들에게 일자리를 제공하는 연고지의 기업들을 후원하고 나선 것은 '공유지' 회복의 훌륭한 사례라고 생각한다. 공구 제조기술자였던 아버지 밑에서 자라 피자업계의 거물(일리치는 유명 피자 체인점 Little Caesars Pizza

의 회장이기도 하다—역주)이 된 한 구단주가 공동선을 위해 시장의 논리와 가치를 거부하는 결정을 내린 것은 정말 흔치 않은 일이다. 일리치의 아들들은 아버지가 타이거즈를 이윤이나 손실을 따지는 회사가 아니라 하나의 '공공 기업'으로 생각한다고 말한다. 그렇다. 이 구단주의 두 가지 목표는, 이 도시를 되살리는 것과 월드 시리즈 우승이다. 둘 다에 대해, 아멘.

도덕 회복 계획으로서의 회심

이제 디트로이트 센터필드의 홈런 분수는, 우리 모두가 나름의 방식대로 실천해야 하는 바를 보여 주는 상징물이 되었다. 또한 그것은 고정관념을 깨는 새로운 사고 방식을 상징한다. 공동선을 추구하기 위해 공공 부문과 사적 부문이 어떻게 창의적으로 협력해야 하며 개인적·사회적 책임을 어떻게 실천해야 하는지를 보여 주는 좋은 모범 사례다.

가치에 깊이 뿌리내린 변화는 가정에서 시작되어야 하며, 이를 통해 사회 전체가 바뀔 수 있어야 한다.

느헤미야는 사람들이 자신의 가치와 가족, 집과 도시를 지키기 위해 싸우지 않으면 왕의 칙령도 쓸모가 없다는 것을 알았다. 경제 회복과 더불어 도덕 회복을 이루기 위해서는 우리 모두가 바뀌어야 한다. 가치에 깊이 뿌리내린 변화는 가정에서 시작되어야 하며, 이를 통해 사회 전체가 바뀔 수 있어야 한다. 경제 위기는 단지 **우리에게** 일어난 일이 아니라 **우리와 더불어** 일어난 일이다. 우리 중에 많은 사람들이 직·간접적으로 그것의 열매를 누렸지만, 그렇지 못한 사람들이 많았다. 그렇지만 노력과 실천을 통해 우리 모두가 **함께** 지금 필요한 치유와 변화의 일부가 될 수 있다.

변화를 위해서는 새로운 친환경 기술, 새로운 종류의 일자리, 새로운 정부의 책임이 필요하다. 그러나 그것만으로는 충분하지 않다. 새로운 마음의 습관, 새로운 방향, 새로운 윤리관과 서로에 대한 책임 의식도 필요하다. 이런 변화는 곧 새로운 사고 방식, 생활 방식으로의 회심을 뜻한다. 그것은 인격적·영적·시민적·정치적 회심이다.

우리가 이 위기를 벗어나기 위해 어떤 마음의 회심이 필요한지에 관해 이야기했다. 숨막히는 속도로 변화가 일어나고 있다. 그러나 세상이 다른 모습으로 바뀌는 것으로는 충분하지 않다. 어떻게 해야 세상이 더 나은 곳이 될 수 있는지를 이해해야 한다. 이 대불황으로부터 얻을 수 있는 교훈이 있다면 그것은 탐욕으로는 충분하지 않다는 것이다. 월 스트리트에서, 메인 스트리트에서, 우리 동네에서 우리는 가치를 재발견해야 한다. 그럴 때에야 비로소 우리는 새로운 경제를 헤쳐나갈 새로운 도덕적 나침반을 만들 수 있다. 결국 미래는 우리의 선택에 달려 있다.

REDISCOVERING VALUES

7부

각본을 바꾸자

16

나쁜 도덕극

내가 이 책을 마무리할 무렵 다우존스 산업평균지수는 1만 포인트를 회복했으며, 월 스트리트는 축제 분위기였다. 반면 미국의 실업률은 거의 10퍼센트로 치솟았다. (내 고향 디트로이트에서는 30퍼센트를 넘었다.) 두 수치—1만 포인트와 10퍼센트—를 나란히 놓고 보면 지금의 도덕적 현실의 모순을 분명히 알 수 있다. 월 스트리트와 중소 도시의 메인 스트리트 사이에 극단적인 단절이 존재한다는 사실을 너무나도 분명히 알 수 있다. 나쁜 도덕극이 펼쳐지고 있다. 평범한 납세자들의 돈으로 구제된 은행들이 고위 간부들에게 엄청난 액수의 보너스를 주겠다고 발표하자 분노한 국민들은 이제 각본을 바꿔야 한다고 주장하고 나섰다.

딱 1년 전 월 스트리트의 투자 은행들이 몰락함에 따라 이 대불황이 시작되었다. 연방 정부는 눈 깜짝할 사이에 미국에서 가장 크고 가장 부유한 거대 금융사들을 구제하는 조치를 취했다. 이 금융사들은 "너무 커서 망하게 내버려둘 수 없다"라는 말을 들었다. 하지만 이들을 구제하기 위해 우리 모두가 유례 없이 암울한 경제 불황으로 큰 고통을 당해야 한다.

가짜 구제금융

구제금융을 통해 금융 체제를 복구하자고 가장 열렬히 주장했던 사람들이 그 금융 체제로부터 수백만 달러를 벌어들인 사람들이 아니었다면, 그런 모든 주장을 받아들이기가 훨씬 더 쉬웠을 것이다.

그래서 미국에서 가장 부유한 회사와 사람들을 구하기 위해, 오랫동안 가장 가난한 미국인들에게도 주지 않았던 **안전망**을 그들에게 주기 위해 수천 억 달러의 돈을 써야 했다. 우리는 가난한 이들이 사회보장 제도를 '이용'하지 못하게 하려고 안전망 자체를 만들어 놓지 않았다. 공화당과 민주당 소속 의원들은 거의 예외 없이 엄청난 규모의 연방 자금을 월 스트리트에 쏟아붓는 조치를 지지했다. 은행이 우리가 맡긴 돈으로 해야 할 일은, 돈이 필요한 믿을 만한 기업과 주택 보유자들에게 그 돈을 다시 빌려 주는 것이다. 그러나 은행은 그동안 그렇게 하지 않았다.

미국인들은 금융을 가장 잘 아는 똑똑한 사람들을 믿고 자기 돈을 맡겼다. 돈이 필요한 개인과 작은 기업에 돈을 빌려 주라고 자기 돈을 은행에 넣었다. 그러나 일부 은행은 (우리 돈으로) 주식과 채권, 기타 유동 자산을 헐값에 사들인 다음 주식 시장이 안정되고 주가가 오르기 시작하자 이를 되팔아 떼돈을 벌었다. 사람들의 급여는 계속 줄어들고 아예 일자리를 잃는 사람들도 점점 더 많아지는 상황에서, 이들 은행들은 큰 이윤을 남겼다고 자축하며 자기네 임원들에게 기록적인 액수의 보너스를 나눠 주었다. 사실이라고 믿기 어려울 정도로 나쁜 도덕극이다. 그런데 바로 지금 그런 일이 일어나고 있다.

금융 체제의 전면 붕괴를 피하기 위해 반드시 필요하다는 이유로 은행들은 부대 조건도 없이 수십억 달러의 구제금융을 받았다. 아무도 경제 위기를 재촉한 근시안적 결정을 했던 이들을 구제한다는 생각을 반기지 않았지만, 위기 때에는 모두가 희생해야만 하기 때문에 동의했다.

구제금융 정책에 관해서는 아직도 논란이 진행중이다. 그러나 많은 똑똑한 사람들은 이 나라와 세계의 금융 체제가 더 심각하게 붕괴되는 것을 막기 위해 어떤 조치를 취해야 했다고 생각한다. 구제금융을 통해 금융 체제를 복구하자고 가장 열렬히 주장했던 사람들이 그 금융 체제로부터 수백만 달러를 벌어들인 사람들이 아니었다면, 그 모든 주장을 받아들이기가 훨씬 더 쉬웠을 것이다. 주택 소유자들과 작은 기업체를 돕는 대신 거대 금융기업은 폭리를 거두고 그 돈으로 고위직 임원에게 기록적인 보너스를 지급했다는 것을 알았을 때 우리는 도저히 분노를 참을 수가 없었다. 모두가 허리띠를 졸라매고 위기를 이겨내기 위해 희생을 아끼지 않는데 월 스트리트에서는 파티를 벌이는 이 상황은 도무지 받아들이기가 힘들다. 이것이 부도덕하다는 것은 너무도 명확하다. 이제 이 나라는 "그런 행위는 불법적인 것으로 규정해야 하지 않을까?"라고 물어야 한다.

물론 나는 통상적인 경제 분석에 따르면 주식 시장이 노동 시장보다 더 빨리 회복된다는 것을 알고 있다. 그러나 이런 통상적인 논리로 지금 월 스트리트에서 벌어지고 있는 현상을 정당화할 수 없으며, 그들의 도덕적 실패를 설명할 수도 없다. 서류 경제가 생산 경제를 압도한 것이 이

불황의 근본 원인이다. 그리고 이것은 바꾸어야 할 가장 중요한 문제점 중 하나다. 우리가 맡긴 돈을 굴릴 뿐인 도박꾼들이 아니라, 진짜 일을 하는 진짜 직업을 가진 진짜 사람들이 건전한 경제의 토대가 되어야 한다.

마르크스주의라는 비난

그러나 오늘날 그들이 정말로 이 정도의 보너스를 받을 만한 가치가 있는지, 이 모든 돈을 제공한 납세자인 우리도 이익을 함께 누릴 수 있어야 하는 것은 아닌지 물으면 그는 사회주의자, 공산주의자, 혹은 그보다 더 나쁜 사람으로 내몰린다. 앞서 CNBC의 "매드 머니"를 진행하는 짐 크레이머의 경제 도덕에 관해 이야기했다. 그는 말을 참 잘 하는 사람이기도 하다. 다우 지수는 1만 포인트를 회복했지만 실물 경제는 여전히 휘청거리는 상황에서, 그에게 월 스트리트와 중소 도시의 메인 스트리트 사이의 차이점에 관해 묻자 그는 이렇게 답했다.

나는 석사 과정에서 공산주의에 관해 공부하며 이런 사실을 배웠습니다.… 1917년 레닌은 볼셰비키 혁명 후 은행가들이 돈을 너무 많이 번다고 느껴 그들의 재산을 몰수했습니다. 농민들은 이것을 훌륭하다고 평가하며 긍정적으로 반응했지요.…그의 계획대로 잘 진행되었으며 농민들은 기뻐했습니다. 많은 은행가들은 숙청되었고요. 레닌은 위대한 인물이라는 여론이 급부상했습니다.[1]

맙소사, 크레이머는 월 스트리트의 이윤 추구 방식에 대해 의문을 제기하는 것은 레닌의 소비에트식 경제 해법을 채택하는 것과 다름없다고 주장했다. 이게 도대체 무슨 도덕극이란 말인가!

실업률이 계속 상승하고 있는 와중에 납세자들의 돈으로 수십억의 보너스 잔치를 한 것에 대해 문제 삼는 것은, 스탈린처럼 수백만 명을 학살하라는 끔찍한 주장이 아니라 상식과 균형을 회복하자는 것이다. 그들은 우리에게 아무런 불평이나 대응도 하지 말고 이 터무니없는 기업 행위를 자본주의의 필수 요소로 받아들일 것인지, 아니면 레닌이나 스탈린, 마오 같은 사람들 때문에 세상이 겪어야 했던 해악과 억압으로 고통을 당할 것인지를 선택하라고 강요한다. 오랫동안 우리는 이 잘못된 양자택일 논리를 순순히 받아들였다. 그러나 이제는 많은 사람들이 이 문제점을 간파하고 있다.

분노할 이유

많은 미국인이 분노를 느끼는 데는 몇 가지 이유가 있으며, 그중 어떤 것도 마르크스주의와는 무관하다. 첫째, 월 스트리트의 부자들이 했던 행동은 헌신과 정직, 공정, 자신과 다른 사람에 대한 신의와 같은 우리의 가장 기본적인 가치관에 대한 모욕이기 때문이다. 적어도 우리는 금융업 분야에도 구제금융을 받아서 수백만 달러의 보너스를 챙기는 게 아니라, 이 나라와 세계를 금융 재앙으로부터 구하기 위해 노력해 줄 사람들이 충분히 있을 것이라고 기대했다.

월 스트리트의 부자들이 했던 행동은 우리의 가장 기본적인 가치관에 대한 모욕이다.

날마다 우리는, 그저 월급을 받기 위해 일하는 것이 아니라 사회와 국가에 공헌하는 생산적인 시민이 되기 위해 열심히 일하고, 많은 희생을 감수하는 똑똑하고 재능 있는 교사와 간호사, 평범한 노동자, 작은 가게 주인, 소방관, 경찰관, 기타 공무원들(특히 전쟁터에 나가 있는 군인들)을 만난다. 물론 그들도 제대로 급여를 받고 싶어 한다. 물론 그들도 일을 잘한 것에 대해 보상을 받고 싶어 한다. 그러나 그저 상황이 어렵다고 그만두거나 수백만 달러의 보너스를 요구하지는 않는다. 티치 포 아메리카에 참여하는 것이 아이비리그 대학에 입학하기보다 더 어려운 까닭은, 수백만 달러의 보너스를 지급하기 때문이 아니라 단지 보수 때문에 좋은 일을 하는 것은 아니라고 믿는 젊은이들이 그 정도로 많기 때문이다.

거의 평생 이 나라의 가장 가난한 사람들과 더불어 일해 온 한 사람으로서 나는 다른 이유 때문에 화가 난다. 몇 년째 나는 의회 의원들이나 텔레비전에 출연하는 전문가들로부터 굶주린 사람에 대한 식품 보조금, 가난한 사람에 대한 복지, 집 없는 사람에 대한 주택 보조 등을 지지하지 않겠다는 말을 들어 왔다. 그들은 가난한 사람들에게 이런 혜택을 주면 그들은 이 모든 것을 이용하려 들 뿐이라고 말한다. 식품 보조금이나 기타 정부의 복지 프로그램과 관련된 사기로 인해 납세자들이 1년에 부담해야 하는 비용은 불과 몇 푼도 되지 않는데도, 이런 식의 주장은 거의 언제나 영향력을 발휘했다. 이제 이 나라에는 빈곤층과 중산층을 위한 안전망은 없지만, 세계에서 가장 부유한 사람들과 우리에게 그보다 훨씬 더 큰 대가, 즉 몇 푼이 아니라 수십억 달러의 대가를 치르게 한 사람들에게는 있다.

악질적인 범죄자 중 몇 명만 예를 들어 보자. 미국 정부에서 100억 달러를 빌렸다가 (세금으로 투자한 돈으로 엄청난 수익을 거둔 후) 나중에 이를 되갚았던 골드만 삭스(Goldman Sachs)는 2009년 230억 달러의 보너스를 지급할 예정이다. 이는 2008년에 비해 두 배가 증가한 액수

너무 커서 망할 수 없다던 이들 은행에 대해 이제는 너무 부도덕해서 성공할 수 없다고 말해야만 한다.

다.[2] 골드만 삭스 같은 투자 은행과 똑같은 속임수를 부리지는 않았지만 소매 금융업체들 역시 무책임하게 행동해 왔다. 2008년 900억 달러의 구제금융을 받은 (그리고 아직 이를 갚지도 않은) 뱅크 오브 아메리카와 씨티그룹은 86억 6천만 달러를 보너스로 지급했다.[3] (뱅크 오브 아메리카의 창구 직원은 시간당 평균 10.73달러를 받아 연봉이 2만 2천 달러에 불과하다.)

너무 커서 망할 수 없다던 이들 은행에 대해 이제는 너무 부도덕해서 성공할 수 없다고 말해야만 한다. 이제 이들이 실패하도록 내버려두지 않을 게 아니라, 그들의 실패한 행동이 계속되지 않도록 해야 한다. 나는 이제 우리의 돈과 양심을 보호하기 위해 거대 은행과 신용조합에서 우리 돈을 인출해야 할 때라고 생각한다. 이들이 실패한 것을 확인했을 때, 다른 은행을 선택할 수 있는 용기는 시장 경제가 제대로 작동할 수 있게 하는 중요한 요소다. 그리고 아마도 이렇게 함으로써 시장의 행동도 바꿀 수 있을 것이다.

행동하는 민주주의

그러나 개인적인 실천만으로는 충분하지 않다. 우리는 정부가 삼발이의 균형을 회복하도록 도와주어야 한다. 이 나쁜 도덕극을 통해 분명히

알 수 있는 사실은, 월 스트리트의 **태도**가 안으로부터 바뀌지는 않을 것이라는 점이다. 우리는 월 스트리트의 금융 거물들이 경제적·도덕적으로 몰락한 지 얼마 되지 않아 그들이 얼마나 오만하고 파렴치한지 잘 알게 되었다. 월 스트리트는 이 위기에서 아무것도 배우지 못했고 배우고 싶어 하지도 않는다. 그들은 그저 옛 행태로 돌아가고 싶어 할 뿐이다.

변하는 현실에 맞게 과거에 지녔던 경제에 대한 사고 방식을 재평가하겠다는 약속에 부응하여, 앨런 그린스펀은 2009년 10월에 "그들이 너무 커서 망하게 할 수 없다면 정말 너무 큰 것이다.…1911년 우리는 스탠더드 오일(Standard Oil)을 기업 분할했다. 그 결과가 어떠했나? 분할된 각 기업은 분할 이전보다 가치가 더 높아졌다. 어쩌면 우리도 그렇게 해야 할지도 모른다"라고 말했다.[4] 정부가 나서서 거대 은행을 분할하는 것은 자유시장 근본주의에 정면으로 위배된다. 그러나 이제는 그린스펀조차도 균형을 회복하기 위해 이런 조치를 취해야 한다고 옹호하고 나섰다. 정부가 개입해 은행 임원들이 자신의 의사 결정에 대해 더 많은 책임을 지도록 해야 한다고 생각하는 이들도 있다. 그들이 수익을 냈을 때는 합당한 보상을 받게 하고, 무모한 결정을 내렸음이 밝혀지면 그들도 그만큼 손실을 감당해야 한다는 것이다. 삼발이의 균형을 맞추기 위해서는, 규제를 담당했던 정부 관리가 퇴직 후 감독 대상 기업에 로비 활동을 하는 회전문 인사에 대한 새로운 규제가 필요할 수도 있다.

도덕극은 계속된다. 2009년 상반기에 금융업계에서는 규제나 제한, 요건이 추가되는 것에 대해 **맞서 싸우기 위해** 의회를 대상으로 로비를 벌이는 데 2억 2,300만 달러를 지출했으며, 하반기에는 그 두 배 이상을 지출할 예정이다.[5] 기업들이 이처럼 근본적인 공적 책임에 맞서기 위해 엄청난 액수의 돈을 지출하고 있다면 우리의 민주주의는 바로잡을 수 없을 정도로 문제가 심각하다고 볼 수밖에 없다. 그러므로 민주주의 제도가 로비 활동을 벌이는 기업들이 주는 특수한 이익보다, 실재 사람들의 필요에 더 민감하도록 감시해야 하는 우리 모두의 책임도 그 어느 때보다 더 막중하다.

이것은 우리 시대의 민주주의에 대한 근본적인 시험이 될 것이다. 이 정부는 '인민의, 인민에 의한, 인민을 위한' 정부인가? 아니면 이 나라는 '돈의, 돈에 의한, 돈을 위한' 나라인가? 선택은 점점 더 분명해진다. 이 나쁜 도덕극에서 가장 분명한 것은, 무슨 일이 벌어지든지 등장인물과 역할, 줄거리는 바뀌지 않고 그대로라는 점이다. 그러나 관객들은 이미 질리도록 보았으며, 이제는 각본을 바꿔야 할 때라고 믿고 있다.

17

선택이 변화를 만들어 낸다: 스무 가지 도덕 운동

많은 사람이 이번 경제 위기와 그 결과에 대해 **분노**하고 있다는 것이 점점 더 분명해진다. **절망**을 느끼는 사람은 그보다 훨씬 더 많다. 나는 이 두 감정이 깊이 연결되어 있다고 생각한다. 우리가 싫어하는 일들이 일어났으며, 우리 의사가 전혀 반영되지 않은 결정이 이루어졌고, 제대로 된 공적 토론이나 논의도 없이 여러 가지 선택이 끊임없이 이루어졌다. 가장 중요한 결정은 소수의 사람들만이 내리는 듯하지만, 그 결정의 결과는 수많은 사람들에게 영향을 미친다. 무슨 일이 벌어지는지, 납세자들이 낸 세금으로 나쁜 선택을 한 사람들을 구제하겠다는 결정을 어떻게 내린 것인지, 금융업계의 거물들이 우리 돈으로 무슨 일을 한 것인지에 관한 문제에만 국한되지 않는다. 그저 메이저리그 플레이오프를 보고 싶어 하는 열한 살짜리 내 아들을 겁에 질리게 하는 광고들처럼, 날마다 우리에게 엄청난 공격을 퍼붓는 문화도 마찬가지다. 이것은 공적 예산을 집행함에서 무엇이 중요하고 무엇이 중요하지 않은지를 결정하는 **도덕**

> 아무래도 경기가 조작된 것 같아. 아니, 이것은 조작된 경기다.

적 선택에 관한 문제다. 이것은 아무도 모르게 조용히 바뀌어 버린 듯한 **게임의 규칙**에 관한 문제다. 경제 정의, 전쟁, 평화에 관한 중대한 결정에 관한 문제다. 우리가 투표를 해 본 적도 없고 우리가 의견을 내 본 적도 없으며 심지어는 아무도 그것에 관해 이야기해 주지 않았던 거대한 문화적 전환에 관한 문제다.

사람들은 경제를 무너뜨리고 우리 삶을 파괴한 사람들의 후원을 받아 선거 운동을 했던 정치인들이 자신과 자녀들에게 중대한 영향을 미치는 결정을 내리고 있다는 점에 대해 더욱더 분노하고 절망한다. 수많은 미국인들이 절망적인 빈곤에 빠져 있는 상황에서도 이들은 다시 꼭대기로 올라간다. 아무래도 경기가 조작된 것 같다. 아니, 이것은 조작된 경기다. 사람들은 민주주의에 위기가 찾아왔다고 느끼고 있다. 민주주의의 **형식**은 갖추고 있지만 그 **내용**은 거의 다 잃어버리고 말았다. 우리는 절망하거나, 분노하거나, 절망하며 분노한다.

선택의 힘을 믿으라

몇 사람이 **다른 선택**을 할 때 변화가 **시작**된다. 사람들이 함께 다른 선택을 할 때 변화는 **커져 간다**. 그리고 다른 선택을 하는 사람들이 충분히 많아지면 변화는 하나의 **사회 운동**이 된다. 역사를 바꾸는 것은 이런 사회 운동이다. 그러나 다른 선택을 시작하기 위해서는 먼저 **선택의 힘**을 믿어야 한다.

중독으로 고통을 당한 적이 있는 사람이라면 다른 선택을 하는 것이 어떤 힘과 약속을 주는지, 그로부터 어떤 도움을 얻을 수 있는지를 안다. 그리고 실제로 현재의 경제적·사회적 현실은 우리에게는 정말로 **중독적**이지만 그것은 이 사회가 날마다 조직적으로 특정한 행위들을 부추겼기 때문이다. 이 체제를 바꾸고 그것을 뒷받침하는 습관을 바꾸기 위해서, 우리는 다른 선택을 하기 시작해야 한다. 가장 먼저 이루어야 할 변화는, 우리의 분노를 에너지로 바꾸고 우리의 절망을 희망으로 전환시키는 것이다.

우리 중 몇 사람이 변화가 가능하다고 **믿기** 시작하고 거기에 우리 삶을 걸기 전까지는 결코 변화가 시작되지 않는다. 그러나 대개 믿음은 **행동**에서 나온다. 개인적으로, 가정에서, 교회에서, 지역 사회에서, 국가에서 다른 선택을 하기 시작할 때 믿음이 생겨난다. 그리고 그런 선택은 그저 우리로 하여금 자신의 삶에 뿌듯함을 느끼게 해주는 사소한 일이 아니다. 그런 선택이 한데 모이면 거대한 사회적 변화를 이루어 낸다. 예를 들면, 1964년의 민권법이나 1965년의 투표권법과 같은 획기적인 정치적 승리는 그저 의회 표결이나 버밍햄과 셀마에서 행한 행진의 성과일 뿐만 아니라 말 그대로 수천 명, 수백만 명의 사람들이 개인적으로 선택하고 결정했기 때문에—어떤 사람은 작은 희생을 함으로써, 어떤 사람은 큰 희생과 대가를 치름으로써— 마침내 얻어 낼 수 있었던 결과였다. 사람들이 분노하고 절망했던 현상을 바꾸는 데 정말로 중요한 기여를 한 사회 운동은 언제나 그랬다. 정말로 선택이 변화를 만들어 낸다.

변화를 위해서는 우리 모두의 헌신과 새로운 습관, 새로운 훈련이 필요하다. 그러므로 변화를 만들어 내는 선택을 시작하기 위해 우리가 실천할 수 있는 몇 가지를 소개함으로써 이 책을 마무리하고자 한다. 이것을 **도덕 운동**이라 부르자. 몸으로 하는 운동도 습관이 되어야 비로소 성과를 얻을 수 있는 것처럼, 도덕 운동 역시 규칙적인 훈련이 될 때에야 비로소 변화를 이룰 수 있다. 나와 함께 이 운동에 참여해 볼 것을 권한다.

스무 가지 도덕 운동

우리가 시간을 들일 가치가 있는 변화는 결코 쉬운 법이 없다. 다행히 이 나라와 세계 전역에는 당신이 원하는 것과 같은 변화를 이루어 내는 데 관심이 있는 사람들이 많다. 그렇기 때문에 우리는 여기에 이 운동을 소개할 뿐만 아니라 웹사이트(www.rediscoveringvalues.com)를 통해 이 운동을 시작하기 위해 필요한 자료를 제공하고자 한다. 거대한 변화를 이루겠다고 다짐할 수도 있고 그저 작은 변화부터 시작하겠다고 생각할 수도 있다. 그러나 무엇을 하든지 혼자 할 필요는 없다!

▪ 개인과 가정

1. 일정과 예산은 도덕적 문서다.
예산을 보면 그 가정이나 교회, 시, 주, 국가에 무엇이 그리고 누가 가장 중요한지를 알 수 있다. 아버지로서 나는 예산처럼 일정 역시 도덕적 문서라는 사실을 깨달았다. 일정은 우리가 우리 시간을 어떻게 사용하는지 보여 주며 예산은 돈을 어떻게 사용하는지를 보여 준다. (12장)
실천하기: 당신의 삶의 우선순위를 적은 목록을 만들라. 그런 다음 배우자, 가족, 믿

을 수 있는 친구, 교회의 소그룹과 함께 당신의 일정과 예산을 살펴보라. 그리고 시간과 돈을 어떻게 사용하고 있는지 적어 보라. 그것은 당신의 삶의 우선순위와 어떤 점에서 일치하고 어떤 점에서 차이가 나는가? 놀라운 점을 발견할지도 모른다. 시간과 돈을 사용하는 방식이 삶의 우선순위와 일치하게 하기 위해 당신은 무엇을 바꾸어 나갈 수 있을까?

2. 스크린을 보는 시간 VS. 가족과 보내는 시간

요즘은 어디를 가든지 스크린을 볼 수 있다. 그 덕분에 우리는 더 효과적으로 일할 수 있게 되었지만 다른 한편으로는 더 산만해지기도 했다. 가정에서는 아이들이 텔레비전 앞에서 보내는 시간과, 책을 읽거나 바깥에 나가 놀거나 상상력을 활용하거나 가족과 의미 있는 시간을 보내는 시간을 놓고 갈등이 일어나는 경우가 많다. (12장)

실천하기: 어떤 점에서 텔레비전, 컴퓨터, 휴대전화의 화면이 당신의 주의를 흩뜨리는지 생각해 보라. 당신의 가족은 화면을 꺼 두는 시간이 필요하지 않은가? 가족이나 친구와 함께하는 의미 있는 시간을 더 잘 보내기 위한 규칙이나 지침이 필요하지는 않은가?

3. 단순한 삶은 축복이다: 생활 방식에 대한 회계 감사

가지고 있지 않은 돈으로 필요 없는 것을 사는 대신 우리는 단순한 삶이 축복임을 기억해야 한다. 단순함은 삶의 풍성함을 제한하는 것이 아니라, 더 온전한 삶을 살기 위해 정말로 중요하지 않은 것을 제거하는 것이다. 이것은 꾸준한 습관인 동시에 영적 훈련이 될 수도 있다. (3장과 8장)

실천하기: 달력과 금전출납부를 점검하고 원하는 것과 필요한 것의 차이를 구별해 보라. 자주 커피숍에 들르는 것은 당신이 '원하기' 때문인가? 외식을 너무 많이 하지는 않는가? 너무 값비싼 오락을 즐기지는 않는가? 그 차는 꼭 필요한가? 지나치게 비싼 휴가가

아닌가? 당신의 삶에서 필요한 것이 아니라 원하는 것이 무엇인지 찾아, 당분간 그것을 포기해 보라. 다음 번에 쇼핑을 할 때는 진열된 물건을 꺼내기 전 그것이 원하는 것인지 필요한 것인지 자문해 보라. 남은 시간이나 돈을 삶의 다른 우선순위에 투자하거나 당신이 신뢰하는 기관에 기부하라. 그런 다음 다시 한 번 자문해 보라. 정말 그럴 필요가 있는가?

4. 친환경적인 삶은 쉽지 않다.

우리는 에너지 효율이 높은 전구로 바꾸는 것이 얼마나 중요한지에 관해 들어서 알고 있지만, 미래 세대에 영향을 주는 변화를 위해서는 그보다 더 심층적으로 접근해야 한다. 미래 세대를 위해 우리의 환경을 보존하려면 더 큰 변화와 더 큰 희생이 필요하다. (10장과 11장)

실천하기: 다음 중 어떤 것을 선택할지 생각해 보라. 하이브리드 차량을 사거나 차량을 공유할 때가 아닐까? 운전을 더 적게 하는 대신 더 많이 자전거를 타거나 걸어야 하지 않을까? 가능하면 운전하는 거리를 줄여야 할 때가 아닐까? 차를 한 대로 줄여야 하지 않을까? (그 대신 다른 가족이나 친구들과 더 많이 협력해야 한다는 뜻이다.) 아예 차를 없애고 대중교통을 이용해야 하지 않을까? 에너지 고효율 가전제품을 사용하고 집에 단열재를 보강하고 태양열 전지판을 설치하는 것에 관해 생각해 본 적이 있는가?

■ 지역 사회에서

5. 성경 공부

성경은 경제적·도덕적 회복을 위해 우리가 재발견해야 하는 가장 오래되고 가장 좋은 가치들을 담고 있다. 그것은 어떤 새로운 원리가 아니라 우리 모두가 자주 잊어버리는 교훈들이다. 이 책은 기독교, 유대교, 이슬람 전통이 간직한 우물 깊은 곳에서 길러낸 지혜를 담고 있다. 그러나 물론 성경을 통해 우리는 이 책에서 제기한 문제에 관해 훨씬 더 많은 것을 배울 수 있다. (1장과 2장)

실천하기: 당신의 신앙 전통이나 다른 전통으로부터 어떤 교훈을 배울 수 있는지 생각해 보라. 성경과 유대교 경전, 코란을 통해 그 속에 담긴 오래된 가치가 오늘날에 어떤 의미를 지니는지 알아보라. 친구들과 함께 정기적으로 공부하는 모임을 시작하라. 이런 모임을 시작하는 데 도움이 될 만한 여러 자료는 앞서 말한 웹사이트에서 확인할 수 있다.

6. 이웃은 중요하다.

우리가 한 배를 탔다는 윤리는, 우리 바로 옆에 사는 사람들을 대하는 방식에 변화를 가져온다. 이웃이 서로를 돌아볼 때 우리 사회는 가장 강력한 힘을 발휘한다. 바로 옆집에 사는 사람들도 알지 못하는 경우가 점점 많아지고 있다. (4장과 9장)

실천하기: 당장 시도해 보라. 모르는 이웃에게 자신을 소개하라. 갓 구운 쿠키를 갖다 주거나 저녁 식사에 초대한다면 어색한 분위기는 금세 사라질 것이다.

7. 낯선 이를 환대하고 이웃 삼으라.

많은 것을 받은 사람은 많은 것을 베풀 수 있어야 한다. 환대, 즉 이웃과 낯선 이들을 자기 집과 삶으로 맞아들이는 것은, 우리가 받은 선물을 다른 이들과 나눌 수 있는 좋은 방법 중 하나다. 당신의 가정을 이웃이나 도움이 필요한 다른 사람을 환대하는 곳으로 만들어 보라. (8장과 9장)

실천하기: 이웃을 초대해 저녁을 대접하거나 이 책을 함께 읽는 모임을 열어 보라. 도움을 줄 안전한 집이 필요한 가족, 혹은 집이 없는 어머니와 자녀들에게 당신의 집을

개방하는 것은 훨씬 더 어려운 일일 것이다. 머물 곳을 찾는 국내외에서 온 여행객들에게 아파트를 개방하는 젊은이들도 있다.

8. 봉사하는 삶을 살라.

해마다 추수감사절과 성탄절 무렵에는 무료 급식소와 노숙자 쉼터에 자원봉사자들과 기부 물품이 넘쳐난다. 그러나 봉사가 연례 행사나 기념일에만 하는 활동으로 그쳐서는 안 된다. (13장)

실천하기: 가족이나 친구들과 함께 어려운 사람을 돕는 기관을 찾아 1년 동안 꾸준히 자원 봉사를 하라. 당신의 자녀들에게도 그들의 삶을 바꿀 만한 귀한 경험을 할 기회가 된다. 그렇게 오랜 시간 봉사하면서 당신이 돕는 사람들과 관계를 맺어 보라. 그리고 다른 사람들도 봉사에 참여할 수 있도록 다리 역할을 해 보라. 웹사이트에 도움이 될 만한 자료가 있다. 교회나 직장에서도 봉사할 기회가 있을지 모른다. 이제 당신도 참여할 때다.

9. 교회별 체크리스트

사람들은 교회를 자신과 공동체의 삶의 모범으로 삼는다. 또한 교회는 당신이 사는 지역을 위해 무엇이 옳은 일인지에 관해 이야기를 나눌 수 있는 안전한 장소가 될 수 있다.

실천하기: 당신의 교회가 세상을 바꾸는 역할을 하도록 도우라.

- 교회의 재정을 살펴보라. 당신의 교회는 지역에 기반을 둔 금융기관과 거래하는가?
- 교회에서 필요한 물품은 어디서 구입하는가? 그 지역 상점들을 이용하는가? 공정무역 식품과 커피를 구입하는가?
- 가치와 재정, 경제에 관한 주일 성인 성경공부반을 시작하는 것은 어떨까?
- 당신의 교회는 건물에 단열재를 보강했는가? 친환경 가전제품으로 바꾸는 것은

어떨까? 태양광 전지판을 설치하는 것은 어떨까?

- 정치적 의사 결정 과정에 당신의 목소리가 전혀 반영되지 않는다고 느낄지도 모른다. 그러나 교회에서 모임을 조직하거나 교회로 하여금 그 지역의 사회 단체에 가입하게 하라.

- 가난과 정의와 같은 문제가 예수께서 하신 사역의 핵심이었듯, 당신의 교회도 그것을 핵심 사명으로 삼게 하라.

돈, 노동, 정치

10. 당신의 돈은 어디에 있는가?

제대로 된 결말도 없이 '나쁜 도덕극'이 계속되는 경우가 너무 많다. 사람들이 자신의 돈을 믿을 만한 금융기관으로 옮기기 시작하지 않는 한, 금융기관의 보너스 지급과 부도덕한 행태에 관한 머리기사 몇 개로는 변화가 일어나지 않을 것이다. (3장 14장)

실천하기: 당신의 개인적인 재정 상황을 살펴보라. 당신은 어디와 은행 거래를 하는가? 당신의 돈을 어디에 투자하는가? 노후 자금과 자녀 학자금은 어느 곳에 예치해 두었는가? 당신의 재정 상황을 점검하고, 어떤 점에서 당신의 금융 거래가 당신의 가치를 반영하는지 살펴보라. 만약 그렇지 않다면, 웹사이트에 게재된 자료를 활용해 당신의 가치를 더 잘 반영하는 금융기관을 찾아보라.

11. 전 세계에 기부하라.

구호와 개발지원 프로그램들이 점점 현명하고 지속가능한 방향으로 발전하고 있다. '긍휼'과 '현명함'이 전 지구적 개발지원 프로그램의 새로운 구호가 될 것이다. 효율성과 투명성, 책임성을 새롭게 강조한다. 가장 가까이에 있는 문제는 알아보기가 더 쉽지만, 지구촌 이웃들 역시 중요하다는 것을 기억해야 한다. 많은 미국인에게는 작금의 불황이 단지 이겨내야 할 큰 시련일 뿐이지만, 세계의 다른 지역에 있는 사람들에게는 죽느냐 사느냐의 문제다. (6장과 9장)

실천하기: 지금 당장은 당신 가족의 상황이 어려울지 모르지만, 이 세계의 다른 곳에서 훨씬 더 큰 고통을 당하고 있는 사람들을 위해 기부하는 것을 고려해 보라. 웹사이트를 통해 가장 효과적으로 일하는 구호 단체들을 알아보고 그들에게 기부금을 보내라.

12. 소비자의 힘

물건을 살 때 우리의 선택은 시장의 수요에 결정적인 영향을 미친다. 우리는 소비자로서 특정한 상품—예를 들면, 공정무역 커피나 초콜릿이나 그 지역에서 난 농산물처럼—을 요구함으로써 기업체로 하여금 이런 기준에 맞는 상품을 만들도록 영향력을 행사할 수 있다. (5장과 14장)

실천하기: 날마다 물건을 구입할 때 당신의 가치와 우선순위를 반영하는 대체품을 찾기 위해 노력하라. 규모가 크거나 자주 구입하는 물건에 대해서는 시간을 들여 그 물건이 어디에서 오는지, 그 물건의 제조사가 회사를 어떻게 운영하는지 알아보라. 소비자의 힘을 통해 도덕적 이슈에 관한 기업의 행태를 바꾸는 캠페인에 참여하라. 웹사이트를 통해 당신의 구매 행위가 당신의 가치를 반영하게 할 방법에 관해 더 많은 정보를 얻을 수 있다.

13. 신용카드를 없애라.

미국 내 신용카드 발급 장수가 15억 장에 이르고 가계당 평균 신용카드 빚이 1만 달러가 넘는 상황에서 많은 사람은 카드를 몇 장 줄여도 큰 불편 없이 살아갈 수 있다. 앞서 이야기한 것처럼 빚을 내는 것이 꼭 나쁜 것은 아니지만, 우리에게는 빚의 유혹 자체를 없애는 것이 최선일지도 모른다. (5장)

실천하기: 현재의 신용카드 빚을 가능한 빨리 갚기 위해 개인적인 목표를 세워 보라. 여러 장의 카드를 가지고 있다면, 하나만 남겨두고 매달 카드 사용대금을 다 갚는 방법을 생각해 보라. 믿을 만한 사람과 함께 당신의 가계 예산이 도덕적 문서인지 점검했는가? 그 사람에게 당신이 이런 목표를 제대로 달성하고 있는지 점검해 달라고 부탁해 보라.

14. 카나리아의 소리를 들으라.

앞에서 이 나라의 가장 가난하고 가장 힘없는 사람들은 무언가 잘못되고 있음을 가장 먼저 알려주는 신호 역할을 한다고 설명했다. 이 문제를 해결하기 위해서는 경제와 문화, 정부 정책의 변화가 필요하다. 카나리아의 소리를 듣는 것을 사명으로 삼는 단체들이 많이 있다. 주변 사람들과 교회로 하여금 이들 단체가 하는 일에 참여하게 하라. (14장)

실천하기: 빈곤을 극복하기 위한 당신의 열정이나 헌신과 가장 잘 맞는 믿을 만한 단체를 찾으라. 존경받는 단체의 직원이나 프로그램, 웹사이트를 통해 올바른 공공 정책에 관한 정보를 얻을 수 있고, 당신이 속한 지역의 정치인들에게 언제 연락을 취할지, 어떤 정책을 지지하는 것이 가장 좋을지 알아볼 수 있다. 장기적으로 한 단체를 후원하고 그곳에서 여는 행사에 참여하거나 그 직원들과 꾸준히 연락을 주고받으면, 당신에게도 큰 유익이 되고 그 단체에게도 큰 힘이 된다. 이런 문제에 관해 자녀들과도 꼭 대화를 나누라. 정말로 효과가 좋다!

15. 캠페인에 참여하라.

한 사람 한 사람이, 한 공동체 한 공동체가 변화를 위한 선택을 하고 캠페인에 참여할 때 그것은 강력한 힘이 될 수 있다. 잘 조직된 캠페인을 통해 목표로 삼은 변화를 더 일찍 이루어낼 수 있다. (6, 7, 14장)

실천하기: 동네에 농산물 직거래 장터를 유치하는 일이나 학교 시설을 개선하는 일처럼 당신이 사는 지역에서 유치되는 캠페인에 참여해 보라. 대기업의 정치적 영향력이나 터무니없는 보너스 관행, 소비자 보호 등 이 책에서 제기한 문제와 관련된 전국적인 규모의 캠페인에 참여하라. 국제적인 규모의 캠페인으로는 개발도상국에서 생산한 공정무역 상품 쓰기 운동, 극단적 빈곤을 종식하기 위한 운동, 전 지구적 성적·경제적 착취에 반대하는 운동 등이 있다. 역시 웹사이트를 통해 가장 훌륭한 몇 가지 캠페인에 관해 알아보라.

16. 감시하고 기도하라.

선출직 공무원들과 대화를 나눌 때마다 나는 언제나 그들에게 신앙인으로서, 그들이 하는 일에 대해 감시하고 그들이 내리는 결정을 위해 기도할 것이라고 이야기해 준다. 정치인들이 이런 이야기를 들으면, 지지를 받는다고 느끼는 동시에 우리가 예의주시하고 있음을 다시 한 번 되새긴다. 정치인들로 하여금 책임감을 가지고 그들이 맡은 일을 제대로 하게 하려면, 보통 사람의 목소리를 더 자주, 더 의미 있고 효과적인 방식으로 들려주어야 한다. 선출직 공무원들이 가장 귀 기울여 듣는 목소리는 유권자들의 목소리라는 점을 기억하라. 돈을 가지고 와 그들의 귀에 대고 속삭이는 이익 집단의 목소리보다 그들에게 더 크게 들리는 유일한 목소리는 바로 유권자들의 목소리다. (14장)

실천하기: 당신이 사는 곳의 정치인들에게 정기적으로 연락을 취하는 습관을 들여 보라. (그리고 자녀들에게도 그렇게 하라고 가르치라.) 시간을 내어 당신이 가장 중요하다고 생각하는 문제, 혹은 이 책을 읽으며 가장 관심을 갖게 된 문제에 관해 당신이 사는 곳의 선출직 공무원들에게 전화를 하거나 편지를 쓰라. 당신이 특별히 관심을 가지고 있는 공공 정책을 옹호하는 단체에 참여하는 것도 좋은 방법이다.

17. 일의 의미

일은 월급을 받기 위해 하는 일 이상의 의미를 지닐 수 있다. 대부분의 경우 직업은, 당신 주변의 공동체나 세계에 대해 더 깊은 차원에서 헌신할 수 있는 기회를 제공한다. 자선사업과 봉사에 힘쓰는 기업도 있고, 사회에 대한 기여와 헌신을 핵심 가치로 강조하는 기업도 있다. (13장)

실천하기: 직업을 바꾸는 것에 관해 중대한 결정을 내릴 때일지도 모른다. 당신의 재능과 관심, 열정과 우선순위를 더 잘 반영하는 일을 할 기회는 없을까? 더 나은 가치를 반영할 수 있도록 일터에서의 사고 방식과 관행을 바꿀 수 있는 방법은 없을까?

▶ 변화를 촉진하라

18. 공동체를 이끌라.

당신의 선택과 변화는 시작일 뿐이다. 개인적인 선택이 공동체의 선택으로 확대될 때 더 큰 변화의 능력을 발휘할 수 있다. 수백만 명의 개인들이 올바른 선택을 할 때 우리에게 필요한 집단적인 변화를 이루어 낼 수 있다.

실천하기: 지금까지 열거한 도덕 운동을 살펴보고 당신이 사는 곳, 일하는 곳, 예배

하는 곳에서 당신이 지도력을 발휘할 수 있는 선택들의 목록을 작성해 보라. 다른 사람들과 함께 더 큰 계획을 세워 보라. 그들과 더불어 6개월, 1년, 5년에 걸쳐 가정과 동네에 가시적인 영향력을 미칠 변화를 이룰 수 있는 방법은 무엇인가?

19. 적극적인 독서 클럽을 만들라.

이 책은 교회와 모스크, 회당, 서점, 커피숍, 심지어는 선술집에서 몇 사람이 둘러앉아 이 위기를 통해 우리와 우리 사회의 모습을 어떻게 개선할 수 있을지에 관해 함께 대화를 하자는 비전으로부터 시작되었다.

실천하기: 이 책이나 변화를 촉구하는 다른 책을 함께 읽고 토론하는 독서 클럽을 시작해 보라. 토론에서 머물지 말라. 읽기만 해서는 결코 이 책을 제대로 이해할 수가 없다. 현실에서 실천하고, 실험하고, 실험해 볼 때에만 이 책을 바로 이해할 수 있다.

20. 희망의 푸른 싹을 돌보라.

신문의 머리기사는 잘못된 일에 초점을 맞추는 경우가 많다. 그러나 디트로이트의 사례에서 보았듯 이 나라 전역에서 희망의 푸른 싹이 돋아나고 있다. 공동체가 힘을 모으고, 이웃이 서로 도우며, 기업가들은 새로운 혁신의 모델을 발견하고 있다.

실천하기: 찬찬히 지역 신문을 살펴보고 그 속에서 희망의 싹을 찾아보라. 동네의 신앙 공동체나 비영리기구들이 어려운 사람들을 돕기 위해 어떤 창의적인 방법을 활용하는지 알아보라. 흥미로운 프로그램에 관해 들었다면, 당신도 그것을 본떠 실천함으로써 그 푸른 싹이 자라도록 도울 수 있다. 희망의 전령이 되라. 새로운 경제를 위한 새로운 나침반을 만드는 데 시간과 에너지를 쏟으라.

에필로그
다음 세대가 보낸 편지

팀 킹

나의 할머니는 예전에 부엌 뒷문으로 먹을 것을 달라고 찾아왔던 남자에 관한 이야기를 왕왕 하셨다. 그때 할머니는 당신의 어머니와 함께 요리를 하고 계셨다. 그때 미국은 대공황을 지나고 있었기 때문에 굶주린 사람들이 찾아오는 것이 전혀 놀라운 일이 아니었다. 할머니가 놀라셨던 것은, 그리고 내가 놀랐던 것은 그 남자의 부탁에 대한 할머니의 어머니의 대답이었다. 할머니의 어머니, 즉 나의 증조할머니는 친절히 그를 부엌에 있는 식탁으로 초대하셨다. 증조할머니와 할머니는 그릇과 음식을 꺼내기 위해 식료품 창고로 가셨다.

몇 분 후 음식을 내 오셨을 때, 그 남자는 요리중인 저녁 식사 대부분을 챙겨서 가버리고 없었다. 증조할머니는 아무 말도 없이 남아 있는 음식으로 저녁 준비를 다시 시작하셨다. 할머니는 그 남자가 음식을 훔쳐 갔다고 분개했다! 하지만 증조할머니는 할머니에게 단순한 교훈을 설명해 주셨다. 그는 음식이 필요했고, 우리는 충분히 가지고 있으니 우리는 그것을 나눠야 한다고 말이다. 나는 증조할머니를 한 번도 뵙지 못했지만 그분이 가르쳐 주신 지혜는 잘 알고 있다.

그날 밤 할머니에게는 저녁으로 먹을 음식이 거의 남지 않았지만, 그 교훈은 그 후로 할머니와 우리 온 가족에게 여지껏 남아 있다. 그리스도인이 된다는 것, 좋은 이웃이 된다는 것은 도움이 필요한 사람에게 베푼다는 것을 뜻한다. 할머니께는 대공황 때의 경험이 평생 동안 그분의 가치에 결정적인 영향을 미쳤다. 할머니는 자라나면서 주변 사람들이 고통받는 모습을 보며 그들을 도와야 한다는 교훈을 배우셨고, 그 교훈을 자녀와 손자 손녀, 이제는 증손에게 전해 주셨다.

어렸을 때 나는, 어떻게 할아버지 할머니가 진주만 공습 소식을 들었던 정확한 시간과 장소를 기억할 수 있었는지, 왜 그분들이 대공황에 관한 이야기를 하고 또 하시는지 이해하지 못했다. 하지만 이제는 이해한다. 어떤 순간이나 사건들은 너무나도 중요하기 때문에 우리의 마음속에, 이 나라의 영혼 속에 새겨지고, 좋든 나쁘든 한 세대의 정신과 기질을 결정짓는다. 이런 사건은 진주만 공습이나 9/11처럼 한순간에 벌어지기도 한다. 대공황이나 지금의 대불황처럼 몇 년에 걸쳐 계속되기도 한다. 이런 사건은 너무나도 중요하기 때문에 앞으로 몇 십 년 동안 그 영향력을 느끼게 될 것이다.

앞으로도 우리 세대는 쌍둥이 빌딩이 무너진 사건과 대불황으로 큰 영향을 받게 될 것이다. 이런 큰 어려움에 대해 우리가 개인적, 집단적으로 어떤 선택을 하는가가 앞으로 우리 세대의 성격을 규정하게 될 것이다.

나는 대불황 속에서 우리 모두가, 특히 우리 세대가 두 가지 중요한 영적 대응 중 하나를 선택해야 한다고 믿는다. 첫째 선택은 벽을 세우는 것이고, 둘째 선택은 뿌리를 자라게 하는 것이다. 첫째는 불안으로부터 나오는 반응이고, 둘째는 희망으로부터 나오는 반응이다. 첫째는 나약함의 자리로 후퇴하는 것이고, 둘째는 강함의 자리를 택하는 것이다.

불안은, 위험하거나 빠른 속도로 변하는 상황에 대한 자연스럽고 본능적이며 정상적인 반응이다. 그러나 자연스러운 경고 체계였던 불안이 표준적인 존재와 삶, 행동의 양식으로 변할 때, 그것은 우리를 안전하게 지켜 주기는커녕 우리를 파괴한다. 불안은, 우리로 하여금 다른 이들로부터 분리될 때 자신의 안전을 보장받을 수 있을 것이라 기대하며 우리와 이웃 사이에 점점 더 높은 담을 세우게 한다. 우리가 계속해서 불안 속에서 반응할 때 그것은 우리의 나약함을 드러낼 뿐이다. 어떤 상황이든 그 상황이 우리의 행위를 지배하고 우리가 무엇을 할지를 규정한다.

"탐욕은 선하다" "가장 중요한 건 나다" "나는 그것을 지금 원한다"와 같은 말은, 앞으로 점점 더 높이 세워질지도 모를 벽들이다. 경제적 불안에 대한 대응으로, 어떤 이들은 더 많이 끌어 모으면 언젠가는 안전해질 것이라 믿으며 더 탐욕스러워질 것이다. 그들은 은밀한 곳을 지향하며 자신에게 초점을 맞출 것이다. 무언가를 빼앗길까 봐 나누기를 두려워하며, 도움을 받기도 두려워할 것이다. 미래 세대에 더 나은 세계를 물려준다는 생각보다는 지금 당장의 만족을 추구할 것이다.

뿌리를 자라게 하는 것은 급진적인 행동이다. '급진적'(radical)이라는 말은 뿌리를 뜻하는 라틴어 '라디스'(*radis*)에서 왔다. 뿌리는 식물, 사상, 종교, 심지어는 국가가 생명을 얻는 중심, 핵심, 기초를 상징한다. 문제에 대한 반응으로 우리가 뿌리를 자라게 하기로 선택할 때, 그것은 우리가 겉으로 보이는 것을 지나, 저 아래 근원까지 파 내려가기로 작정한다는 뜻이다. 문제가 우리의 반응을 결정하게 하는 대신, 장차 우리가 어떻게 행동할지를 우리 스스로 결정한다. 강함의 자리를 택하는 것이다. 뿌리를 자라게 하는 것은 문제를 극복할 수 있다는 능력과 신념을 보여 주기에, 희망에 기초한 선택이다.

"그만하면 충분하다" "우리는 한 배를 탔다"는 것을 배움으로써, "다음 세대를 배려하는 마음가짐"을 지님으로써 우리의 뿌리는 자라고 튼튼해질 것이다. 이 책에서 설명하듯이, 이것은 우리가 직접 만들어 내야 하는 새로운 가치가 아니다. 우리 부모와 조부모가 사실은 우리가 생각하는 것보다 더 많은 것을 알고 있었다는 것을 인정하면 된다.

나는 오랫동안 아버지가 차계부를 쓰시는 것을 보면서 자원을 아끼는 것이 얼마나 중요한지를 배웠다. 어머니는 나와 형제들 모두가 뒤뜰에 나가 함께 채소를 키우고 키운 것을 캔에 저장하고 냉동하는 법을 가르쳐 주셨다. 언젠가 도심의 정원을 갖게 되면 나에게도 그때 배운 기술이 큰 도움이 될 것이다. 최근 태어나자마자 입양되었던 할머니의 조카가 자신의 생물학적 가족인 우리를 찾아냈다. 그는 열렬한 무신론자이고 기성 종교는 오늘날 세상의 사회악에 불과하다고 생각했다. 숙모와 1주일을 보낸 뒤 그는 루스 할머니처럼 사람들을 사랑하는 그리스도인들을 몇 사람만 더 만날 수 있다면 종교에 관한 생각을 바꾸겠다고 말했다.

성 아우구스티누스는 젊었을 때 "주님, 나를 순결하게 하소서. 하지만 아직은 아닙니다"라고 기도했다. 그의 기도에 너무나도 공감한다. 나 역시 선하신 주님이 순결해질 때까지 내 시간을 즐기도록 허락해 주셨으면 한다. 이 책의 교훈을 보면서, 나는 "주님, 이 내용을 배우게 하소서.

하지만 아직은 아닙니다"라고 기도했다. 나는 겨우 몇 년 전에야 월급을 받기 시작했다. 나보다 나이 많은 사람들이 누렸던 기회, 즉 탐욕스러워볼 기회를 나는 가져 보지도 못했다. 그러나 가치에 관한 이 모든 대화를, 마음껏 재미를 보았고 실수를 했던 그 세대에 관한 이야기로만 취급하는 것은 기회를 놓치는 것과 다름없다. 이런 가치를 실천하고 이런 덕목을 습득하는 것은 평생에 걸쳐 이루어야 하는 일이다. 이런 가치들은 우리가 준비가 되었을 때 갑자기 튀어나오는 것이 아니라 우리가 날마다 개발해야 할 좋은 습관의 일부다.

좋은 소식은, 요즘은 어딜 가든 이런 대화를 듣게 된다는 사실이다. 내 누나는 암을 연구하는 직장에서 일하고 있으며, 곧 상담 학위를 받기 위해 다시 입학할 예정이다. 내 형은 시카고의 사우스 사이드에 있는 저소득층이 많은 학교에서 일하는 고등학교 교사다. 대학 첫 날 내 여동생은 거리의 집 없는 사람들과 함께 일하기로 자원했다며 흥분한 목소리로 나에게 전화를 걸었다. 내 친구 중에는 인신매매를 종식시키기 위해 법학 대학원을 다니는 이들도 있다. 어떤 친구들은 제3세계의 개발 계획을 지원하는 비영리기구를 만들었다. 나는 짐과 함께 미국 전역을 여행하면서 도움이 필요한 전 세계의 사람들을 돕기 위해, 자신들의 재능과 은사를 어떻게 사용할 수 있는지 묻는 고등학생, 대학생, 젊은 전문직업인들을 만났다. 이들은 어떻게 해야 더 나은 기업인, 비영리기구의 혁신적인 운동가, 신앙 공동체의 지도자가 될 수 있는지 물었다.

나는 나의 세대가 벽을 세우는 대신 뿌리를 자라게 하는 쪽을 택할 것이라고 믿을 만한 이유가 매우 많다고 생각한다. 하지만 우리가 당면한 과제는, 이런 변화가 삶의 한 단계에 불과한 것이 아니라 하나의 생활 방식이 될 수 있게 하는 것이다. 전 세계에 있는 어려움에 처한 사람들을 돕는 일을, 유럽 배낭여행처럼 대학 졸업 후 꼭 해 보아야 할 여러 가지 일들 중 하나로 취급해서는 안 된다. 삶은 분명히 바뀔 것이며, 직업도 바뀔 것이고, 다른 의무나 책임도 맡게 될 것이다. 20년 후 나의 세대가 이런 것을 실천하는 방식은 지금과는 다를 것이다. 그렇다고 해서 이런 가치와 희망, 목적이 일시적인 유행이라는 뜻은 아니다. 뿌리는 평생 자라가야 한다. 내 할머니가 지니고 계셨던 가장 좋은 가치가 나에게 전해졌듯이, 나 역시 내가 지닌 가장 좋은 가치를 다음 세대에게도 전해 줄 수 있기를 바란다.

서론

1) http://www.cleveland.com/nation/index.ssf/2009/04/suburban_columbus_church_colle.html; http://vineyardcolumbus.org/resources/sermons/sermon_resources.asp?year=2009, April 5, 2009.

1. 존 스튜어트 선생님의 주일학교

1) http://blog.sojo.net/2009/03/13/sunday-school-with-jon-stewart에서 프로그램 전체를 볼 수 있다.
2) http://www.bartleby.com/124/pres49.html.
3) 요한복음 2:13-22.
4) Benedict XVI, "Caritas in Veritate," 2009년 7월 7일. 「진리 안의 사랑」(한국천주교중앙협의회).

2. 시장, 하나님이 되다

1) 출애굽기 32:4 이하.
2) "Wiesel Lost 'Everything' to Madoff," Portfolio.com, February 6, 2009, http://www.portfolio.com/executives/2009/02/26/Elie-Wiesel-and-Bernard-Madoff/.
3) Harvey Cox, "The Market as God," http://www.theatlantic.com/past/docs/issues/99mar/marketgod.htm.
4) Jeffrey Sachs, *Common Wealth*, Kindle location 957. 「커먼 웰스: 붐비는 지구를 위한 경제학」(21세기북스).

5) Daniel Gross, *Dumb Money* (New York: Simon & Schuster, 2009), Kindle location 116.
6) Julie Bosman, "Newly Poor Swell Lines at Foodbanks," *The New York Times* (February 19, 2009).
7) 같은 글.
8) Charles Murray, "Virtue in a Free Society," http://www.aei.org/issue/11107 에서 재인용.
9) Adam Smith, *An Inquiry into the Nature and Causes of the Wealth of Nations*, Kindle location 6711. 「국부론」(비봉출판사).
10) Harve Cox, "The Market as God."
11) 시편 24:1.

3. 탐욕은 선이다

1) Robert Frank, *Richistan: A Journey Through the American Wealth Boom and the Lives of the New Rich* (New York: Random House, 2007). 「리치스탄: 새로운 백만장자의 탄생과 부의 비밀」(더난출판사).
2) Frank, Richistan, Kindle location 1577.
3) Louise Story, "Home Equity Frenzy Was a Bank Ad Come True", *New York Times*(August 14, 2008), http://www.nytimes.com/2008/08/15/business/15sell.html#/from/5/.
4) Jeane M. Twenge, Ph.D., W. Keith Campbell, Ph.D., *The Narcissism Epidemic* (New York: Simon & Schuster, 2009), Kindle location 607. 「나는 왜 나를 사랑하는가」(옥당).
5) Frank, *Richistan*, Kindle location 1552.
6) 마태복음 6:19-21.

4. 가장 중요한 것은 나

1) "Greenspan Testimony on Sources of Financial Crisis", WSJ Blogs, Real Time Economics, October 23, 2008, http://blogs.wsj.com/economics/2008/10/23/greenspan-testimony-on-sources-of-financial-crisis/.
2) http://oversight.house.gov/documents/20081024163819.pdf.

3) Neil Irwin and Amit R. Raley, "Greenspan Says He Was Wrong on Regulation", *Wasthington Post*(Ocotober 24, 2008), http://www.washingtonpost.com/wp-dyn/content/article/2008/10/23/AR2008102300193.html.
4) www.facebook.com/press.
5) http://www.cameraguild.com/news/genindustry/070125_Reality-TV.html.
6) Lia Miller, "So Many Paparazzi, So Few Coveted Shots", *New York Times* (May 9, 2005), http://www.nytimes.com/2005/05/09/business/media/09tabloid.html.
7) Lacey Rose, "The Most Expensive Celebrity Photos", *Forbes*(July 18, 2007), http://www.forbes.com/2007/07/17/celebrities-photojournalism-magazines-biz-media-cx_lr_0718celebphotos.html.
8) John M. Darley and C. Daniel Batson, "From Jerusalem to Jericho: A Study of Situation and Dispositional Variables in Helping Behavior", http://www.aug.edu/sociology/Jerusalem.htm.
9) http://www.docshop.com/2007/10/20/mommy-makeover-plastic-surgery-on-the-rise/.
10) http://kidshealth.org/teen/your_body/beautiful/plastic_surgery.html#; http://www.plasticsurgery.org/Media/stats/2008-teen-cosmetic-surgery-minally-invasive.pdf.
11) Twenge and Campbell, *The Narcissism Epidemic*, Kindle location 201.
12) Gawande, "Hellhole," *New Yorker*(March 30, 2009), http://www.newyorker.com/reporting/2009/03/30/090330fa_fact_gawande.
13) Gawande, "Hellhole".

5. 나는 그것을 지금 원한다

1) Ben Woolsey and Matt Schulz, "Credit card statistics, industry facts, debt statistics", http://www.creditcards.com/credit-card-news/credit-card-industry-facts-personal-debt-statistics-1276.php.
2) Frank, *Richstan*, Kindle location 1927.
3) Amy Schoenfeld and Matthew Bloch, "The American Way of Debt", http://nytimes.com/interactive/2008/07/20/business/20debt-trap.html#section3/2.

4) Kristin Kovner, "10 Things Your College Student Won't Tell You," May 2009, http://www.smartmoney.com/spending/rip-offs/10-things-your-college-student-wont-tell-you-19913/?page=2.

5) Greg Anrig, "Who Strangled the FDA?", http://www.prospect.org/cs/articles?article=who_strangled_the_fda.

6) Abbie Boudreau and Scott Bronstein, "Poor Oversight Fueled Salmonella Outbreak, Experts Say", http://www.cnn.com/2009/HEALTH/02/05/peanut.recall/.

7) Bret Schulte, "Outlawing Text Messaging While Driving", *U.S.News & World Report*(February 11, 2008), http://www.usnews.com/articles/news/national/2008/02/11/outlawing-text-messaging-while-driving.html.

8) Michael Austin, "Texting While Driving: How Dangerous Is It?", *Car and Driver*(June 2009) http://www.caranddriver.com/features/09q2/texting_while_driving_how_dangerous_is_it_-feature.

9) Schulte, "Outlawing Text Messaging While Driving".

10) Austin, "Texting While Driving".

11) Jad Mouawad and Kate Galbraith, "Plugged-In Age Feeds a Hunger for Electricity", *New York Times*(September 19, 2009), http://www.nytimes.com/2009/09/20/business/energy-environment/20efficiency.html?_r=1&th&emc=th.

12) "Mountain Removal Coal Mining", Appalchian Voices, http://www.appvoices.org/index.php?/site/mtr_overview/.

13) Michael S. Rosenthal, "Left in the Flat-Screen Dust", *Washington Post* (September 19, 2009), http://www.washingtonpost.com/wp-dyn/content/article/2009/09/18/AR2009091803711.html.

14) http://www.processor.com/editorial/article.asp?article=articles%2Fp3105%2F30p05%2F30p05%2F30p05.asp.

15) Rhett Butler, "Deforestation in the Amazon", http://www.mongabay.com/brazil.html.

16) http://creativecitizen.com/solutions/232-Don-t-Eat-Beef.

17) 로마서 8:19-23.

6. 지나친 빈부 격차

1) http://financialservices.house.gov/ExecCompvsWorkers.html.
2) Sarah Anderson, et al., "America's Bailout Barons", Institute for Policy(September 2009), Studies, http://www.ips-dc.org/reports/executive_excess_2009.
3) Robert Reich, *Supercapitalism: The Transformation of Business, Democracy, and Everyday Life* (New York: Knopf, 2007), Kindle location 611. 「슈퍼자본주의」(김영사).
4) Paul Krugman, *The Conscience of a Liberal* (New York: Norton; 2007), Kindle location 1069. 「폴 크루그먼, 미래를 말하다」(현대경제연구원북스).
5) Krugma, *Conscience of a Liberal*, Kindle location 1873.
6) Reich, *Supercapitalism*, Kindle location 1794.
7) Reich, *Supercapitalism*, Kindle location 1884.
8) http://www.forbes.com/lists/2007/12/lead_07ceos_Angelo-R-Mozilo_7G33.html.
9) http://www.forbes.com/lists/2007/12/lead_07ceos_Steven-P-Jobs_HEDB.html.
10) "The Quiet Coup", Atlantic, http://www.theatlantic.com/doc/200905/imf-advice/3.
11) Reich, *Supercapitalism*, Kindle location 1894.
12) 같은 책.
13) Krugman, *The Conscience of a Liberal*, Kindle location 1873.
14) Arloc Sherman, "Income Inequality Hits Record Levels", Center on Budget and Policy Priorities(December 14, 2007), http://www.cbpp.org/cms/?fa=view&id=917.
15) Krugman, *The Conscience of a Liberal*, Kindle location 1670.
16) Reich, *Supercapitalism*, Kindle location 1714.
17) Krugman, *The Conscience of a Liberal*, Kindle location 1743.
18) Krugman, *The Conscience of a Liberal*, Kindle location 3461.
19) Emmanuel Saez, "Striking it Richer: The Evolution of Top Incomes in the United States," August 5, 2009, http://elsa.berkeley.edu/~saez/saez-UStopincomes-2007.pdf.
20) http://www.federalreserve.gov/Pubs/feds/2009/200913/200913abs.html.

21) "Wealth in the United States: How Concentrated?" http://www.toomuchonline.org/inequality.html.
22) 전도서 9:11.

7. 카나리아의 소리를 들으라
1) 사도행전 2:44-45.
2) Aristedes, *Apology*, 15.
3) http://etext.virginia.edu/jefferson/quotations/jeff1550.htm.
4) http://press-pubs.uchicago.edu/founders/documents/v1ch15s50.html.
5) http://www.thomaspaine.org/Archives/agjst.html.
6) http://www.demos.org/inequality/quotes.cfm.
7) http://www.pm.gov.au/node/6201.

8. 그만하면 충분하다
1) 마태복음 6:25-29.
2) 마태복음 6:31-34.
3) PNC Advisors Wealth and Values Survey 2005, http://www2.prnewswire.com/cgi-bin/mincro_stories.pl?ACCT=701257&TICK=PNC&STORY=/www/story/01-10-2005/0002814679&EDATE=Jan+10,+2005.
4) Frank, *Richistan*, Kindle location, 801.
5) Jonathan Sacks, *The Dignity of Difference* (New York: Continuum, 2002), 32. 「차이의 존중」(말글빛냄).
6) Sacks, *The Dignity of Difference*, 33.
7) Shaila Dewan, "Extravagance Has Its Limits as Belt-Tightening Trickles Up", *New york Times*(March 9, 2009), http://www.nytimes.com/2009/03/10/us/10reset.html?scp=1&sq=%22Carol%20Morgan%22&st=cse.
8) Dewan, "Extravagance Has Its Limits".
9) Clement of Alexandria, *Early Church Fathers*, 51.
10) Augustine, *Early Church Fathers*, 55.
11) Chrysostom, *Early Church Fathers*, 50.
12) Pelagian Tract, *Early Church Fathers*, 54.

13) "Reverend Billy's Bailout", *Wall Street Journal*(April 16, 2009), http://online.wsj.com/article/SB123982723145222287.html.
14) Frank Greve, "America's Poor Are Its Most Generous Givers", McClatchy.com (May 19, 2009), http://www.mcclatchydc.com/226/story/ 68456.html.
15) "Giving in Tough Times", IndependentSector(2009), http://www.independentsector.org/programs/research/toughtimes.html.
16) Greve, "America's Poor".

9. 우리는 한 배를 탔다

1) https://www.hcsbonline.com.
2) "Small Town Banks Dull but Profitable", *San Francisco Sentinel*(October 20, 2009), http://www.sanfranciscosentinel.com/?p=26395.
3) Samuel G. Freedman, "A Hometown Bank Heeds a Call to Serve Its Islamic Clients", *New York Times*(March 6, 2009), http://www.nytimes.com/2009/03/07/us/07religion.html.
4) Lilian Kwon, "More Children Forced into Labor Amid Economic Crisis", Christian Post, http://www.christianpost.com/article/20090516/more-children-forced-into-labor-amid-economic-crisis/index.html.
5) John Thavis, "Global Food Crisis Caused by Selfishness, Speculation, Says Pope", Catholic News Service(October 16, 2008), http://www.catholicnews.com/data/stories/cns/0805262.htm.

10. 다음 세대를 위한 배려

1) Elizabeth Palmberg, "The Notorious I.B.G.", www.godspolitics.com(September 15, 2009).
2) 창세기 2:2-3.
3) Ronald Wright, *A Short History of Progress*(New York: Carroll & Graf, 2005). 「진보의 함정」(이론과실천).
4) Thomas Friedman, "The Inflection Is Near", *New York Times*(March 7, 2009).
5) http://www.ipcc.ch/pdf/assessment-report/ar4/syr/ar4_syr_spm.pdf.
6) https://www.vts.edu/ftpimages/95/misc/misc_62950.pdf.

7) http://faithinpubliclife.org/content/press/2009/05/us_reps_people_of_faith_want_a_1.html.

11. 청정 에너지로의 경제적 회심

1) David Owen, "Economy" vs. Environment", *New Yorker*(March 30, 2009), http://www.newyorker.com/talk/comment/2009/03/30/090330taco_talk_owen.
2) Elizabeth Rosenthal, "In German Suburb, Life Goes On Without Cars", *New York Times*(May 11, 2009), http://www.nytimes.com/2009/05/12/science/earth/12subure.html.
3) Rosenthal, "In German Suburb."
4) "Share My Ride", *New York Times*(March 5, 2009), http://www.nytimes.com/2009/03/08/magazine/08Zipcar-t.html?pagewanted=3.
5) http://financecareers.about.com/b/2008/05/13/finance-and-the-harvard-grad.htm.
6) 모든 정보는 Thomas Friedman, *Hot, Flat, and Crowded*(New York: Farrar, Straus, 2008)부터 왔다. 「코드그린: 뜨겁고 평평하고 붐비는 세계」(21세기북스).
7) http://www.greenchange.org/article.php?id=4434.
8) http://kansasipl.org/2009/06/wichita-eagle-op-ed-people-of-faith-must-care-for-creation/.

12. 가정을 중시하는 문화

1) Jeanne Sahadi, "Who Gets the Most (and Least) Vacation", CNN Money(June 14, 2007), http://money.cnn.com/2007/06/12/pf/vacation_days_worldwide/.
2) http://www.dol.gov/esa/whd/fmla/.
3) http://en.wikipedia.org/wiki/Parental_leave.
4) Thomas Merton, "Letter to a Young Activist", *The Hidden Ground of Love* (New York: Farra, Straus, 1985).

13. 일의 의미와 봉사의 윤리

1) 이사야 65:22-23.
2) 시편 128:2.
3) Sacks, *Dignity of Difference*, 94.
4) http://financecareers.about.com/b/2008/05/13/finance-and-the-harvard-grad.htm.
5) Adam Smith, *The Theory of Moral Sentiments*, Kindle location, 1000. 「도덕감정론」(비봉출판사).
6) http://www.nationalservice.gov/about/newsroom/releases_detail.asp?tbl_pr_id=1289.

14. 균형 회복

1) http://www.americanprogress.org/issues/2009/04/blank_interview.html.
2) http://www.reason.com/news/show/118175.html.
3) Reich, *Supercapitalism*, loc 3313-16.
4) http://www.eoionline.org/minimum_wage/.
5) 로마서 13:3-4.
6) Reich, *Supercapitalism*, Kindle location 4420.

15. 친환경 산업의 희망

1) Judy Keen, "Detroit Community Groups Work for City's New Glory Days", *USA Today*(May 29, 2009).
2) http://blogs.abcnews.com/theworldnewser/2009/08/unemployment-in-detroit-climbs-to-289.html.
3) http://www.mlive.com/news/detroit/index.ssf/2009/08/detroit_unemployment_rises_to.html.
4) Nick Bunkley, "Detroit Churches Pray for 'God's Bailout'", *New York Times* (December 7, 2008).
5) Keen, "Detroit Community Groups Work for City's New Glory Days".
6) http://www.sojo.net/index.cfm?action=magazine.article&issue=soj0905&article=resurrection-city.

7) Keen, "Detroit Community Groups Work for City's New Glory Days".
8) http://208.176.52.77/content/upload/AssetMgmt/Site/HOUSING/Jan09stats.pdf.
9) Toby Barlow, "For Sale: The $100 House", *New York Times*(March 7, 2009).
10) 느헤미야 2:17-18.
11) 느헤미야 4:14.
12) Lee Jenkins, "Tigertown", *Sports Illustrated*(September 28, 2009).

16. 나쁜 도덕극

1) http://www.breitbart.tv/mad-money-host-cramer-likens-bonus-outrage-to-lenin-in-1917/을 번역.
2) http://www.nytimes.com/2009/10/13/business/economy/13sorkin.html.
3) http://blogs.wsj.com/deals/2009/07/30/bank-of-america-the-cuomo-reports-bonus-breakdown/; http://blogs.wsj.com/deals/2009/07/30/citigroup-the-cuomo-reports-bonus-breakdown/.
4) http://www.bloomberg.com/apps/news?pid=20601087&sid=aJ8HPmNUfchg.
5) http://dyn.politico.com/printstory.cfm?uuid=69E52D28?18FE-70B2-A852F629D4620071.

사회 정의를 위해 행동하는 신앙, '소저너스' 소개

짐 월리스가 창립한 소저너스(Sojourners)는, 사람들에게 희망을 품게 하고 개인과 공동체, 교회, 세상을 변화시키기 위해 노력함으로써 사회 정의를 향한 성서적 부름에 응답하고자 하는 기독교 단체다.

소저너스와 질 월리스에 관한 더 많은 정보를 얻고 싶다면
신앙이 정말로 중요한 것들을 어떻게 바꿀 수 있는가에 관해 더 알고 싶은가? *www.sojo.net*을 방문해 당신의 믿음을 어떻게 실천할 수 있는지 알아보라.

- 매주 발행되는 무료 전자잡지인 SojoMail을 구독하라.
- 온라인을 통해 사회 정의 운동에 참여하라.
- 근처에 있는 교회를 찾으라.
- 앞으로 있을 행사와 훈련에 참가하라.
- 소저너스 인턴 과정에 지원하라.
- 하나님의 정치 블로그(www.godspolitics.com)를 방문해 날마다 짐 월리스와 친구들이 올리는 비평을 읽어 보라.
- 사회 정의를 위한 운동에 기부하고 투자하라.

옮긴이 **박세혁**은 서울대학교 서양사학과를 졸업한 후 연세대학교(Th. M)와 에모리대학교 (M. Div., Th. M.)에서 신학을 공부했고, 현재 Graduate Theological Union에서 박사과정(미국 종교사 전공)을 공부하고 있다. 역서로는 「복음주의 지성의 스캔들」, 「복음주의자의 불편한 양심」(이상 IVP), 「오두막에서 만난 하나님」, 「십자가를 아는 지식」(이상 살림), 「이렇게 답하라」(새물결플러스), 「분별의 기술」(사랑플러스) 등이 있다.

가치란 무엇인가

초판 발행_ 2011년 4월 15일
초판 2쇄_ 2011년 4월 25일

지은이_ 짐 월리스
옮긴이_ 박세혁
펴낸이_ 신현기
책임편집_ 임혜진

발행처_ 한국기독학생회출판부
등록번호_ 제313-2001-198호(1978.6.1)
주소_ 121-838 서울 마포구 서교동 352-18
대표 전화_ (02)337-2257 · 팩스_ (02)337-2258
영업 전화_ (02)338-2282 · 팩스_ 080-915-1515
직영서점 산책_ (02)3141-5321
홈페이지_ http://www.ivp.co.kr · 이메일_ ivp@ivp.co.kr
온라인 산책_ http://www.ivpbooks.co.kr
ISBN 978-89-328-1238-0

ⓒ 한국기독학생회출판부 2011

책값은 뒤표지에 있습니다.
무단 전재와 복제를 금합니다.